Die aggressive Frau

Elke Müller-Mees

Die aggressive Frau

Von Mannweibern, Sexbomben und Hausdrachen

Weitbrecht

Inhalt

Einleitung

Die Pistole ist auf das Ziel gerichtet. Ein Schuß fällt; die Kugel trifft. Ein Knall, dann eine gewaltige Explosion. Eine Wolke aus Feuer und Rauch verdunkelt den Himmel: flammendes Inferno. Gegenüber in sicherer Entfernung stehen die beiden Schützen, feixen und lachen sich ins Fäustchen.

Eine Situation hat sich zugespitzt, und Sie fragen neugierig, wie es dazu kommen konnte. Es fing ganz harmlos an. Ein Tanklaster wurde am Rande einer Raststätte geparkt. Der Fahrer stieg aus, überquerte den Platz und rief zwei Menschen etwas zu. Die beiden, befreundet, gut gestimmt, reagieren anders als erwartet. Sie heben die Pistole und hohnlachen der Angst, der Verzweiflung und der Wut des Lastwagenfahrers.

Keine alltägliche Situation! Nicht einmal in Brummifahrerkreisen. Aber typisch! sagen Sie vielleicht und meinen die beiden Schützen. Doch Sie täuschen sich. Das war kein Scherz unter harten Männern, Rittern der Landstraße, die an rauhes Leben und rauhe Späße gewöhnt sind. Die beiden befreundeten Schützen sind Frauen, Frauen wie sie uns alltäglich begegnen: Ehefrau die eine, mit einem Mann liiert die andere, zwei Freundinnen auf einem Wochenendtrip. Sie handhaben die Pistole, als wäre sie die normale Zugabe in der Handtasche. Und sie prusten los ob des großartigen Explosionsspektakels, das sie damit angerichtet haben.

Sie haben die Filmszene erkannt und atmen auf; das hat mit der Realität nichts zu tun. Wirklich? Sicher, Frauen schießen nicht um sich.

Haben sie deshalb keine Aggressionen? Üben sie deshalb keine Gewalt aus? Sind Frauen nicht gewalttätig? Sind sie nicht auf Macht aus? Unterwerfen sie sich denn nicht andere Menschen? Haben sie darüber hinaus nicht eigene, auch perfide Methoden, ihren Willen durchzusetzen? Und zeigt nicht diese Filmszene, daß man ihnen Gewalt zutraut, Gewalt, wie sie eigentlich nach unserem Frauenbild, nach unserer Erziehung und Tradition nur Männer ausüben dürfen? Ist die Tatsache, daß man Frauengewalt auf diese Weise ins Bild setzt, ein Zeichen dafür, daß sich das Bild der Frau gewandelt hat oder im Wandel begriffen ist? Ist Gewalt von Frauen eine alltägliche Erscheinung geworden?

1. KAPITEL

Die neue Frau – mit der Lizenz zum Töten

Weibliche Rambos – Traumfrauen – Frauenträume

Seit die Bilder laufen lernten, sehen wir den Mann mit der Waffe in Filmen: als Soldat zu Wasser, zu Land und in der Luft, als Cowboy oder Sheriff, Gangster oder Kriminalkommissar, als mittelalterlichen Ritter mit Schwert oder als futuristischen Erlöser mit Laserkanone. Gewalt, wie sie sich hier darstellt, entsteht in einem Umfeld, das männerbündische Möglichkeiten vorführt, die ganze Bandbreite Männerfreundschaft bis hin zur Männerbande, von der Seelenverwandtschaft über die Kumpanei mit Saufen, Raufen und Huren bis hin zum Kräftemessen mit Colt oder Fäusten, ausgefuchsten Kampfmaschinerien und Waffensystemen, männlichen Kopfgeburten. Frauen spielen dabei die schon altbewährte Rolle, daß sie kaum eine Rolle spielen, in diesen Filmen wie in der Realität. Sie sind Erscheinungen am Rande, marginal, passive Mauerblümchen, Lustobjekt, ansehnliche und/oder schutzbedürftige Dekoration.

Nur selten ließen Filme uns ahnen, daß Frauen vielleicht mehr sind und mehr können. In dem Film *Die Karawane der Frauen* lernen die Frauen notgedrungen alles, was ein Mann im Wilden Westen können muß, und greifen beim Indianerüberfall zur Waffe: Sie schießen. Die Quäkerfrau in *Lockende Versuchung* beschützt die Gans, die ihr ans Herz gewachsen ist, vor plündernden Soldaten vehement entgegen den Gesetzen ihrer Religion: Sie prügelt los. Wenn selbst die durch Geburt geschwächte Melanie, die friedliche Frau schlechthin, in *Vom Winde verweht* zum Schwert greift, um die

Hausbewohner gegen einen feindlichen Marodeur zu verteidigen, blitzt ein Gedanke auf: Ja, wehr dich! Erschießt Scarlett, eine starke Persönlichkeit, diesen Mann, atmet die Kinobesucherin auf und sieht gelassen zu, wie die beiden Frauen den Leichnam beseitigen.

Nun steht – das werden Sie, liebe Leserinnen und Leser, zugeben – Notwehr Frauen gut an. Sie ließ sich zu allen Zeiten mit Frauenbild und Frauenrolle vereinbaren. In höchster Not durfte die Frau zur Waffe greifen, wenn ihr Leben oder das ihrer Kinder in Gefahr war oder Schändung drohte. Doch eine Frau, die am Schießen Freude und dann die nötige Treffsicherheit hat, mußte gezähmt werden wie weiland Shakespeares Widerspenstige; im Western befreite sie der überlegene Sheriff oder der einsame, aber gute Westernwolf von der Mühe des Schießens und bot ihr seine Schulter zum Ausruhen und seine Küche zur frauengemäßen Betätigung.

Setzte Louis Malle 1966 Brigitte Bardot und Jeanne Moreau mit weiblichen Waffen – aber nicht nur diesen – auf die Männerwelt des Western an, was konnte das anderes werden als eine Parodie. *Viva Maria!* Da waren zwei Frauen gar nicht marginal, sondern im Mittelpunkt des Geschehens.

Waren wir, Frauen wie Männer, zu gebannt von Mieder und Strapsen ihres hinreißenden Doppelstrips? Haben wir deshalb übersehen, daß zumindest eine Maria als Kind mit Ball und Bombe gleichermaßen leichtherzig gespielt hatte? Keineswegs! 1966 aber war die Welt des Films noch in Ordnung. In alter, bewährter Manier und Tradition der »verkehrten Welt« des Karnevals und der Fastnacht konnte Louis Malle eine Satire auf den Abenteuerfilm drehen, indem er Frauen – fast – wie Männer agieren ließ. Wenn die Welt auf dem Kopf steht, Frauen sich Männerrollen aneignen, reizt das die Lachmuskeln ungeheuer. Scheint da auch alles aus den Fugen zu geraten, Sie brauchen sich nicht zu beunruhigen! Vergessen Sie »Any, get your gun«! Stellen Sie Louis Malles Welt einfach wieder auf die Füße, dann wissen Sie, wo es langgeht: Das Gewehr gehört in die Hand des Mannes; wenn zwei das gleiche tun, ist es noch lange nicht dasselbe. Von weiblichen Rambos waren wir damals noch meilenweit entfernt.

Dennoch ist fast dreißig Jahre später unübersehbar: Die Ladys mit dem Colt kommen. Katy Mahoney ist die titelgebende Lady einer Fernsehserie aus den USA, die schießwütig in der Chicagoer Unterwelt Ordnung schafft. Wie einst Starsky und Hutch und heute noch Sonny Crocket und Tubs ermitteln *Cagney & Lacey* – ebenfalls für eine Fernsehserie – in New York. Auf einmal entdeckt der Film die starken Frauen mit der Waffe, die kein Pardon kennen, gleich losballern, scharf schießen und sogar die Lizenz zum Töten haben wie – nein, nicht James Bond, sondern – wie die Agentin des französischen Geheimdienstes Nikita, die Titelfrau in Luc Bessons Erfolgsfilm. Ob die Polizistin Megan Turner in *Blue Steel* oder Drogenfahnderin Rita in *Fatal Beauty* oder Jodie Forster als FBI-Agentin Starling in *Das Schweigen der Lämmer* – sie alle übernehmen Aufgaben, die bis dahin von Männern gelöst wurden, bewegen sich auf ureigenstem männlichen Terrain. Nichts zeigt das besser als eine kurze Fahrstuhlszene: Klein und zierlich steht FBI-Agentin Starling, auf dem Weg zum Chef, zwischen großen muskelbepackten Kollegen.

Gemeinsam ist diesen Filmen und Fernsehserien eins: Es sind keine Komödien oder Satiren, in denen die bestehenden Geschlechterverhältnisse und -rollen im Sinne der »verkehrten« Fastnachtswelt umgedreht werden, der Komik wegen und um zu zeigen, daß die gottgegebenen oder naturgewollten Verhältnisse eigentlich andere sind. Was aber ist es dann? Es tauchen auffällig viele solche Frauen auf, und es kommen immer mehr hinzu. Sind das die neuen männlichen Traumbilder von der Frau? Imaginiert der Mann wieder einmal Weibliches als Gewalttätiges? Als neue Variante der männerverderbenden, männermordenden Frau, des Monstrums, das die Traumfrauenbilder seit Urzeiten begleitet? Medea, Undine oder Lulu als FBI-Agentin?

Thelma und Louise, zwei Freundinnen, tun das, was viele Männer in unzählbaren Filmen schon getan haben: Sie schießen einen Mann nieder, überfallen einen Supermarkt, stecken einen Tankwagen in Brand und flüchten vor der Polizei; sie sperren einen Polizisten in den Kofferraum und tricksen das große Polizeiaufgebot bis zum unvermeidlichen Ende aus. Doch wenn zwei das gleiche tun, ist es noch lange nicht dasselbe.

Nicht zuletzt wurde mit jedem der Männerfilme, in denen männliches Tun glorifiziert wurde, der Mythos von Amerika als freiem Land begründet – ernsthaft. Wenn Frauen Gleiches mit Gleichem vergelten, gegen die Gewalt, die man ihnen antut, Gewalt setzen, sind wir von diesem Mythos weit entfernt. Schießwütige, gewissenlose Frauen sind komisch! Vermutlich wurde deshalb in dem Film *Thelma und Louise* viel gelacht, auch an den falschen Stellen.

Es gibt aber Frauen und Männer, denen dabei das Lachen im Hals stecken bleibt. Die amerikanischen Zeitungen – Journalisten wie Journalistinnen – waren über diese beiden Freundinnen so wenig erbaut, daß sie den Darstellerinnen den Vorwurf machten, sie seien wenig vorbildlich.

Wie verhält sich heute eine vorbildliche Frau? Wie Klein-Johns Mom, die nicht wie eine Löwin, sondern wie Rambo um ihr Junges kämpft? Ein deutscher Journalist beschreibt sie in der Tageszeitung so: »Etwas Licht ins Dunkel tumber Charaktere bringt Klein-Johns Mom, muskelbepackt nach endlosen Klimmzügen im Irrenhaus. Linda Hamilton spielt die starke Frau prototypenhaft für alle kommenden Stars in den Rollen emanzipierter Frauen. Die unbeugsame John-Mom ölt mit blutverschmiertem Gesicht ihre Waffen, wenn alle anderen Möchtgern-Mannsweiber sich letztendlich doch heulend an die Brust männlicher Überbeschützer werfen würden.«

Stark, selbstbewußt, aggressiv sind diese Frauen, die Gewalt ausüben, sich wehren, um sich schießen, abknallen und sich letztlich dem männlichen Zugriff entziehen wie Thelma und Louise, wenn sie den Weg in Freiheit und Tod vorziehen.

Ein schlechtes Vorbild? Aber nein, ein gutes Vorbild, solange Männer, die gleiches tun, auf unseren Fernsehschirmen und Kinoleinwänden und in der Wirklichkeit herumgeistern. Vorbildlich, weil sie der auch Frauen eigenen Sehnsucht nach Abenteuer und Gefahr, die seit Jahrhunderten verleugnet und unterdrückt wird, endlich Ausdruck geben. Denn nicht alle diese Frauen sind Kopfgeburten des Mannes.

Auch Frauen imaginieren gewalttätiges Weibliches wie Kathryn Bigelow, die Regisseurin von *Blue Steel* und einzige weibliche Action-Filmerin Hollywoods. In einem Interview tituliert Barbara Tünnemann sie als »Eine Frau im harten Männergeschäft«. Die Männer Hollywoods, die das Sagen und das Geld haben, hätten es lieber gesehen, wenn Kathryn Bigelow High-School-Komödien gedreht hätte. Sie galt als Geschäftsrisiko, hat sich ihren Weg zum Actionfilm erobern müssen.

Doch Kathryn Bigelow will Gewalt und Mord, Blut und Tod. Sind Sie erstaunt darüber? Schütteln Sie gar den Kopf? Dann muß ich Ihnen sagen, Lust an Gefahr und Abenteuer kommt nicht erst bei der Filmfrau des zwanzigsten Jahrhunderts auf. Nehmen wir zum Beispiel eine Frau, bei der man das nicht erwartet, die uns auf Bildern eher altjüngferlich und schwach, sehr fraulich vorgeführt wird: Annette von Droste-Hülshoff. Ja, richtig, die Dichterin des 19. Jahrhunderts, die Dichterin der *Judenbuche*, der Ballade *Der Knabe im Moor*, unbedenklicher Schullektüren. Ihr Gedicht *Am Turm* ist in den Kanon der Pflichtlektüre für Mädchen nie aufgenommen worden. Da heißt es vehement:

Ich möchte dich kräftig umschlingen
Und, Sehne an Sehne, zehn Schritte vom Land,
Auf Tod und Leben dann ringen.

Kathryn Bigelow muß sich nicht wie Annette mit der Schublade begnügen, in die man Frauen gern legt und die das Etikett trägt: hübsch, zart, sanft, passiv (und auch süß und doof). Sie sagt: »... was mich fasziniert, sind Figuren, die süchtig sind nach Gefahr, egal ob sie Motorrad fahren oder Banken ausrauben, surfen oder Fallschirm springen. Der Reiz dabei ist, ein Universum zu entwerfen, in dem Abenteuer alles und Sicherheit nichts bedeutet.«

Lieben Frauen demnach Abenteuer und Gefahr, Entwürfe von gewaltigen und gewalttätigen Welten? Toben Macht- und Größenphantasien in ihrem Innern? Sind sie aggressiv und gewalttätig wie Männer? Gehören deshalb so viele Frauen zu den berühmtesten

Kriminalschriftstellern der Welt wie Agatha Christie, Dorothy L. Sayers, P. D. James? Denn nicht hübsche Mädchen wachsen immer wieder auf, sondern gute Krimi-Autorinnen nach: Patricia Highsmith, Martha Grimes oder Sara Paretsky und all die neueren Autorinnen, die mir verzeihen mögen, daß ich sie nicht alle auflisten kann. Sicher morden Frauen besser, zumindest auf dem Papier. Vielleicht sind die zahlreichen Krimis von Frauen für Frauen nur ein Zeichen dafür, daß sie als Autorin wie Leserin in der Phantasie ausleben müssen, was ihnen die Realität versagt?

Gewalttätige Frauen als Kino-Topos, werden Sie jetzt sagen, das mag ja noch angehen. Sie ist wie die Mörderin oder Detektivin im Kriminalroman Phantasieprodukt. Zum Glück sieht die Realität anders aus.

Wirklich? Hat nicht die Realität das Kino längst eingeholt? Zwei Zeitungsmeldungen lassen das jedenfalls vermuten: »Fünf junge Frauen haben in Hamburg einen 22jährigen Mann überfallen, ihm die Hosen ausgezogen und auf seinen Penis eingestochen . . . Der 22jährige war früh morgens auf dem Weg zu seiner Wohnung, als die Frauen im Alter zwischen 20 und 22 Jahren ihn anhielten. Sie schlugen den Mann und zerrten ihn auf einen Parkplatz.«

Da erschießt in Hamburg am 3. Juni 92 eine 38 Jahre alte Polizeiobermeisterin in einer Notwehrsituation als erste Beamtin im Dienst einen Mann. Laut Polizeibericht: »Anschließend sei der Täter in den Funkstreifenwagen geflüchtet und habe von dort aus die Pistole auf die Beamtin gerichtet. Sie habe daraufhin mehrere Schüsse auf den Angreifer abgegeben, der von drei Kugeln in Brust und Oberschenkel tödlich getroffen wurde.«

Was nicht zuletzt dabei deutlich wird: Gewalt hat nicht nur seine mörderische Seite, sondern ist auch exekutive oder legislative oder judikative Macht des Staates.

Gewalt ist aber eine Sache – das müssen wir eingestehen –, die Frauen gern Männern überlassen und dann anlasten. Da sie von der »männlichen« Gewalt ausgeschlossen scheinen und als Opfer männlicher Gewalt erscheinen, wird diese von ihnen abgelehnt, verabscheut und diskreditiert.

Es wäre schön, wenn wir sagen könnten: Gewalt? Damit haben wir nichts zu tun. Dann hätten Sie, die Leser, den Schwarzen Peter. Und wir Frauen könnten uns bequem zurücklehnen. Doch so leicht wollen wir es uns nicht machen. Ich möchte Sie als Leser an dieser Stelle nicht schon verlieren. Und ich möchte Sie, die Leserin, dafür gewinnen, in edler Selbsterkenntnis mit mir der gewaltigen und gewalttätigen Frau nachzuspüren. Zusammen, wenn sicher aus unterschiedlichen Motiven heraus, wollen wir ihren Anblick nicht scheuen.

Fragen drängen sich auf: Ist die Frau wirklich nur Erduldende und Opfer? Ist sie nicht auch stark und kraftvoll, begabt mit dem Willen zu gestalten, zu herrschen? Übt sie nicht selbst Gewalt aus? Und wenn ja, wo? Wie sieht es mit ihren Mitteln der Gewalt aus? Sind es dieselben, die Männer benutzen? Oder andere, die man – oberflächlich betrachtet – gemeinhin gar nicht der Gewalt zuordnet? Muß man von daher Gewalt neu definieren – nicht mehr allein männlich bestimmt, sondern, die Gewaltpotentiale beider Geschlechter erfassend, menschlich vielleicht?

Beleuchten wir Gewalt näher, setzen wir uns auf die Spur der aggressiven und kämpferischen, gewalttätigen und kriegerischen Frau! Es wird nicht leicht sein, die uns Frauen wirklich eigene Gewalt auszumachen. Vorwiegend von Männern beherrschte Religion, Politik, Wissenschaft und Wirtschaft erschweren uns den Zugang. Eine weitgehend von Männern gestaltete Welt und Gesellschaft verstellen uns womöglich den Blick. Manchmal werden Sie – wie ich – als Frau zurückschrecken, nicht wahrhaben wollen, was Sache ist. Manchmal wird sich die gewalttätige Frau vielleicht nur als Bild entpuppen, das Männer von gewalttätigen Frauen haben und seit Jahrhunderten tradieren. Trotzdem hoffe ich, daß ich Sie verlocken kann, mir auf die verschlungenen Wege der Gewalt zu folgen.

Kingkong-Gebärden gegen Frauengewalt

Wer sich in Gefahr begibt, kommt noch lange nicht darin um! Dieser Slogan für Männer, die sich Kampf und Abenteuer stellen, sollte auch für Frauen gelten. Selbst wenn ihre Stärke, ihre Aggressionslust sofort den Mann auf den Plan ruft. Das Verhältnis des Mannes zur Gewalt ausübenden Frau hat seine eigenen Kapitel. Sie stört ihn, sie verstört ihn.

»Für mich heißt Actionfilm unter anderem, daß man sehr einfache Bilder für komplizierte Gefühle findet«, sagt Kathryn Bigelow. »Nehmen Sie eine so haßgeladene Liebesgeschichte wie *Blue Steel*: eine Frau, die stark ist, und ein Mann, den ihre Stärke extrem verstört. Wo, wenn nicht im Thriller kann ich diese Geschichte so unmittelbar erzählen. Eine Polizistin und ein psychopathischer Killer, Umarmungen und schließlich ein blutiger Showdown – das sind Bilder, die jeder versteht.«

Auch *Kingkong* ist ein Actionfilm, der in einfachen Bildern die aus männlicher Sicht einfache Geschichte der geschlechtlichen Rollenverteilung erzählt: Solange ihm Frauen geopfert werden, er Frauen in seiner Gewalt hat, verhält er sich still. Er gebärdet sich ihnen gegenüber höchst liebenswürdig, solange sie machen, was er will.

Aber wehe – die Frau springt von seinem Handteller! Wehe, wenn die Frau gar nicht sein zartes Geschöpfchen sein möchte, mit dem er nach Belieben verfahren kann – wehe, wenn sie die Freiheit und Selbstbestimmung möchte und das Recht auf ihren Teil der Weltgestaltung! Da richtet er sich zu voller Größe auf, trommelt mit beiden Fäusten gegen seine ach so männliche behaarte Brust und brüllt!

Es hat weder bewaffnete Aufstände noch kriegerische Auseinandersetzungen gegeben, mit denen Frauen ihre Rechte als Menschen einforderten. Allerdings begannen sie streitbar und mit mehr oder minder kämpferischen Tönen in Zeitschriften und Büchern auf Gleichberechtigung zu bestehen. Sie haben es immerhin zu Gleichstellungsbeauftragten gebracht, die höchst überflüssig wären, wenn es anders ginge. Doch schon das ist offensichtlich zuviel! Inzwischen tobt der Geschlechterkampf auf einem verbalen Schlachtfeld. Männer spüren: Gefahr ist im Verzug! Kingkong-Verschnitte wie Robert Bly (*Eisenhans*) oder Sam Keen (*Feuer im Bauch*) oder Joachim H. Bürger (*Mann, bist du gut!*) oder Helmut-Maria Glogger (*Der sprachlose Mann*) schlagen sich an die vermutlich mehr oder minder behaarte Brust und verlangen brüllend nach Urwald und wilder Männlichkeit und opferwilligen Frauen – Kingkongzeiten eben.

Obwohl nicht immer scharfsinnig, dafür aber immer schlagwortartig, behauptet Glogger, die »Wortkeule« der Frauen habe die Männer sprachlos gemacht – und das sprachgewaltig über 245 Seiten. Seiner Meinung nach ist die Frau, das Dummchen, im Besitz aller Macht; sie knechtet den Mann nicht nur verbal und sexuell, sie saugt ihn aus und wirft ihn dann weg wie einen alten Handschuh. Und sie ist sogar schuld am schlechten Fernsehprogramm, das auf ihre geringe geistige Kapazität zugeschnitten ist. Fazit mit anderen Worten, den Satz des Frauenhassers Weininger umgewandelt: Der dümmste Mann steht intelligenzmäßig noch unendlich höher als die klügste Frau.

Na gut, es geht um Verkaufszahlen, und Kingkong-Gebärden liegen im Trend. Hohe Auflagen dieser und ähnlicher Bücher, Workshops nicht nur in Amerika, sondern auch im Allgäu, der brüllende Wort-Prediger Huntemann zeugen davon: Männer möchten die altbewährte Unterordnung der Frauen unter den Mann als gottgefällig und biblisch legitimiert wieder herstellen. Aggressionen gegen die angeblich schon übermächtige Frau machen sich allerorten breit. Macht und Gewaltausübung aber sind Geschwister. Ist für Männer tatsächlich Gefahr im Verzug?

Gewagt scheint es mir da, das Thema Frauengewalt aufzugreifen. In einer Zeit verbalen Atomkriegs zwischen den Geschlechtern sich mit der Gewalt von Frauen auseinanderzusetzen, verlangt Mut zu unbefangener Betrachtung und ist sicher ein Schritt zu Selbsterkenntnis von Frauen und Männern. Vielleicht kommen wir sogar einem anderen Phänomen, das in dieser heftigen Kingkong-Reaktion gefährlich mitgedacht ist, ein wenig näher, der Gewalt gegen Frauen; kann sie nicht damit zusammenhängen, daß man Frauen die Stärke abspricht, ihre Schwäche proklamiert?

Vorab halten wir fest: Beides, die weiblichen Film- und Fernsehrambos wie die Autoren, die so heftig die Männertrommel rühren, lassen vermuten, daß sich das Frauenbild gewandelt hat und damit zwangsläufig auch das Bild von Frauengewalt. Auffällig ist, daß die Rambas mit der Lizenz zum Töten gehäuft in solchen Systemen wie Polizei- oder Geheimdienst auftauchen, die männlich geprägt sind und in denen die hierarchische Struktur von Befehl und Gehorsam besonders dominiert. Das wollen wir im Gedächtnis behalten.

Außerdem weisen die Rambas darauf hin, daß das Freud-lose Zeitalter anbrechen sollte. Es wird höchste Zeit, sich mit der Psyche der Frauen und ihrer Aggression zu beschäftigen. Siegmund Freud hat das nicht getan, wie das fehlende weibliche Pendant zum Ödipus beweist. Eigentlich haben wir alle es immer schon gewußt: Freud hat den Menschen als Mann definiert, läßt seine Ich-Werdung erst mit dem Ödipussi-Komplex beginnen, sieht ein kindliches Bedürfnis nach Vaterschutz, übersieht das kindliche Bedürfnis nach Mutterschutz und gesteht als alter Mann, daß er von der weiblichen Sexualität keine Ahnung habe. Das soll uns nicht passieren. Aufklärung tut not. Also endlich her mit der weiblichen Libido und ihren Aggressionsschüben!

2. KAPITEL

Wo er waltet – wütet sie

Gewalt, so konnten wir ausmachen, hängt offenbar mit Aggression und Stärke zusammen. Sie findet ihren Ausdruck in der Phantasie und den von ihr produzierten Bildern. Zudem scheinen Gewalt und Gewalttätigkeit nahe beieinanderzuliegen. Wie nähern wir uns also diesem vielfältigen Komplex?

Nun, wenn Sie wissen wollen, wer Siegmund Freud war oder was ein Kippmoment ist, schlagen Sie nicht bei Shakespeare nach, sondern ein Konversationslexikon auf. Und schon sind Sie schlauer.

Um Frauengewalt näherzukommen, machen wir es jetzt genauso. Außerdem hören und sehen wir uns um. Wir nehmen Worte, Definitionen und Bilder unter die Lupe und beantworten die Fragen: Wer beschreibt hier Gewalt? Wie wird die gewaltige Frau definiert? Welche Einstellung zu ihr drückt sich aus? Wir werden nicht umhinkommen, das Wort oder Bild an der Realität zu messen. Denn nur dann können wir erkennen, ob die Gewalt-Worte und Gewalt-Bilder von Menschen produziert worden sind, die ihren Gegenstand – die gewaltige Frau – unbefangen und vorurteilsfrei betrachtet haben. Wichtig ist auch herauszufinden, ob diese Wort- und Bildproduzierer sich von eigenen Gefühlen und bestimmten Zielvorstellungen leiten ließen. Kurz, es geht darum herauszufinden, ob wir es bei diesen Worten, Definitionen und Bildern mit Klischees zu tun haben.

Von Furien, Hausdrachen und Zimtzicken

Sexbombe, Xanthippe, Megäre, Hausdrachen, Furie, Putzteufel, Zimtzicke, Schreckschraube, Mannweib, Flinten- oder Teufelsweib – diese Bezeichnungen für Frauen haben etwas mit Gewalt zu tun. Und es sind längst nicht alle. Sicherlich fallen Ihnen noch mehr ein.

Nun ist es egal, ob Sie als Mann »Hausdrachen« oder »Mannweib« sagen oder nur denken, das Urteil ist vernichtend. Es drückt ja keine Anerkennung aus, sondern Ablehnung. Sie verachten die so bezeichnete Frau. Höchstens Sexbombe und Teufelsweib haben etwas genüßlich Zustimmendes. Nähern wir uns also der Frauengewalt zunächst über diese Schmähwörter. Dem besseren Verständnis helfen Wörterbuch und Lexikon.

Sexbombe, heißt es im *Duden*, sei der saloppe Ausdruck für eine Frau, besonders auch eine Filmschauspielerin, »von der eine starke sexuelle Reizwirkung ausgeht«. Die Reize haben aber die zerstörerische Wirkung einer Bombe; wir dürfen davon ausgehen, daß sie männervernichtend sind.

Xanthippe hieß die Frau des Sokrates, die laut *Duden* »als zanksüchtig geschildert wird«. Nach ihr heißt nun umgangssprachlich abwertend ein »unleidliches, zänkisches Weib« Xanthippe, was übersetzt soviel heißt wie ›blondes Pferd‹. Spontan kommen hier auch Zank und Hippe in den Sinn, eine lautliche Ähnlichkeit, die der Verbreitung des Schimpfwortes bei uns sicher entgegenkam. Immerhin stellt der *Brockhaus* fest, daß Xanthippe »zu Unrecht zum Inbegriff des zänkischen und launenhaften Eheweibs« wurde.

Megäre bedeutet die Zürnende und ist ursprünglich eine der Erinnyen, die Neidische. In lange Gewänder oder auch in ein kurzes Jagdgewand gekleidet, werden die Fackeln oder Geißeln tragenden Rächerinnen von Bluttaten, die aus der Unterwelt emporsteigen, um die Verfolgten zu peinigen, als geflügelte Wesen mit Schlangen in Haar und Händen dargestellt. Sie merken schon, Unheimlich-Dämonisches kündet sich an. Im übertragenen Sinn bezeichnet man damit ein böses Weib. Im Römischen Reich entsprachen den Erinnyen die Furien.

Salopp abwertend nennt man das, wenn eine zänkische Frau Hausdrachen genannt wird. Sie ist eben »ein furchtbarer Drache«. Und wer in seiner Kindheit *Nesthäkchen* gelesen hat, weiß noch, daß es früher bei jedem Ball einen Drachenfels gab, jenen Platz, von dem aus Mütter ihre Töchter, die mit ihr konkurrierenden Mädchen und vor allem die jungen Männer begutachteten; es könnte ja die Heiratschance sein.

Zimtzicke bezeichnet eine Frau, die sich entgegen der üblichen Erwartung anders verhält, die offensichtlich dabei dem Gegenüber den Eindruck vermittelt, sie kehre ihre intellektuelle Überlegenheit heraus. Das ist ärgerlich und muß mit dem Schmähwort geahndet werden. Deshalb gibt es einen Zusammenhang zur »eingebildeten Ziege«. Zimtzicke bezeichnet eine »dumme, eingebildete Frau«. Wieso dumm, darüber klärt uns der *Duden* leider nicht auf.

Schreckschraube ist nicht gerade das Kompliment, das Frauen sich gern einhandeln. Wer möchte schon eine Person sein, »die aufgrund ihres Äußeren, Verhaltens, Wesens als schrecklich empfunden wird«.

Dem Mannweib ist schwerer beizukommen. Offensichtlich ist es nicht nur ein Schimpfwort, sondern auch eine wissenschaftliche Bezeichnung, entsprechend dem lateinischen *Virago.* Gemeint ist eine »Frau mit hervorgekehrten männlichen Eigenschaften, oft auch physiologisch mit unvollkommen entwickelten inneren Geschlechtsorganen und bestimmten, dem Mann ähnlichen Merkmalen, wie stärkerer Behaarung von Lippen und Kinn, tiefer Stimme, männlichen Charaktereigenschaften«.

Erstaunlicherweise konnte eine Frau, die man in früheren Jahrhunderten Mannweib nannte, stolz sein; damit erkannte man ihr tapferes, eben Männern ähnliches Betragen an. Erst im 19. Jahrhundert erhält das Wort seinen negativen Beigeschmack. Sie werden sehen, wie gut das paßt; dieses Jahrhundert war eines der frauenfeindlichsten Jahrhunderte überhaupt.

Zusammenfassend läßt sich nach einem Blick in *Duden* und *Brockhaus* sagen, daß diese Bezeichnungen Frauen durchgängig im Hinblick auf Männer definieren und aus der Sicht von Männern bewerten. Männer bekommen die Wirkung der darin ausgedrückten negativen Eigenschaften oder Verhaltensweisen zu spüren. Die Frauen, die mit diesen Schmähworten belegt werden, sind männerverderbende Frauen, die zanken oder zürnen, Widerworte geben, intellektuell überlegen scheinen und sich männliche Rollen anmaßen. Kurz, es sind Frauen, die sich entgegen dem gewünschten Rollenbild der sanften, passiven, unterwürfigen und ornamentalen Frau verhalten.

Stellen Sie jetzt stirnrunzelnd fest, daß ich den Beweis, diese Schmähworte hätten etwas mit Gewalt zu tun, schuldig geblieben bin? Geduld, wir stehen ja bei unserer Annäherung an die Gewalt von Frauen erst am Anfang. Schauen Sie mit mir vielleicht jetzt zusammen in ein gängiges Wörterbuch, Textors *Sag es treffender*, »Ein Handbuch mit 25000 sinnverwandten Wörtern und Ausdrücken für den täglichen Gebrauch in Büro, Schule und Haus«!

Suchen wir die Xanthippe, finden wir sie unter einem Oberbegriff, der deutlich macht, daß es hier tatsächlich um Herrschaft und Gewalt und Macht geht: unter DIKTATUR. Dort finden wir insgesamt acht gewaltige Frauen. Drei kennen Sie schon, andere kommen hinzu: böse Zunge, Kratzbürste, Zankteufel, Böse Sieben, Hauskreuz. Diesen acht weiblichen Diktatoren stehen allerdings 15 männliche gegenüber, unter anderem Haustyrann, Pascha, Despot, Patriarch, Starrkopf, Querkopf, Wüterich und Polterer. Kein ausgewogenes Geschlechterverhältnis! Doch das ist weder für uns Frauen ein Grund zu jubeln, noch hoffentlich für Sie, den Leser, ein Grund, beunruhigt zu sein. Ist allerdings Ihr Bedürfnis, liebe Leserin, nach Gleichheit und Gleichwertigkeit sehr groß und verlangt hier Gleichstellung, lassen Sie sich sagen: Textor hat nur nicht gründlich genug gesucht. Oder sollte so etwas wie unangebrachte Ritterlichkeit vorliegen?

Der Seltsamkeiten in diesem Wörterbuch sind zu unserem Thema kein Ende! Daß man im alphabetischen Verzeichnis zu dem Stichwort Furie die Nummer 531 findet und – schlägt man unter dieser Nummer nach – bei FRAU landet, das Wort Furie selbst aber nicht findet, mag eine Freudsche Fehlleistung der Januarausgabe von 1992 sein. Trotzdem ist es aufschlußreich, zu vergleichen, was unter den Oberbegriffen FRAU und MANN steht.

Zunächst werden bei FRAU drei aufs Geschlecht bezogene Bezeichnungen genannt: weibliches Wesen, Weib, der weibliche Mensch. Das sieht bei MANN viel hübscher aus und soll Ihnen nicht vorenthalten werden: Maskulinum, männliches Wesen, »Herr der Schöpfung«, Mannsbild, Kerl, Mannskerl, das starke Geschlecht, Prachtkerl, tüchtiger Kerl. O ja, sehen Sie, da hat er gesucht und gefunden!

Unter zweitens folgen bei FRAU Ausdrücke, die das weibliche Kind, die weibliche Jugendliche bis hin zur erwachsenen Frau meinen, etwa Mädelchen, junges Ding und Karrierefrau. Bei MANN werden an dieser Stelle Bezeichnungen aufgelistet, die auf die Stärke Bezug nehmen, vom starken Mann über Gewaltmensch, Muskelprotz, Bulle oder Stier bis zu Herkules, Baum, Eiche und Fels. Des Gigantismus ist kein Ende, denn unter drittens folgen weitere Dimensionen männlicher Pracht und Körperfülle wie Hüne, Goliath, Riesenkerl bis zu langer Lulatsch, Lackl und ungeschlachter Bursche.

Verwundert es Sie nicht auch, daß die Rubrik »starke Frau« bei FRAU ausgespart ist? Sie wird an anderer Stelle – gleich hinter MANN – unter dem Oberbegriff MANNWEIB abgehandelt. Dort finden wir die Amazone, Diana, den Dragoner, die Virago, das Flinten- und Heldenweib.

Unter drittens werden bei FRAU Bezeichnungen aufgezählt, die die Frau in der Beziehung zu Mann oder Familie vorstellen, von der Angetrauten übers Ehegespons bis zur besseren Hälfte, aber auch Mutter der Kinder, Schwiegermutter, Matrone bis hin zur Großen Mutter, mit der wir Frauen sogar in göttliche Dimensionen vordringen dürfen. Der Dame sind unter viertens zugeordnet die kultivierte Frau, die Mondäne, aber auch – man höre und staune hoffentlich! – die Wissenschaftlerin und die Politikerin. Unter fünftens und sechstens werden dann noch einmal geheiligte Bezirke umschritten: Dort finden sich die Madonna und Gottesmutter ebenso wie die Priesterin und die Hüterin des Herdfeuers.

Zum Ende hin driftet die Gliederung von FRAU und MANN weit auseinander. Denn unter fünftens und sechstens werden die negativen Ausformungen des Mannes wie Knilch, Zwerg oder Gnom genannt. Die weiblichen Entsprechungen hat man, genauso wie adjektive Bezeichnungen wie mannhaft und echt männlich, ausgespart – aus was für Gründen wüßte ich gern mit echt weiblicher Neugier.

Frauengewalt – so müssen wir nach unserem Blick in Wörterbücher und Lexikon feststellen – existiert in unserer Sprache vor allem in Schmähworten für starke Frauen. Positiv besetzt wie Männerstärke kommt Frauenstärke in einem Gebrauchswörterbuch wie Textor nicht vor. Vorsichtig, wie wir sind, stellen wir eine Bewertung noch zurück. Wir wollen die gewaltige Frau nicht nur im Wort, sondern auch im Bild.

Mutter Gottes und falsche Maria

Du sollst dir kein Bildnis machen, sagt der Gott der Zehn Gebote. Er weiß: Wer imaginiert wird, existiert in der Realität nicht mehr. Denn wenn der Mensch sich ein Bildnis macht, läßt er die Phantasie arbeiten, bemüht er seine Vorstellungskraft, und das Ergebnis hat oft mit dem real existierenden Menschen, den er ins Bild bannt, wenig oder nichts zu tun. So einfach ist das. Ins Bild eingefangen zu sein, wird zur Existenzfrage. Lebendigkeit ist nur möglich, wo der Rahmen gesprengt wird.

Der alte Pygmalion-Mythos drückt das beklemmend deutlich aus: Der Künstler Pygmalion schafft sich eine weibliche Statue nach seinen Vorstellungen. Als sie lebendig wird, eigenen Willen zeigt und eigenverantwortlich handelt, ist er entsetzt. Pygmalion ist mithin nicht das Urbild des Künstlers, sondern das Urbild des Mannes, der sich ein Bild von der Frau macht.

Die Geschichte männlicher Traumbilder des Weiblichen zeigt das deutlich. Seit der Antike wurden Natur, Dichtkunst, Tugend, Neid, Glück, Weisheit (ja doch, sie auch!), Klugheit, Hoffnung, Wahrheit, Friede, Fleiß, Sieg, Ruhm, Barmherzigkeit, Religion, Freundschaft, Demut, Zuversicht, Verleumdung, Wollust und und und ... als weibliche Figuren allegorisiert, ins Bild gesetzt. Nicht zu vergessen die neun Musen! Sie sehen also, als Allegorie durften Frauen – einmal mehr, einmal weniger – durchaus im positiven wie negativen Sinn Stärke zeigen.

Daneben entwarf der Mann seit jeher Frauenbilder in der Bandbreite von der Hure über die Hausmutter zur Madonna. Was für Madonnen sind nicht geschaffen worden, von Raffael, Duccio, Corregio, eine unendliche Anzahl bekannter, weniger bekannter und unbekannter Maler hat sich dem Thema erschöpfend gewidmet. Frauen könnten stolz darauf sein, als Gebärende und Mütter so gewaltig inspirierend gewirkt zu haben; sie wurden sogar zur züchtigsten aller Frauen, der jungfräulichen Mutter, erhoben. Wenn überhaupt jemals, dann hat Frauenstärke hier endlich himmlische Sphären erreicht – jedenfalls in der männlichen Vorstellungskraft. Doch der Kern dieser süßen Frucht – stimmen Sie mir da zu? – ist bitter: Durch diese Bildentwürfe wurde ihre reale Existenz als Frauen eingeschränkt, eingeengt, zum Verschwinden gebracht. Selbst das schönste Madonnenbild darf uns darüber nicht hinwegtäuschen. Und gehören Sie zu den vielen Menschen, den Bildermachern wie den weiblichen und männlichen Betrachtern, die das nicht wahrhaben wollen, verspreche ich Ihnen, den Beweis dafür anzutreten. Doch schauen wir zunächst weiter Frauenbilder an!

Sogar kämpferische Frauenkräfte sind vom Mann ins Bild, ins Zeichen, ins Emblem gebracht worden. Allerdings müssen wir da schon genau hinsehen, wie sie dargestellt und bewertet werden. Die Verwegenheit (*Temeritas*) zeigt ein Emblem von Corrozet: »Die Verwegenheit, eine allzu junge Törin, voltigiert und trabt auf einem Pferd ohne Sattel, ohne Zaum und Zügel und irgendeine Handhabe zum Lenken.« Die »Törin« läßt Sie stutzen? Das ist gut so, zeigt es doch, daß Sie langsam ein Gespür für unterschwellige Nuancen entwickeln. Richtig, reitet ein Cowboy zügellos, ist er ein Held. Eine Frau, die in dieser Weise ihre Kräfte ausprobiert, ist keineswegs heldisch, sondern im Gegenteil töricht.

Justitia oder die Freiheit, beide bewaffnet, zeugen von dieser ambivalenten Haltung. Costalius zeigt im 16. Jahrhundert ein Bild mit Justitia, die ihre zwei Kinder Krieg und Frieden an der Brust nährt. Die mitgegebene Deutung legt das Bild der Frau als Mutter, nicht als Kämpferin fest: »Welche Göttin ist es, die an ihren Brüsten zwei Kinder hegt und sich den frommen Pflichten einer fürsorglichen Mutter unterzieht? Die Gerechtigkeit hat die achtenswerte Aufgabe einer Mutter auf sich genommen: an der rechten Brust hegt sie den Krieg, an der linken den Frieden.«

Was für ein Bild von einer gewaltigen Frau! Kennen Sie Delacroix' Revolutionsbild *Die Freiheit führt das Volk an* (28. Juli 1830)? Da schreitet sie – mit erhobener Fahne, Gewehr mit aufgepflanztem Bajonett in der Hand, nackten Brüsten, aber mit phrygischer Mütze – über die Kämpfenden hinweg. Keine wirkliche Frau, sondern eine Idealgestalt, durch die rote Mütze als Personifikation der Freiheit gekennzeichnet.

Himmel, wie aufschlußreich! Alles, was wir über die Imaginierung des Weiblichen und natürlich auch des Männlichen durch den Mann wissen müssen, präsentiert sich: Die Frau sei Mutter; das ist ihre fromme Pflicht und idealisierte Existenzform. Die Frau sei »Mutter der Schlachten«, wie Saddam Hussein das 1991 während des Golfkriegs so schön nannte, oder Friedensengel. Gerechtigkeit, in früheren Jahrhunderten ausschließlich in Männerhänden, erleidet keine Geschlechtsumwandlung, sondern deutet auf die Gebärfähigkeit des Mannes; er gebiert große Taten und sich in einem unentwegten »gerechten« Krieg- und Friedensspiel selbst: männliche Wiedergeburt!

Frauen sind nie zufrieden, werden Sie, lieber Leser, jetzt vielleicht kopfschüttelnd feststellen. Nicht einmal Verklärung ist ihnen recht. Und Sie, die Leserin, können nicht umhin, etwas wie Stolz zu fühlen, wenn Sie an all diese weiblichen Symbolgestalten denken.

Doch sehen Sie, selbst die Idealisierung macht im Laufe der Jahrhunderte eine Wandlung durch. Das Neue an der Darstellung Delacroix' war, daß die Malweise das überzeitlich Verbindliche des Ideals nicht berücksichtigte und damit die Erwartungshaltung der damaligen Betrachter provozierte. Das brachte ihm herbe Kritik ein: Seine Freiheit wurde als »schmutzige Courtisane«, als »dreckiges, entehrtes Straßenmädchen«, als »schlampige Dirne« bezeichnet – so das *Funkkolleg Moderne Kunst*. Die französische Zeitung *La Tribune* schrieb damals: »Diese Liberté, die das Volk anführt, erinnert an die gemeinste Hure der schmutzigsten Pariser Straße.« Das war der Punkt: Die neuen Ideale der Zeit sollten möglichst durch weiße Ehrenjungfrauen verkörpert werden. Und darunter konnte man die Liberté Delacroix' nun nicht einreihen. Sie hatte »nichts mit einer Jungfrau gemein, im Gegenteil, sie sieht ganz anders aus, und anstatt vom Himmel herabzusteigen, könnte man glauben, sie käme direkt vom Weinhändler«, fand die Zeitung *La Tribune*.

Was war passiert? Mit der durch die Französische Revolution einsetzenden Säkularisierung lassen die Idealfiguren plötzlich den göttlichen Hintergrund vermissen; sie werden verweltlicht. Das bedeutet, daß sie den irdischen Menschen angeglichen werden. »Stieg nun eine Freiheit oder eine Gerechtigkeit vom Sockel und mischte sich unter die Sterblichen, verlor sie zumindest ein Stück weit ihre Gültigkeit«, sagt das *Funkkolleg Moderne Kunst*.

Es ist weit schlimmer: Frauen, die vom Sockel steigen – und wie Sie gesehen haben, gibt es viele Frauen auf einem Postament –, tun einen tiefen Fall, werden zum gefallenen Mädchen, zur Hure. Die Erklärung des Funkkollegs ist wenig befriedigend: »Für weibliche Personifikationen hatte der Abstieg ins Milieu der Bürger, ins Alltägliche des Genres, jedoch besondere Folgen. Wenn etwa Merkur sich als Repräsentant oder Gott des Handels leutselig unter die Menge mischte, konnte er – je nach sozialem Milieu – zum Handelsherrn oder zum Krämer werden ... Doch das Problem liegt tiefer: Für Frauen gab es außer der Mutter keine zeitgenössischen Berufsbilder. (Justitia konnte nicht zur Richterin werden, weil es keine gab.) Der Abstieg der weiblichen Repräsentantinnen führte entweder ins Private oder direkt in die Gosse.«

Halt, möchten wir da rufen. Als ob das so einfach wäre! Meinen Sie nicht, daß den männlichen Bürgern von 1830 kaum entgangen sein dürfte, daß auf den Barrikaden Frauen kämpften? Sie wußten mit Sicherheit, daß Frauen an der Französischen Revolution einen erheblichen Anteil hatten. So wie Merkur zum Krämer wird, hätte die Freiheit ja zur Barrikadenkämpferin werden können, damit zwar keinem Berufsbild entsprochen, immerhin aber einer realen Erscheinung.

Ich behaupte, das Problem liegt noch tiefer: In des Mannes Vorstellungen des Weiblichen gibt es nur zwei Möglichkeiten, Madonna oder Hure, das Weibliche und das Unweibliche. Da hinein bannt er das andere, Fremde, Bedrohliche, Unheimliche, Verderbenbringende der Frau.

Nur eine Abart der Frau kam dem männlichen Wunsch nach einer funktionierenden, ihrem Schöpfer gehorchenden Marionette wohl am nächsten: die Dame. Der Amerikaner Hopper malt sie 1927 mit gelbem Hut und Handschuhen, in grünem Mantel mit Pelzbesatz, züchtig übergeschlagenen zur Seite gesetzten Beinen in einem Restaurant. Diese Dame ist ein Geschöpf der männlich-patriarchalen Gesellschaft, funktionierend und durch vorgegebene Konventionen unlebendig; sogar der grüne Mantel paßt dazu. Nach der Farbfunktionspsychologie des Schweizer Psychologen Max Lüscher ist Grün die Farbe der Selbstachtung, eine Überbetonung deutet einen Mangel an Selbstachtung an. Bezeichnend nennt Hopper sein Bild: *Automat*.

Doch nicht einmal durch die alles beherrschende und den Naturgesetzen gehorchende Technik bekommt man die Frau in den Griff: In den zwanziger Jahren ist ein verführerisch schöner weiblicher Roboter Ergebnis des männlichen Schöpfungsaktes. Fritz Lang stellt sie in seinem Film *Metropolis* vor: die »falsche« Maria, eine Madonnen-Variation der Technik – nur eben falsch, nicht sanft und unterwürfig, sondern eigenwillig und damit vom Mann nicht zu beherrschen.

Bei soviel Renitenz, scheint mir, bleibt da dem Mann nur der Rückzug in männerbündische Ideen oder Männerbünde: Dieses Wort ist in allen Sprachen deutsch. Der deutsche Mann tut sich mit der Vorstellung von Frauen als gleichwertigen Menschen wohl am schwersten. Und wo treffen wir ihn vor dem Ersten Weltkrieg, in den zwanziger Jahren bevorzugt an? In Klub oder Loge als Freimaurer und Druiden, als Korporierten und Schlaraffen, als Schützen und Karnevalisten, amerikanisch infiziert in den neuen Serviceclubs wie Rotary, als Mitglied des Männerchors und – nicht zu vergessen – beim Männerbund Militär.

All diese Männerbünde sind gekennzeichnet durch hierarchische Machtstrukturen, striktes Reglement des Umgangs, Ausschluß von Frauen und einen behaupteten Anspruch auf besseres Menschsein, den die Wirklichkeit häufig genug Lügen straft. Daß sie Frauen ausschließen, stigmatisiert Frauen als mindere Wesen und ist Zeichen dieses Denkens in Hierarchien – auf die Geschlechter angewendet.

Seit Anfang dieses Jahrhunderts versteht sich der Staat mit allen seinen Institutionen zunehmend als Männerbund: Männliche Staatsphantasien verbinden sich unauflöslich mit männlichen Bildern von Weiblichem. Endlich hat der Mann eine – nur zunächst harmlos wirkende – Möglichkeit, Frauen herauszuhalten, indem er ihnen Rollen zuweist. Die real existierende Frau bleibt unerwähnt, namenlos, gesichts- und wesenslos. Das zeigen auch die Biographien von Männerbündlern, die Klaus Theweleit in seinem Buch *Männerphantasien* vorstellt. Und sind das nicht nur die Vorbereitungen zur Realisierung einer totalen Männerwelt? Im Dritten Reich taucht die Frau – der frauenfeindlichen und frauenverneinenden Ideologie entsprechend – dann wieder vermehrt als Allegorie auf, wie in dem Bild *Das Erwachen* als Hintergrund für einen männlichen Kraftakt. Ja, sehen Sie selbst! Nicht wahr, ihre zarte Gestalt harmonisiert vorzüglich zu seinen Muskeln! Passend dazu wird die Frau, die im Gebären ihre Existenzberechtigung hat, proklamiert und glorifiziert.

Und welchen Frauentraum träumen Männer heute? Produzierten die im Grundgesetz festgeschriebene Gleichberechtigung, die neue Frauenbewegung der siebziger und achtziger Jahre neue Bilder von Weiblichkeit in männlichen Gehirnen? Sind es etwa nur die alten Imaginierungen in neuem Gewand? Oder, um wieder mit einem filmischen Vergleich zu sprechen: Verabschiedet sich Kingkong endlich endgültig von der weißen Frau?

Das sind längst nicht alle Fragen, die wir stellen müssen. Einen anderen Gesichtspunkt, bitte ich Sie, gleichfalls im Auge zu behalten. Erinnern Sie sich! Die stahlharten Frauen des Films, von denen wir gesprochen haben, werden von Frauen ins Bild gesetzt werden; Schauspielerinnen geben ihnen Gestalt, Regisseurinnen setzen sie in Szene. Müssen wir da nicht fragen: Bringt uns vielleicht die zweite Hälfte des zwanzigsten Jahrhunderts endlich die Imaginierung des Weiblichen durch die Frauen? Und wenn ja, gilt hier wie da: Wer sich ein Bild macht, übt Gewalt aus und vernichtet die Existenz?

Wir haben uns zu Mannweibern und Hausdrachen über Wort und Bild einen Weg gebahnt und uns, so fürchte ich, Frauengewalt nur vage genähert. Es wird Zeit, Gewalt genauer zu betrachten.

Walte, Wotan, walte!

Gewalt hängt mit walten zusammen, so sagt es der *Duden*. An erster Stelle definiert er die offensichtlich wichtigste Form von Gewalt: »Macht, Befugnis, das Recht und die Mittel, über jemanden, etwas zu bestimmen, zu herrschen: die staatliche, richterliche, priesterliche, göttliche Gewalt.«

Überlegen wir nun, wie und in welchem Umfang haben Frauen mit dieser Gewalt zu tun, fällt eins sofort ins Auge: wenig. Es ist hauptsächlich männliche Gewalt, von der Frauen früher ganz und heute noch weitgehend ausgeschlossen sind.

Sicher, in einer Demokratie sind Frauen nicht mehr völlig von der staatlichen Gewalt ausgeschlossen. Allein aufgrund des allgemeinen Wahlrechts, seit 1918 in Deutschland, 1929 in den USA, 1946 in Frankreich, hatten sie zumindest die Möglichkeit, aus vorwiegend männlichen Kandidaten die vorwiegend männlichen Mitglieder des Parlaments, der Legislative, zu wählen. Ihr Anteil an der legislativen Gewalt blieb immer gering. Selbst im deutschen Bundestag sind zur Zeit von 662 Abgeordneten nur 136 Frauen.

Im exekutiven Bereich sieht das Zahlenverhältnis noch düsterer aus. Zwar haben wir Ministerinnen, meist für so hübsche und in der männlichen Wichtigkeitsskala mindere wie das Familienministerium, das Ministerium für Gesundheit oder gar das Frauenministerium. Daß es in Deutschland 1993 eine Justizministerin gibt, ist wohl eher eine Verlegenheitslösung männlicher Politikerstrategien, um zu verhindern, daß das – ach so wichtige – Außenministerium in Frauenhand gelangt. Es scheint fast, als hielten die deutschen Männer besonders zäh an ihren männerbündischen Staatsphantasien fest. Oder sind es nicht nur die Männer? Einmal Hand aufs Herz, liebe Leserin! Wie stehen Sie zu einer Außen- oder Verteidigungsministerin oder gar einer Bundeskanzlerin? Sagen Sie dazu unbefangen »aber ja, warum nicht« oder doch eher »also, ich weiß nicht«? Sehen Sie, es ist gar nicht so einfach.

Vorab wollen wir Frauen nicht klagen. Es gibt immerhin die einzige Verteidigungsministerin der Welt in Finnland, und es gab eine Premierministerin Maggie Thatcher. Auf jeden Fall werden wir näher untersuchen müssen, wie das mit der politischen Frauengewalt ist.

Richterliche Gewalt, die Judikative, ist angeblich unabhängig und objektiv, entscheidet, was recht und billig ist. So weit, so gut. Doch Gesetze wie die Vorstellungen von Gerechtigkeit werden nicht im Himmel, sondern auf Erden von Menschen beschlossen. Offensichtlich sind sie abhängig davon, ob Männer oder Frauen sie beschließen, auslegen und anwenden.

Man könne nicht alles auf diesen Nenner bringen, meinen Sie? O doch, ich habe ein hübsches Beispiel. Ist es nicht erstaunlich, daß der seit dem 23. Mai 1949 geltende Artikel 3 Absatz 2 des Grundgesetzes es nötig machte, alle vorhandenen Rechtsbestimmungen der Festlegung »Männer und Frauen sind gleichberechtigt« anzupassen? Zudem, glauben Sie bloß nicht, daß man sich damit beeilt hätte! 1953 sollte eine entsprechende Übergangsregelung in Kraft treten. Wer aber beschränkt schon gern selbst seine Rechte zugunsten eines anderen? Selbstbeschneidung ist wenig gefragt. Jedenfalls trat die entsprechende Übergangsregelung fünf Jahre später als vorgesehen in Kraft, 1958. Offensichtlich hatten die Männer des

Deutschen Bundestages Besseres zu tun, als sich für die Gleichberechtigung stark zu machen. Zwei Jahrzehnte mußten dann vergehen, bevor die Frauen in der Bundesrepublik im Zuge der Reform des Ehe- und Familienrechtes am 1. Juli 1977 zumindest vor dem Gesetz gleichberechtigt waren.

Wie sehr die richterliche Gewalt vom Geschlecht des Richters abhängt, haben nicht nur die Hexenprozesse bewiesen. Naomi Wolf weist in ihrem Buch *Mythos Schönheit* über mehr als fünfzehn Seiten nach, wie Rechtsprechung männliche Imaginierungen des Weiblichen zuungunsten der Frauen diskriminierend festschreibt, »rechtens« macht und das Berufseignungskriterium Schönheit durch die Rechtssprechung zementiert. Eine andere Amerikanerin, Marilyn French, zeigt an Hand besonders atemberaubender Fälle, daß *Der Krieg gegen die Frauen* auch mit der Waffe Rechtsprechung geführt wird. In Ann Jones' Buch *Frauen, die töten* lernen wir aus einem geschichtlichen Überblick, daß bis ins zwanzigste Jahrhundert hinein Frauen für Morddelikte an Männern etwa gehängt wurden, während umgekehrt Männer für Mord an Frauen mit großer Nachsicht und kaum relevanten Freiheitsstrafen rechnen konnten. Es kam aber auch vor, daß Frauen »aus Ritterlichkeit« für Männermord nicht bestraft, andere wiederum gehängt wurden – je nachdem ob sie Dame oder Frau der Unterschicht waren. Gerechte Behandlung widerfuhr und widerfährt offensichtlich Frauen selten.

Wäre es nicht wunderschön, wenn wir uns jetzt zurücklehnen und sagen könnten: Also gut, nicht Amerika, sondern Deutschland, du hast es besser? – Doch halt! In dem Kapitel *Lustvoll: Mord und Totschlag* werden wir noch einiges hören, was Sie im Moment noch für unglaublich halten.

Vorab noch ein letzter Blick auf die Judikative! Im Zusammenhang mit der Neufassung des Paragraphen 218 haben die Frauen des Bundestages Gewalt im oben definierten Sinn ausgeübt. Doch ihrer Gewalt sind durch das Bundesverfassungsgericht Grenzen gesetzt, das – wenn Klage erhoben wird – prüfen muß, ob Fristenregelung mit Beratungspflicht verfassungskonform ist. Es wird zwar bei dem Urteil vorwiegend um Frauensache gehen, den Körper der Frau, ihre Selbstbestimmung, ihre Lebensgestaltung und letztlich um die Frage, ob Frauen endlich außer Kontrolle geraten, endlich selbstverantwortlich Entscheidungen treffen dürfen. Die acht Richter des Zweiten Karlsruher Senats sind bis auf eine Ausnahme männlichen Geschlechts. Deshalb wohl resümiert eine Zeitung am 27. Juni 92: »Abtreibungsurteil wird Männersache«. Ist es doch noch so, daß Frauen politische Gewalt fast ausschließlich unter männlicher Kontrolle ausüben?

Das walte Gott, daß Frauen nicht an der Vermittlerrolle zu höchsten himmlischen Mächten beteiligt werden! Wenn Sie diesem heimlichen Stoßseufzer vieler Männerherzen zustimmen, überschlagen Sie am besten die nächsten Seiten.

Die göttliche Gewalt kann offenbar nur durch den Mann vermittelt werden. Als kirchliches Fußvolk durchaus erwünscht (mehr Frauen als Männer gehen in die Kirche), sind Frauen weder als Priesterinnen noch als Funktionsträger der Kirchenhierarchie gern gesehen. Die katholische Kirche hält Frauen aus göttlichen Bereichen nicht nur durch das Zölibat heraus; sie dürfen sich Altar und Priester als Gläubige, nicht aber als Frauen nähern.

Frauen predigen allenfalls zu Hause, nicht in der Kirche; Gottes Wille bleibt ihnen geheimnisvoll verschlossen. Selbst die Vermittlerrolle zu übernehmen ist ihnen verwehrt; in sämtlichen Weltreligionen werden – stets zuungunsten der Frau – deutliche Unterschiede zwischen Frau und Mann gemacht. Die katholische Kirche möchte die geschlechtliche Identität aufrechterhalten, indem sie Frauen zum Priesteramt nicht zuläßt. Darüber kann man Einzelheiten bei Ida Raming in *Stimmen der Zeit*, Heft 6, einer von der Gesellschaft Jesu herausgegebenen Zeitschrift, nachlesen. Ein wesentliches Motiv für die Verweigerung des Priesteramtes scheint die Angst zu sein, daß sich die Unterschiede der Geschlechter verwischen. Papst Paul VI. schrieb 1976: »Die Gleichberechtigung darf nicht zu einer egalitären und unpersönlichen Einebnung führen . . . Das Ergebnis wäre unangebrachte Vermännlichung oder aber Persönlichkeitsverlust.«

Aha, staune ich, es geht darum, Frauen vor etwas zu beschützen – vor der Vermännlichung nämlich. Oder vor Persönlichkeitsverlust. Ein schrecklicher Gedanke! Und jetzt müssen Sie mir einfach helfen! Warum eigentlich glauben Männer immer, Frauen beschützen zu müssen? Vor allem im religiösen Bereich? Reicht denn nicht der Schutz Gottes oder Jesu? Heißt es denn nicht in Galater 3,28: »In Christus ist weder männlich noch weiblich.« Wenn unangebrachte Verweiblichung der Priester – trotz der hübschen bunten Priestergewänder – nicht zu befürchten steht, wieso ist dann Gefahr für Frauen im Verzug? Bis heute befiehlt can. 1024 des kanonischen Rechts: »Die heilige Weihe (Ordination) empfängt gültig nur der getaufte Mann.« Kirchlicherseits wird zwar die Frau als Abbild Gottes ebenso betont wie die Würde der Frau als Person. Doch müssen wir nicht wie Ida Raming fragen: »Wo bleiben die Konsequenzen all dieser großen Worte?« Wenn man ihr folgt, sind die Frauen offensichtlich von eben dieser Würde selbst wenig überzeugt; sie bescheinigt ihnen Minderwertigkeitsgefühl, »abgestumpftes« Ehrgefühl, die letztlich verhindern, daß sie den »Kampf für ihre Befreiung« wagen. So beantwortet sie ihre Frage damit, daß es um die »Erhaltung der untergeordneten Stellung der Frau in der Kirche« gehe. Machen die Frauen es der Kirche zu leicht?

Auf ihrer Ebenbürtigkeit bestehen jedenfalls die Frauen der katholische Frauenbewegung »Maria von Magdalena – Initiative Gleichberechtigung für Frauen in der Kirche«; sie fordern nicht nur die Gleichberechtigung für Frauen in der Kirche, sondern auch deren rechtliche Verankerung sowie Zugang zu allen kirchlichen Ämtern.

Trotz Maria Jepsen, seit 1992 die erste lutherische Bischöfin der Welt, tut sich die protestantische Kirche gleichfalls mit der Ordination von Frauen schwer. Zwar pries der Generalsekretär des Lutherischen Weltbundes bei dieser Fraueninthronisation: »Die positive lutherische Erfahrung mit Frauen im Pfarramt ist ein Geschenk, das wir an andere christliche Gemeinschaften weiterreichen möchten.« Währenddessen betet ein Bruder im Amt, Pastor Spir, zu Gott, daß er dieser »falschen Maria« zur Einsicht verhelfe, »daß sie erkennt, daß es nicht richtig ist, als Frau ein solches Amt anzunehmen«. Möge die Bibel sie zur Einsicht bringen und die Kirchenkonferenz in Prag nachhelfen, oder die Drohung des Papstes, eine Bischöfin behindere die Ökumene . . .!

Ehre, wem Ehre gebühret! Sicher betet Theologieprofessor Georg Huntemann in männlichem Schulterschluß an Pastor Spirs Seite. In Talk-Shows nur gewaltig brüllend, verkündet er die Huntemann-Lehre, es sei »die Unterordnung der Frau unter den Mann eine Ordnung, die der Allmächtige für die Schöpfung vorgesehen hat«. Allmächtiger! Wahrscheinlich sähe Huntemann es deshalb gern, daß Maria Jepsen exkommuniziert wird. Wenn man ihm glaubt – aber welcher vernünftige Mensch tut das schon? –, hat sie sich gegen die Bibel »erhoben«. Sie erkennen sicher selbst, daß wir es mit einem Fundamentalisten zu tun haben. Es geht wie bei allen Fundamentalisten nicht um religiöse Fragen, sondern um Fragen des Geschlechterverhältnisses. Marilyn French bestätigt das für den protestantischen Fundamentalismus Amerikas.

Um Frauen vom Göttlichen fernzuhalten, haben Männer seit jeher mit allen Tricks gearbeitet. Bei den Naturvölkern lassen sie Gott durch Flöten und Schwirrhölzer sprechen, jagen Frauen damit Angst ein und halten sie von den männlichen Ritualen fern. Die christlichen Männer wandeln in der Bibel, zum Beispiel im Römerbrief, die Namen weiblicher Apostel in männliche um (Junia wird zu Junius, was Luther in seiner Übersetzung nur zu gern beibehält) und behaupten dann, Jesus habe eben nur Männer zu Aposteln gemacht. Göttliche Gewalt, wie die Kirchen sie uns vorführen, läßt nur einen Schluß zu: Gott ist männliches Geschlechts.

Gewalt in der Zunge

Nachdem der *Duden* Gewalt im Sinne von »etwas beherrschen« definiert hat, klärt er uns darüber auf, daß Gewalt auch etwas zu tun hat mit »sich oder etwas in Gewalt haben«, was soviel heißt wie »sich, etwas beherrschen und die nötige Zurückhaltung üben«. In zwei plastischen Beispielen wird uns das vorgeführt, einem negativen und einem positiven. Und jetzt dürfen Sie, meine Leserinnen und Leser, einmal raten!

Richtig, das negative Beispiel wird der Frau zugeordnet, der schwatzhaften, der man kein Geheimnis anvertrauen darf und über die wir an anderer Stelle noch sprechen werden: »sie hat ihre Zunge oft nicht in Gewalt«. Das positive Beispiel gilt dem Mann: »er hat sich wieder in der Gewalt«.

Diskriminierung kommt manchmal so leicht gewandet daher, daß wir sie kaum merken.

Wie Janus hat Gewalt noch ein zweites, vom *Duden* erfaßtes Gesicht: Gewalt ist a) »unrechtmäßiges Vorgehen, wodurch man jemanden zu etwas zwingt« und b) »gegen jemanden oder etwas rücksichtslos angewendete physische Kraft, mit der man etwas erreicht«. Wieder muß die Frau für das Beispiel herhalten: »einer weiblichen Person Gewalt antun« bedeutet soviel wie sie vergewaltigen.

In dem Zusammenhang werden zwei gebräuchliche Ausdrücke vorgestellt. »Gewaltfamilie« hat offenbar der *Spiegel* 1976 geprägt – die Männerzeitung als Sprachschöpfer. »Gewaltstreich« ist seit alters her geläufig und ist ein »den Gegner, Partner oder ä. überrumpelnder eigenmächtiger Gewaltakt«.

Aggressive Echsen oder Die Pille gegen Gewalt

Gewalt in jeder Form gehört in unser tägliches Leben; sie tritt täglich, stündlich, in jeder Minute und Sekunde selbst in ihren brutalsten Zügen offen zutage. Klingt das nicht fast so, als hätten wir Menschen nichts damit zu tun, klingt das nicht, als käme Gewalt von irgendwoher über uns? Wir müssen es also deutlicher sagen: Alle Menschen, selbst wenn sie sich dessen nicht bewußt sind, nicht eingestehen, üben Gewalt aus. Trotzdem reagieren Menschen unterschiedlich auf Gewalt.

Einige übersehen Gewalt. Schlimm, schlimm rufen andere moralisch entrüstet, dagegen muß man etwas tun. So schlimm ist das gar nicht, sagen die nächsten. Sie sehen weg oder zu, wenn jemand jemandem Gewalt antut: Ein Kind, ein Mädchen, ruft im Bus um Hilfe, weint, schreit, fleht. Niemand von den Fahrgästen kümmert sich darum; alle halten den Mann, der es aus dem Bus zerrt, für den Vater. Ja, eingegriffen wird selten, übrigens besonders selten, wenn man glaubt, die tätliche Auseinandersetzung findet unter Familienmitgliedern statt; die meisten Menschen halten interfamiliäre Prügel für eine Privatsache.

Andere wiederum wollen die Gewalt in den Griff kriegen, etwas dagegen tun: Sie kritisieren, mahnen, predigen, machen Gesetze, schreiben Bücher und forschen nach den Ursachen.

Ist Ihnen, liebe Leserin, schon einmal folgendes passiert? Sie sitzen in froher Runde, diskutieren, erheben als Frau Ihre Stimme, vertreten Ihre Meinung etwas nachdrücklicher. Gleicht heißt es: »Himmel, bist du heute wieder aggressiv.« – Sie hören das nicht gern.

Im alltäglichen Sprachgebrauch hat Aggression etwas Anrüchiges, Negatives. Über eins sind alle sich einig: Gewalt hat etwas mit Aggression zu tun. Manchmal wird Aggression mit Gewalt gleichgesetzt – fälschlich, wie Sie gleich sehen werden.

Verhaltensforscher Konrad Lorenz schaute sich Fische an und fand männliche Aggression im Kampf um das Weibchen. Akzeptieren wir das, müßten wir uns dem Fazit stellen: Die Evolution ist schuld.

Und vielleicht haftet es uns Frauen ja an, dieses unbewußte Aussenden von Signalen, das die Männer im Kampf um das Weibchen aggressiv und uns zu Opfern ihrer Aggression werden läßt: Die Evolution ist schuld.

Einen alten Schulfilm habe ich noch gut in Erinnerung. Er zeigt unterschiedliches »aggressives« Kampfverhalten bei den männlichen und weiblichen Echsen auf den Galapagosinseln: Die Männchen – so werden Sie als Mädchen und Jungen der siebten Klasse etwa durch eine sonore Männerstimme belehrt – kämpfen, bis sie den Gegner vertrieben haben, doch ohne ihn zu verletzen; die Weibchen dagegen legen es bei ihren Kämpfen um die Brutplätze darauf an, die Gegnerin zu töten. Pfui!

Lassen wir das vorerst dahingestellt! Genauso wie alle fragwürdigen Versuche, aus der Betrachtung von Fischen und Echsen etwas über das aggressive oder gewalttätige Verhalten von Frauen und Männer zu erfahren.

Dabei hat das Wort den negativen Beigeschmack nicht verdient. Diesmal hilft uns nicht der *Duden*, sondern der *Kleine Stohwasser*, ein Lateinisches Wörterbuch. Aggression kommt aus dem Lateinischen und heißt als aggredior soviel wie 1. herangehen, 2. sich an jemanden wenden, 3. unternehmen, beginnen, versuchen, an etwas gehen. Das klingt doch gar nicht schlecht, finden Sie nicht auch? Warum sollten Sie als Frau nicht herangehen an eine Sache, etwas versuchen, beginnen? Das heißt doch Welteroberung, die Dinge sich unterwerfen, sie gestalten, sie beherrschen.

Ursachenforschung betreiben Verhaltensforscher wie Soziobiologen, Soziologen, Sozialpsychologen, Psychologen, Friedensforscher und Politologen. Wechselweise nehmen sie Gene und Testerone, Umweltstreß, Glaubensverlust, Übermütter und überängstliche und vernachlässigende Mütter, kastrastrationsfreudige Ehefrauen, den Marxismus oder Kapitalismus, die sozialen Verhältnisse und zunehmend die Emanzipation der Frauen aufs Korn. Je nach politischer Couleur suchen sie die Ursache der Gewalt im Marxismus oder Kapitalismus, im Fehlen des rechten oder im Vorhandensein des falschen Glaubens. Im übrigen wäre es ein hübscher Gedanke – da stimmen Sie mir hoffentlich zu –, die Wissenschaftler fänden eines Tages die Pille gegen die Gewalt, und wir brauchen sie bloß morgens nach dem Zähneputzen zu schlucken.

Halten wir fest: GEWALT ist – geht man allein vom Wort aus – männlich definiert und heute noch weitgehend Männersache. Auch die andere Seite der Gewalt, unrechtmäßiges Vorgehen, das jemanden zu etwas zwingt oder rücksichtslos angewendete Gewalt, bei der physische Überlegenheit im Sinne von mehr Kraft ausgenutzt wird, wird eher Männern als Frauen zugeordnet. Frauen sind demnach männlicher Gewalt unterstellt. Kein Wunder also, daß sie sich als Opfer männlicher Gewalt empfinden.

Dagegen ist Aggression in seiner ursprünglichen Bedeutung von etwas angehen, beginnen, unternehmen durchaus nicht negativ, sondern notwendige Anschubkraft bei der Weltgestaltung.

GEWALT als Ausfluß von Aggressionen – das zeigen Wort und Bild – hat positive wie negative Aspekte. Sie ist offensichtlich notwendig, wenn der menschliche Gestaltungswille die Dinge der Welt erobert und sich untertan macht, das menschliche Miteinander regelt und ordnen möchte. Sie ist furchtbar, wenn sie zur Gewalttat wird.

Stereotyp wiederholt: Böse, schwach und widersetzlich

Wie wir gesehen haben, wird Frauengewalt, wenn sie sich in Worten, Definitionen und Bildern zeigt, aus einem bestimmten Blickwinkel betrachtet und bewertet. Dieser Blickwinkel ist eindeutig männlich. Sowohl Lexika, Wörterbuch, Bildinterpretationen wie auch Allegorien und Embleme, die auf Belehren aus sind, messen mit zweierlei Maß, je nachdem ob es sich um Männergewalt oder Frauengewalt handelt. Ganz im Sinne, daß er waltet, wo sie wütet, stellt sich uns eine hierarchische Ansicht über das männliche und weibliche Geschlecht vor. Übt er Gewalt aus, sind göttliche Sphären nicht fern; übt sie Gewalt aus, drohen Höllenschlünde. Mit anderen Worten, er ist oben, sie unten; er ist das bessere, sie das schlechtere Geschöpf.

Deutlich geworden sein sollte, daß Frauengewalt uns als Klischee begegnet. Soziologen sagen auch Stereotype. Nehmen Sie die Begriffsbestimmung zu Hilfe, reizt das fast zum Lachen. Denn da heißt es, Stereotype kommen nur aufgrund weniger oberflächlicher Merkmale einer Gruppe zustande. Richtig, in den Worten und Bildern war viel von der Frau die Rede, die sich dem Mann widersetzt, das aber wird immer negativ als zürnend, launisch, falsch bewertet.

Aber die Gruppe – in unserem Fall die Männer –, die diese Klischees schafft, bringt auch bestimmte kollektive Vorurteile über sich selbst in das Klischee ein. Verblüfft es Sie, daß Selbsterhebung und Abwertung des Konkurrenten dazu gehören? Oder das Produzieren pädagogischer oder propagandistischer Leitbilder? Hier müssen wir unbedingt nachhaken: Konkurrieren Mann und Frau? Und soll durch diese Leitbilder, die die schwache Frau positiv sehen und die starke Frau abwerten, propagiert werden, daß Gewalt in Männerhand besser aufgehoben ist?

Allein die Tatsache, daß beide Begriffe – Stereotyp wie Klischee – aus dem Druckhandwerk stammen, weist daraufhin, daß damit beliebig reproduziert werden kann: Klischees sind dauerhaft.

Fragen Sie sich oder mich dennoch, warum Klischees so zählebig sind, von Generation zu Generation vererbt werden wie ein kostbares Familienerbstück? Eigentlich ist das ganz leicht zu erklären. Wir Menschen haben die Fähigkeit, selektiv wahrzunehmen. Sie kennen das. An dem Kollegen, der Sie einmal beim Chef ausgestochen hat, finden Sie kein gutes Haar mehr. Oder an der Lehrerin, die Ihrem Sohn ungerechterweise eine Sechs verpaßt hat. Oder an dem Nachbarn, dessen Laubbäume im Sommer Ihren Garten beschatten. Bestätigt nicht alles, was Sie jetzt und künftig an diesen mißliebigen Menschen wahrnehmen, daß er ein schlechter Kollege oder Nachbar, sie eine schlechte Lehrerin ist? Anderes, das Ihr Urteil korrigieren, Ihr Klischee möglicherweise zerbrechen und der Wirklichkeit entsprechend berichtigen würde, nehmen Sie nicht mehr zur Kenntnis.

Genauso funktioniert das mit den Stereotypen, die Männer über Frauen, auch gewaltige Frauen, angefertigt haben. Beim Hausdrachen, der Xanthippe oder Furie ist die kluge Ratgeberin, liebevolle Mutter oder zärtliche Geliebte ebenso eliminiert wie der Mensch mit eigenen Wünschen und Vorstellungen. Daß diese Klischees selbst in Lexika und Wörterbüchern als fundiertes Wissen weitergereicht werden, macht es besonders deutlich: Klischees sind gefährlich und können vernichtend sein.

3. KAPITEL

Gewaltige Frauen in Mythos und Realität

Der Worte, Bilder und Definitionen sind genug gewechselt: Sie wollen endlich gewaltige Taten sehen und werden ungeduldig. Ich möchte jetzt hineingreifen ins volle Frauenleben und Ihnen, meinen Leserinnen und Lesern, Gewalt vorführen.

Schauen wir uns Frauen an, starke, gewaltige und gewalttätige. Frauen, wie Geschichte, Mythen und Realität sie uns bieten. Egal, ob sie herrisch oder scharfsinnig, lüstern oder hysterisch, blutrünstig oder monströs sind, wir fürchten sie nicht!

Leicht wird es nicht sein, die Konturen scharf zu bekommen, Frauengestalten von den Staubschichten der Jahrhunderte und mythischem Kleister zu befreien.

Ein böses Wort, ich weiß. Ich weiß auch, daß unser Leben von Mythen bestimmt wird, daß sich Mythen ganz den gesellschaftlichen Bedürfnissen entsprechend herausbilden. Doch Sie und ich müssen im Hinterkopf behalten, daß eben diese Gesellschaft männlich bestimmt war und ist und daß damit vor allem männliche Vorstellungen bei der Mythenbildung gewirkt haben. Durch eine vor allem männliche Kultur sind diese Frauenmythen tradiert, aber auch bewertet und benutzt worden, um ein bestimmtes Ziel zu erreichen: die Herrschaft über das Weib.

Diese Frauenmythen, obwohl in der Wirklichkeit verankert, überlagern manchmal die Wirklichkeit, erschweren uns den Zugang. Es gibt viele Frauenbilder, die sich zum Mythos verdichtet haben, die starke Frau und die schwache Frau, die Amazone und das Weibchen, Himmel und Hölle. Ja, erstaunlich, den Mythos der starken, der unbezwinglichen Frau hat es gegeben. Aber er wurde unterdrückt, in Mißkredit gebracht, uns Frauen mit aller Macht schlecht gemacht – bis heute.

Weinsberger Herzblätter als Frauenbürde

Beginnen wir gleich mit einem ganzen Zug von starken Frauen, die sich in einer Krisensituation bewähren.

Die Weiber mögen abziehn, und jede habe frei,
was sie vermag zu tragen und ihr das Liebste sei!
Laßt ziehn mit ihrer Bürde sie ungehindert fort!
Das ist des Königs Meinung, das ist des Königs Wort!

In Reimen hat Kaiser Konrad natürlich nicht gesprochen, als er im Jahr 1140 mit der belagerten und ausgehungerten Stadt Weinsberg einen Vergleich aushandelte. Die Männer sollten dem angedrohten Blutgericht nicht entkommen. Dagegen erlaubte er den Frauen, die Stadt – tatsächlich wohl eher die Burg, in der sie Zuflucht gesucht hatten – zu verlassen. Großzügig und nichtsahnend, gestattete er ihnen mitzunehmen, was sie tragen konnten und ihnen besonders am Herzen lag.

Was, liebe Leserin, würden Sie mitnehmen? Eine spannende Frage auch für Sie, den Leser! Was würde Ihre Frau oder Freundin mitnehmen? Ja, welche Bürde laden Frauen sich in einer solchen Situation auf, in einer Stadt, die Kriegswirren hinter sich hat, wo keine Nahrung mehr vorhanden ist? Die Kinder? Von ihnen ist in der Ballade nicht die Rede. Die Aussteuer? Und wenn ja, was davon? Alles können die Frauen ohnehin nicht tragen. Das Herzblatt, das Liebste? Was ist das? Wer ist das?

Darauf wissen die Frauen von Weinsberg in der Sage und in Adelbert von Chamissos Ballade eine klare Antwort:

Und als der frühe Morgen im Osten kaum gegraut,
da hat ein seltnes Schauspiel vom Lager man geschaut;
es öffnet leise, leise sich das bedrängte Tor,
es schwankt ein Zug von Weibern mit schwerem Schritt hervor.

Tief beugt die Last sie nieder, die auf dem Nacken ruht,
sie tragen ihren Ehherrn, das ist ihr liebstes Gut.

Er hat sie auf Händen getragen, und nun schleppen sie ihn auf dem Rücken davon – so muß es sein. Anders kann es gar nicht sein. Nachdenklich bleibt mein Blick auf dem geliebten Mann hängen. Er bringt stolze 84 Kilo auf die Waage, das weiß ich, und ich weiß auch, daß es mir unmöglich wäre, ihn nur hochzuheben, geschweige denn ihn wegzutragen – bei aller Liebe.

Mag sein, daß Frauen gewaltige Körperkräfte entwickeln können, wenn es sein muß oder darauf ankommt. Doch so einfach liegt der Fall nicht. Zwei Dinge muß ich Ihnen zu bedenken geben. Zum einen ist da nicht von Kindern die Rede, wenn es um das Liebste geht. Bestimmt hat es in Weinsberg Kinder gegeben. Die Frauen jedoch scheint das nicht in Konflikte gebracht zu haben. Sie haben nicht überlegt, soll ich ihn oder vielleicht lieber zwei meiner Kinder retten. Oder haben sie gedacht, Kaiser Konrad wird schon nicht so sein und ihnen etwas antun? Schlimmstenfalls landen sie in einem staufischen Waisenhaus?

Zum anderen ist der Balladendichter ein Mann; das könnte bei der Entscheidung eine Rolle gespielt haben.

Sie merken schon, worauf ich hinaus will. Die Frau, die ihren Ehemann als liebstes Gut davongeschleppt, ist ein Produkt der Phantasie. Der konkrete Fall, wie ein Mann Weibliches imaginiert, liegt hier vor: Männer stehen bedingungslos an erster Stelle in der weiblichen Wertskala. Auch zwei andere Romantiker, die Brüder Grimm, teilen uns diese männliche Sehnsucht in einem Märchen mit. *Die kluge Bauerntochter* nimmt den königlichen Gemahl mit, als er sie – die doch nicht Stroh in Gold spinnen kann – in die armselige Bauernhütte zurückschickt. Das hat etwas Rührendes, nicht wahr? Das akzeptieren wir. Denn das Verlangen nach Liebe, danach, jemandes Liebstes oder Herzblatt zu sein, tragen wir alle in uns.

Chamisso macht sich ein Bild von Frauen, und das ist natürlich nichts Schlimmes. Im Gegenteil, wenn es ein so hübsches und für uns Frauen so positives ist, könnten wir stolz darauf sein, daß jemand gewaltiger Frauenliebe und Frauentreue ein Loblied durch die Jahrhunderte singt.

Aber hat denn der Romantiker Chamisso den gewaltigen Frauen mit der Ballade ein Denkmal setzen wollen? In Weinsberg selbst jedenfalls nannte man wegen dieser exzeptionellen Frauentat die Burgruine, in der die Bevölkerung sich damals verschanzt hatte und aus der die Frauen ihre Ehemänner auf dem Rücken herausgetragen haben, »Weibertreu«. In ihr heiraten heute noch – vermutlich des guten Omens für den Ehemann wegen – gern junge Paare.

Chamisso jedoch? Hören wir einfach noch ein bißchen in die Ballade hinein:

»Halt an die argen Weiber!« ruft drohend mancher Wicht;
der Kanzler spricht bedeutsam: »Das war die Meinung nicht.«

Da hat, wie er's vernommen, der fromme Herr gelacht:
»Und war es nicht die Meinung, sie haben's gut gemacht;«

Recht hat er, der Konrad! Daß sie ihre Männer auf dem Rücken davontragen, ist mehr als eine Frage der Körperkraft. Es zeugt von innerer Stärke. Ist es nicht überaus verdienstvoll, daß sie sich gegen das in ihrer Zeit gängige Männerbild entscheiden? Mannhaft hätte er sterben müssen, der Eheliebste auf ihrem Rücken. Doch sie wollten keine toten Helden, sondern lieber einen lebendigen Feigling, der sich aus der Gefahrenzone transportieren läßt. Das allein zeigt, wie unabhängig und dominant diese Frauen sind. Nicht einmal vor dem Kaiserwort gehen sie in die Knie. Sie unterwerfen sich ihm zwar äußerlich. Innerlich frei jedoch, tricksen sie Konrad aus.

Das wäre doch eine Ballade wert: freie Menschen, nicht unterwürfig, sondern selbstbestimmend, geradezu heldenhaft! Chamisso, fürchte ich, wird Ihre Erwartungen nicht erfüllen: Ihm war das keine Ballade wert. Ihm ging es offenbar gar nicht darum, die heldische Tat der Frauen herauszustellen. Das unverbrüchliche Kaiserwort lag ihm am Herzen, an dem Platz, der bei den Weibern von Weinsberg offenbar von dem Ehemann besetzt war. Der Kaiser und sein Wort stehen im Mittelpunkt. Die Weinsberger Frauen haben nur dienende Funktion, um eine männliche Großtat zu verkünden: Männer halten ihr Kaiserwort. Da das Beste zuletzt kommt, zieht auch Chamisso das Fazit aus diesem historischen Geschehen:

So war das Gold der Krone wohl rein und unentweiht.
Die Sage schallt herüber aus halbvergeßner Zeit.
Im Jahr elfhundertvierzig, wie ich's verzeichnet fand,
galt Königswort noch heilig im deutschen Vaterland.

He, Konrad! Da kann ich mir eine kleine Anmerkung nicht verkneifen: Als die Sage von den Weibern von Weinsberg 1940 achthundert Jahre alt wurde, berichtet Rosemarie Wildermuth im *Marbacher Magazin*, wollte man die Burg der Reichsfrauenschaft übereignen. Doch das Gegenüber von heldenhafter Frau und wenig heldenhaftem Mann paßte nicht in das ideologische Zeitbild, die todeswillige und nicht lebenswillige Krieger brauchte. Man ließ von dieser Übereignung lieber die Finger.

Von Löwen begleitet – Mutter mit Löwinnenherz

»Kreuzung blockiert« lesen wir in der Tageszeitung. In einer Überschrift steht immer das Wichtigste, das wissen wir. Als Autofahrerinnen und Autofahrer fühlen wir uns angesprochen. Schon wieder! Wer denn diesmal? Atomkraftgegner? Streikende Metallarbeiter?

Nein, eine Mutter!

»Weil ihr das Sozialamt der Stadt Unna für sich und ihre fünf Kinder bisher keine angemessene große Wohnung besorgt habe, blockierte gestern mittag eine 33jährige Frau eine Straßenkreuzung in der Dortmunder City.«

Eine Mutter? Keine moderne Klytaimnestra wie Marianne Bachmeier, die im Gerichtssaal den Mörder ihrer Tochter erschoß. Aber eine Mutter, die alle ihre Kräfte mobilisiert, einer Löwin an Kraft und Stärke gleicht.

Sie zwinkern, Sie trauen Ihren Augen nicht? Ist sie reale Frau oder idealisierte Muttergestalt, die löwenherzige Mutter? Es ist schwer zu bestimmen.

Sie kämpft wie eine Löwin um ihr Junges – sagt man und meint eine Mutter, die ihre Kinder vor einer Gefahr, in welcher Gestalt auch immer, bewahren will. Wie kaum anders zu erwarten, finden wir zumindest eine Spur der Löwin im Buch der Bücher, der Bibel.

Dort sagt Jakob noch zu seinem Sohn Juda: »Er kauert, lagert wie der Leu, wie eine Löwin.« Unterschiedslos wird hier mit dem Löwen und der Löwin verglichen. »Er« kann – ohne Gesichtsverlust und die Gefahr unangebrachter Verweiblichung – wie eine Löwin lagern.

»Na bitte«, höre ich Sie sagen, obwohl Ihnen der Vergleich ungewohnt im Ohr klingt. Was biblisch noch gleichwertig zu belegen ist, ändert sich im Laufe der christlichen Jahrhunderte rapide und ist selbst in biblischen Zeiten und noch früher nicht überall zu finden.

Die Löwin ist – im Gegensatz zum Löwen – als Sinnbild nicht häufig. Das *Emblemata*-Handbuch, das den Löwen in über sechzig Sinnbildern vorstellt, weiß nur von zwei Löwinnen, die eine sinnreiche Auslegung möglich machen. Die Löwin ohne Zunge, die standhafte Verschwiegenheit bedeutet, hinterläßt einen schalen Nachgeschmack, erinnert sie uns doch zu sehr an die *Duden*frau, die ihre Zunge nicht in der Gewalt hat. Der Schwatzhaftigkeit des weiblichen Wesens, so wird uns suggeriert, ist offenbar nur durch Verstümmelung beizukommen. Und das Mundwerk ist nicht das einzige, was Männer an Frauen wenig lieben. Ihrer Triebhaftigkeit setzen sie mit der anderen Löwin ein Denkmal. Die »Löwin, die einen Widder reißt, als Bild auf dem Grabmal der Lais« weist auf das Dirnenwesen hin; auch das klingt bekannt. Sie werden sehen, in allen sexuell gewaltigen Wesen, von Salome bis Lulu, von Undine bis zur feschen Lola wird diese Löwin Auferstehung feiern.

Der Löwe dagegen darf als König der Tiere für königliches Amt genauso stehen wie für königliche männliche Tugenden wie Tapferkeit und Stärke, selbst in ihrer gewalttätigen Abart Zorn und Kampfeswut. In beinahe allen Emblemen wird seine Stärke herausgestellt – eine sinnreiche, dem Patriarchat dienende und vorgeblich wissenschaftlich sanktionierte Interpretation von Naturbeobachtungen.

So darf der Löwe in Märchen und Mythen als Tierkreiszeichen, Wappentier und Christussymbol männlich sein. In der alten Sonnensymbolik gilt er als Zeichen für die Erneuerung des Lebens. Sie, liebe Leserin, werden staunen! Denn Löwenkräfte sind bemerkenswert und selbst der Gebärkraft der Frauen überlegen: Sie müssen wissen, Löwenbabys werden von der Löwin – einer alten Vorstellung zufolge – als tote und formlose Wesen geboren. (Glauben Sie mir bitte, es kann sich nur um männliche Löwenbabys handeln. An Töchtern sind Löwenväter wie Menschenväter nicht so nachhaltig interessiert.) In diesem Zustand verharren sie drei Tage lang, bis der Löwenvater wie einst Gott bei der biblischen Schöpfung ihnen seinen Atem einhaucht und sie mit seiner Zunge so lange leckt, bis sie die richtige Form von kleinen Löwen haben. Ist das nicht ein überwältigendes Bild? – Die Wiedergeburt des Mannes durch den Mann, diesem Ereignis widmen sich Männer nicht nur in Männerbünden seit der jüngeren Steinzeit.

Starke Göttinnen wie Kybele, Rhea, Aphrodite oder Venus, Liebes-, aber vor allem gewaltige Fruchtbarkeitsgöttinnen, werden von Löwen begleitet, nicht von Löwinnen. Seine dämonische Seite hat der Löwe in Indien, wo er als Todesdämon gilt. In Ägypten dagegen darf in der Götterwelt eine Löwin herumlaufen, bluttrinkend, die Kriegs- und Todesgöttin Sachmet.

Löwinnen, so sehen wir, ob sie als Emblem oder Göttinnen oder in den Wildreservaten Afrikas auftauchen, werden zur Darstellung von Geschlechterhierarchie benutzt, und die sagt eindeutig: Der Löwe, der Mann ist überlegen und die Löwin, die Frau untergeordnet.

»Die sozialen Strukturen der Löwen wurden mit viel Liebe nach Anzeichen männlicher Überlegenheit durchforstet«, stellt denn auch Marilyn French fest. Naturbeobachtung nicht mit geschärftem Männerblick, sondern mit geschärftem Frauenblick fördert ihr zufolge Überraschendes zutage: »Die Löwinnen jagen und ernähren sich, ihre Jungen und jedes männliche Tier, das sie in ihre Gruppe aufgenommen haben.«

Ja, wenn das so ist! Sie werden nachdenklich; Sie haben schon ganz anderes gelesen. Eben, Marilyn French auch. Wie interpretiert der Mann mit Geschlechterbrille, was er in der Wildnis beobachtet? »Der männliche Löwe erlegt nur selten die Beute. Solche Späßchen überläßt er den Löwinnen«, fabuliert zum Beispiel Robert Ardrey in *Adam kam aus Afrika*. Späßchen? Mich schaudert's. Diese Späßchen sind für Frauen mit harter Arbeit verbunden. In Afrika etwa sichern Frauen zu 80% das Überleben, kreditwürdig sind sie nicht. Für Späßchen dieser Art leiht ihnen keine Bank Geld und setzt sich keine von Männern inszenierte und an Männern orientierte Entwicklungshilfe ein.

Marilyn French zitiert noch weitere Beispiele; uns mag das eine genügen. Kein Wunder also, findet French, daß die Löwinnenkennerin Evelyn Reed den Schluß zieht: ». . . was Ardrey als ›Löwenrudel‹ bezeichnet«, ist »in Wirklichkeit eine Gruppe von Löwinnen . . ., die einem männlichen Tier Zugang zu ihrer Gruppe gewährt«.

Und was halten Sie von einem Salonlöwen?

Der Mann, der in der Gesellschaft wegen seiner Gewandtheit, seiner Manieren, seines Wissen oder seiner musikalischen oder literarischen Werke, aber auch wegen seines Geldes tonangebend war, wurde »Löwe des Tages«, »Löwe der Soirée«, was einer Redensart in England und Frankreich angeglichen war: halt Salonlöwe.

Natürlich ist das eine Frage, die man stellen muß: Gab es ein weibliches Pendant? Eine Salonlöwin?

Ja doch, nur verstand man darunter etwas anderes. Nämlich eine Frau, die »sich durch freie Sitten und auffallendes Gebaren einen Ruf erwirbt«. Eine solche Frau konnte Löwin der Saison, sogar gefeierte Löwin von Paris werden. Aufgrund ihrer Geistesgaben? Sicher nicht!

In unserer Zeit schmückt sich die Frau mit der Löwenmähne. Sie kennen das aus Werbespots für Haarsprays, Haarwaschmittel, Tönungen oder Dauerwellen: Da schüttelt die Frau die lange Lockenpracht und verkörpert das Raubtier, das mit eben dieser Mähne Männer in seine Fänge bekommt und ihnen zum Verhängnis wird. Die Mähne, die den Löwen als männlich kennzeichnet und Sinnbild für seine Überlegenheit und sexuelle Kraft ist, wird ein Sexsymbol der Frauen.

Von der Stärke der Löwin ist demnach außer in der obengenannten Redensart »sie kämpft wie eine Löwin um ihr Junges« nicht die Rede. Dafür dienen die zwei Löwinnen-Embleme in ihrem moralischen Anspruch dazu, Frauen in den zwei Bereichen zu kontrollieren und einzuschüchtern, die Männer offensichtlich am meisten fürchten: in ihrer Wortgewaltätigkeit und ihrer Sexualität.

In der Literatur bin ich bei Herder fündig geworden:

> *wie die Löwin ihre Jungen*
> *jagt ich sie* (die Kinder) *den Räubern ab.*

Hier wie bei der Redensart ist das Sexuelle eliminiert, das raubtierhaft Wilde nicht. Ja, gerade die Tatsache, daß das Raubtier wild ist, erlaubt die Glorifizierung der Mütterlichkeit, läßt den Kampf um das Junge als Extremsituation erscheinen: Mutter und dennoch so wild, so böse . . . Der kämpferische Einsatz der Mutter wird positiv gesehen. Doch, da darf sie. Die Frau, die sich aggressiv und gewalttätig zeigt, ist allerdings zu dieser Gewalt nicht als Mensch, nicht als Frau berechtigt, sondern nur in ihrer Funktion als Mutter. Eine Ausnahmesituation wird vorgestellt; denn der Löwe ist und bleibt König der Tiere, nicht die Löwin Königin.

Was Epos, Roman oder Ballade vermissen ließen, das große Mutterbild, finden wir endlich im zwanzigsten Jahrhundert. Brecht sei Dank!

Gewaltige Muttergestalten wie *Mutter Courage* oder Grusche stellt der Dichter vor. Das Thema muß ihn beschäftigt haben. In seiner Erzählung *Der Augsburger Kreidekreis* und in seinem Drama *Der kaukasische Kreidekreis* streiten zwei Frauen um ein Kind; jede behauptet, die wahre Mutter zu sein. Brecht – biblisch inspiriert – läßt den Richter das salomonische Urteil sprechen: Nicht das Gebären, sondern die mütterliche Haltung Grusches mache die »wahre« Mutter aus. »Nehmt der Schlampe das Kind weg. Sie würde es kalten Herzens in Stücke reißen.«

Eine starke Frau auch diese Mutter Courage! Im Dreißigjährigen Krieg zieht sie mit ihrem Karren durchs Land und versucht, sich und ihre Kinder, ein Mädchen und zwei Jungen, durchzubringen. Es gelingt ihr nicht, nur zwei aus der Familie überleben den Krieg: die zwei starken mütterlichen Frauen, Mutter Courage und Kattrin, die, zwar sprachlos, im richtigen Moment ihre Angst überwindet, die durch nichts eingeschüchtert werden kann und Hilfe herbeitrommelt – der Kinder wegen.

Eine Mutter gegen den Krieg ist die Courage allerdings nicht. Oder doch? Sie lehnt den Krieg nicht ab. Sie lebt von ihm und in Kriegszeiten besser als in Friedenszeiten. »Ich lass' mir den Krieg von euch nicht madig machen. Es heißt, er vertilgt die Schwachen, aber die sind auch hin im Frieden. Nur, der Krieg nährt seine Leute besser.« Und fordert seine Opfer! Ihre Söhne, von Abenteuertum und Heldentaten verlockt, kommen um wie auch der Feldhauptmann. Als er begraben wird, kommentiert der Feldprediger das als »historischen Augenblick«.

Mutter Courage hat ihre eigene Zeitzählung. Die großen Momente der Weltgeschichte gehen an ihr vorbei: »Mir ist ein historischer Augenblick, daß sie meiner Tochter übers Aug geschlagen haben.« Für ihre Tochter gibt sie die sichere Zukunft auf, die der Koch ihr bietet. Sie erspart Kattrin das Gefühl, dankbar sein zu müssen. »Glaub nicht, daß ich ihm deinetwegen den Laufpaß gegeben hab. Es war der Wagen, darum. Ich trenn mich doch nicht vom Wagen, wo ich gewohnt bin, wegen dir ist's gar nicht, es ist wegen dem Wagen.«

In dieser menschlichen Größe steht sie beispielhaft für alle Mütter, die um und für ihre Kinder löweninnenhaft kämpfen – ob sie nun die Kreuzung blockieren der besseren Wohnung wegen oder sich ins Zeug legen, wenn ihren Kindern Unrecht getan wird. Als ich die Biographie über ihre Tochter, die Dressurreiterin und vierfache Olympiasiegerin Nicole Uphoff, schrieb und sie interviewte, drückte Ursula Uphoff, auf solche Momente hin angesprochen, das so aus: »Da wachs ich über mich selbst hinaus.«

Apropos – wenn Jesus als Löwe bezeichnet wird, müßte seine Mutter Maria eine Löwin gewesen sein.

Löwinnenherzige Herrscherinnen

Sicher hat es sie gegeben, Mütter, die in Kriegszeiten oder Hungersnöten oder Zeiten der Pest ihre Kinder vor dem Schlimmsten zu bewahren suchten – Mütter, die kämpften, sich einsetzen oder auch gewalttätig wurden zum Wohl ihrer Kinder.

Schlagen Sie einfach ein Geschichtsbuch auf! Suchen Sie diese Mütter! Sie werden sie nicht finden. Genauso wenig wie die zahlreichen Frauen, die anstelle der Männer dafür sorgten, daß das Leben weiterging, die Kinder, Felder und Vieh versorgten. Auch von den Landgräfinnen, die als Witwen die Regentschaft für ihre Söhne übernahmen und erfolgreich ausübten, ist dort nicht die Rede.

Sie wüßten vielleicht gern etwas Näheres über die Regierungszeit Theophanus, der königlichen Statthalterin für ihren Sohn? Tut mir leid, da muß ich passen. In meinem Schulbuch stand genau ein Satz über sie. In den heutigen ist das nicht viel anders. Kein Wort von jenen adligen Frauen des Mittelalters, die verantwortlich waren für Kinder und Haus, Grafschaft oder Königreich, solange der Mann auf einem Kreuzzug war! Wie hehr, daß er im Orient verhinderte, daß das Christentum unterging! Eine *Quantité négligeable* dagegen, daß sie in der Zwischenzeit verhinderte, daß das christliche Abendland unterging. Denn das ist selbstverständlich und muß nicht erwähnt werden. Jedenfalls nicht in Geschichtsbüchern, in denen wir auch von jenen Bürgerfrauen, die dasselbe taten, wenn die Männer in den Krieg mußten, nichts hören.

Finden Sie nicht, daß das ungerecht ist? Wir erfahren Namen von Königen und Heerführern, die Namen von Schlachten und jede einzelne strategische Finte. Von den Heldentaten, die in solchen Zeiten zu Hause die Frauen leisteten, schwiegen auch die Geschichtswissenschaften. Und wenn doch einmal Frauen erwähnt wurden, kam wenig Schmeichelhaftes dabei heraus; dann war die Männerverderberin, Giftmischerin nicht weit – wie Kleopatra, Messalina oder Lucrezia Borgia.

Frauen ist es zu danken, daß wir etwas über die Klytaimnestras als Statthalterin des Mannes erfahren, Geschichtswissenschaftlerinnen wie Nathalie Zemon Davies oder Régine Pernoud oder der Philosophieprofessorin Elisabeth Badinter. Nun die wie eine Löwin kämpfende Herrscherin im Blick, stoßen wir in Badinters *Die Mutterliebe* auf einen Abschnitt, den Sie einfach lesen müssen:

In jenen wirren Zeiten waren viele Schloßherrinnen ihrem Ehemann eine nützliche Hilfe. Sie verstanden es, ihre Schlösser zu verteidigen und den Familienbesitz zusammenzuhalten, nach dem Beispiel der berühmten Chrétienne d'Aguerre, die Heere aufstellte, sich in den Ratsgremien Gehör verschaffte und dem Herzog von Savoyen die Provence streitig machte. Madame de la Guette, die Baronin de Bonneval, die Gräfin de Saint-Balmont und viele andere waren nicht weniger beeindruckend. All diese Frauen, die in gefährlichen Augenblicken Mut bewiesen hatten, zeigten den übrigen Frauen ihrer Kaste, daß sie die gleichen Funktionen wie die Männer ausfüllen konnten – und ebenso gut wie sie.

Klingt das nicht wundervoll? Wenn wir das früher als Schulmädchen in Büchern gefunden und im Unterricht besprochen hätten, was wären wir für Frauen geworden! Verzeihen Sie, wenn ich mich hinreißen lasse!

Eine veritable Löwin stellt eine andere Französin, Régine Pernoud, in der Biographie *Königin der Troubadoure* vor: Eleonore von Aquitanien. Ist es nicht sympathisch, daß selbst die Historikerin bekennen muß, sie sei zunächst dem männlichen Vorurteil und der männlichen Verurteilung Leonores, die man als Messalina oder Melusine herabwürdigte, aufgesessen? »An diesen zweifelhaften Ruf der Eleonore habe auch ich, wie ich gestehen muß, zunächst geglaubt, ohne es zu überprüfen.«

Was sie entdeckt, als sie genauer hinschaut, ist eine Frau, eigenwillig, überlegen, selbständig und willensstark. Eine Frau, die außerdem nicht nur den unbändigen Willen zu herrschen und zu gestalten, sondern auch die notwendigen Fähigkeiten dafür hat. Eine gewaltige Frau! Wenn Sie eine nicht übersehen dürfen, dann sie!

Würdig, an der Seite Mutter Courages und Grusches zu stehen! Uns interessiert ja auch Leonore als Mutter, die für ihre Söhne Macht erreichen und erhalten will. Treibt sie dabei ihr eigener Ehrgeiz, den sie über die Söhne befriedigen will? Beileibe nicht, denn als Königin von Frankreich und später als Königin von England und als Herrscherin über das Poitou, was damals fast ganz Westfrankreich hieß, hatte sie alles ihr selbst Mögliche erreicht, war bis an die Spitze vorgedrungen. Nein, sie hatte es nicht nötig, Machtbedürfnisse an die Söhne zu delegieren. Sie war Herrscherin.

Trotzdem setzt sie sich kraftvoll für sie ein und nimmt Unbequemlichkeiten auf sich. Da ihr Sohn Richard den notwendigen Thronerben zeugen soll, begibt sie sich auf eine gefahrvolle Reise, um ihm eine passende Frau zuzuführen.

Bei ihrem Ritt bis in die Pyrenäen hatte sie nämlich einen ganz bestimmten Zweck im Auge. »Ihr Alter vergessend«, trotzte sie den Unbilden des Winters und begab sich, wie die einen sagen, bis Bordeaux, nach anderen Quellen sogar bis nach Navarra. Nicht nur das; sie unternahm eine förmliche Rundreise, überquerte die Alpen beim Paß vom Mont-Genèvre, zog durch die Lombardei, versuchte erst in Pisa, dann in Neapel Transportmöglichkeiten zu bekommen, bis sie schließlich in Brindisi Schiffe fand und zu ihrem Sohn nach Sizilien fahren konnte.

Zu dem Zeitpunkt war Eleonore fast siebzig Jahre alt. Sie handelte »gleichzeitig als Mutter und Königin«, zitiert Pernoud Labande.

Für einen anderen Sohn, Johann, geht Eleonore nicht nur auf eine »politische Tournee« in Frankreich, sondern sie huldigt dem französischen König für ihre auf französischem Gebiet liegenden Länder. »Sie gab damit zu erkennen, daß sie, die Herrscherin über fast den gesamten Westen Frankreichs, von der Loire bis zu den Pyrenäen, zwischen dem König von Frankreich und dem König von England stand, den beiden um den Vorrang kämpfenden Rivalen.«

Diese Huldigung – Zeichen der Unterwerfung – fällt ihr nicht leicht, denn jener französische König Philipp August ist der Sohn ihres ehemaligen Gatten. Doch sie überwindet sich. »Jedenfalls konnte Eleonore, als sie am 30. Juli in Rouen mit ihrem Sohn Johann ohne Land zusammentraf, sich rühmen, daß sie alles nur Mögliche getan hatte, um ihm das Königreich zu erhalten. Wirklich alles, bis hin zur Selbstentäußerung, die sie für die Zusammenkunft mit Philipp August in Tours aufgebracht hatte«, kommentiert Régine Pernoud das Geschehen.

»Johann ohne Land?« höre ich Sie jetzt rufen. »Warum sagt sie das nicht gleich?«

Oh, natürlich haben Sie von diesem Johann ohne Land schon gehört, selbst wenn er als König völlig bedeutungslos war. Selbstverständlich wäre Ihnen die Einordnung leichter gefallen, wenn ich den Namen gleich vollständig erwähnt hätte. Auch der andere Sohn Eleonores dürfte für Sie kein Unbekannter sein: Richard Löwenherz. Ich bitte um Entschuldigung und Ihr Verständnis. Man kann nicht monieren, daß Frauen in der Geschichte vergessen oder nur über Männer definiert werden, daß sie nur wegen des Ehemannes oder des Sohnes erwähnenswert sind – und denselben Fehler machen.

Eleonore von Aquitanien ist wirklich eine gewaltige Frau, und es gibt Gründe genug, sich mit ihr zu beschäftigen. Ich hoffe, ich habe Sie neugierig gemacht. Für uns Frauen ist sie eine der in der Geschichte sonst schmerzlich vermißten weiblichen Figuren, mit denen wir uns identifizieren könnten.

Und wenn Sie die Herrscherin nicht so sehr anspricht, sie kämpfte schließlich wie eine Löwin um ihre Jungen. Raten Sie, wer treibende Kraft war, als es darum ging, für den in Österreich gefangengehaltenen Richard das Lösegeld zu bekommen? Seine löwinnenherzige Mutter.

Medea: Mutter oder Monstrum?

Ohne Berührungsängste betrachten wir die dunklen Gestalten des Mutterseins näher.

Offensichtlich ist Medea ein Frauenmythos, der erzählt wird, weil Männer darin eine Rolle spielen. Es geht um Jason, der aus Jolkos stammt und seine Thronansprüche gegen seinen Onkel Pelias durchsetzen will. Zauberin soll Medea, die Königstochter von Kolchis, gewesen sein. Sie hilft Jason, das Goldene Vlies zu rauben, und entflieht mit ihm, der Beute und seinen heldenhaften Begleitern, den Argonauten, nach Jolkos. Dort rächt sie Jason, dem von Pelias die zugesagte Abtretung der Herrschaft verweigert wird, indem sie Pelias' Töchtern einen etwas zweifelhaften Rat gibt: Zwecks Verjüngung sollten sie den Vater zerstückeln und in einem Zauberbad kochen. Wie alle kosmetischen Verjüngungskuren taugt auch diese nicht. Jahre später, als sie von Jason verstoßen wird, greift sie noch einmal zur tödlichen Waffe und bringt aus Rachsucht ihre gemeinsamen Kinder um.

Medea – die Mutter, die ihre eigenen Kinder tötet, gilt seit der Antike als Zerrbild der Mütterlichkeit: ist die abgründige Frau schlechthin. Medea – die rachsüchtige Frau, die ihre Kinder tötet, nur um sich an Jason, dem Mann und Vater, zu rächen. Sie ist nicht nur Zauberin, mit übernatürlichen Kräften begabt. Sie ist die reine Unnatur.

Es ist schwer, ein klares Bild von dieser Frau zu bekommen: Nicht sie, sondern die Korinther hätten die Kinder getötet, so steht es im *Brockhaus*. Wie Sie jetzt, habe auch ich gefragt: Wieso hat dann Euripides . . .? Ja, wieso? Erst dieser griechische Dichter hat den Kindermord in seinem Theaterstück *Medea* in ein altes Märchenmotiv – eine Königstochter hilft einem Fremden – eingeführt; offensichtlich schien ihm eine Frau und Mutter besonders geeignet, um menschliches Handeln jenseits aller Vernunft, nur bestimmt von Leidenschaft vorzuführen. Da bei Frauen vernünftiges Handeln nicht im Plan der Natur vorgesehen ist (gell, wer weiß das nicht?!), siegt die Leidenschaft, tötet Medea ihre Kinder, wird zur Hyäne, Megäre. Oder wie *Kindlers Literaturlexikon* das nennt: »endgültig zu einem mit menschlichen Maßen nicht mehr zu messenden Ungeheuer«.

Das paßte wie die Faust aufs Auge ins männerimaginierte Frauenbild: Seneca, Corneille sahen keinen Anlaß, daran etwas zu ändern. Ebensowenig Luigi Cherubini, der die Greueltat Medeas im 18. Jahrhundert veroperte. Daß Grillparzer, ein Mann des 19. Jahrhunderts, die Kinder tötende Medea dramatisch vorführte, wundert Sie sicher so wenig wie mich. Bedenklich im wahrsten Sinne des Wortes ist eher, daß Männer des 20. Jahrhunderts das Motiv der Mutter, die ihre Kinder tötet, so häufig aufgreifen: Anouilh, Hans Henny Jahnn und Jeffers.

Medea, eine grauenhafte Frauengestalt, die uns das Blut in den Adern gefrieren läßt, von der wir uns schaudernd abwenden?

Halt, wo ist der Anlaß? Sie muß doch einen Grund gehabt haben! Bei jedem Mord ist das Motiv ausschlaggebend. Richtig, bevor nun auch wir Medea zum Ungeheuer stempeln, schauen wir uns Jason an.

Jason – dieser Held, Drachentöter und Eroberer des Goldenen Vlieses, wäre wahrscheinlich ohne Medea nicht in die Annalen männlicher Großtaten und männerbündischer Kulte eingegangen. Sie gibt ihm eine Salbe, die ihn gegen Feuer und Eisen resistent macht, und manchen nützlichen Rat; nur deshalb kann er den Drachen besiegen, die Drachenzähne säen und die darauswachsenden Riesen besiegen. Der Verfolgung entziehen er und seine Freunde sich, indem sie den Sohn des Königs Aietes zerstückeln.

Jason, der Ehemann Medeas und Vater der Kinder, der auch gern einmal fremdgeht und seine Frau verstößt, als er die Tochter des korinthischen Königs bekommen kann – er soll sich aus Verzweiflung über den Tod seiner Kinder selbst getötet haben. Er soll? Er hat vielleicht gar nicht.

Nicht ein einziger Dichter fand es Wert, Jasons Verhalten zu dramatisieren. Kinder zerstückelnde Männer sind nicht der Stoff, aus dem Männerträume sind. Dabei war es in der Antike üblich, solcherart mit Kränkungen und Feinden fertig zu werden. In Erinnerung sind die Namen dieser Männer selten geblieben. Im menschlichen Bewußtsein genauso wenig. Das heißt, doch, ich könnte Ihnen noch einen Namen nennen, einen Frauennamen: Prokne, die ihrem Mann das eigene Kind als Mahlzeit vorsetzt, weil er ihre Schwester vergewaltigt und ihr anschließend die Zunge herausgeschnitten hat, damit sie den Mund hält. Pfui, Prokne!

Wenn zwei das gleiche tun, ist es noch lange nicht dasselbe, besonders wenn es sich einmal um eine Frau und das andere Mal um einen Mann handelt. Das haben wir lange nicht mehr gesagt; an dieser Stelle muß es sein.

Der aktuelle Fall aus der Tagespresse stimmt mich nachdenklich: »Mutter ließ ihr Kind verhungern«.

Verhungern, heute, hier, mitten im Herzen Europas, in einer Zeit des Überflusses? Eher irritiert stellen wir fest, ja, das kann vorkommen und wird mit einer Anklage wegen Mordes geahndet – sofort und mit Recht. Aber ist es Mord aus niedrigen Beweggründen?

Was ist geschehen? Ein zwei Jahre altes Mädchen, Svenja, ist buchstäblich verhungert und verdurstet. Sie wurde am 15. Juni in der Wohnung von der Polizei entdeckt. Ab April bekam das Mädchen nur noch wenig zu essen, im Mai keine feste Nahrung mehr, im Juni auch nichts mehr zu trinken, die Mutter betritt nicht einmal mehr das Kinderzimmer.

Wer ist Svenjas Mutter? Eine zweiundzwanzig Jahre alte Frau, getrennt von ihrem Ehemann lebend, auf Unterhalt und Sozialhilfe angewiesen. Sie jobbt nebenbei in einer Gaststätte. Sie hat »zwei intensive Männerbekanntschaften«, sagt der Richter.

Eine Medea im modernen Gewand? Wir wollen lieber nicht vorschnell urteilen und behutsam sein.

Was war das Motiv? Warum hat sie ihr Kind einfach verhungern lassen? Die Probleme seien ihr über den Kopf gewachsen, sagt sie. Der Richter sagt, sie habe die Probleme durch die Männerbekanntschaften und ihr Jobben selbst heraufbeschworen. Der Alkohol sei Schuld für die Vernachlässigung des Kindes, sagt sie. Sie habe den Vater des Kindes oft gebeten, das Kind zu nehmen.

Wer ist Svenjas Vater? Ein Ehemann, der nicht mehr bei seiner Frau lebt – soviel steht fest. Ein Vater, der offenbar fast zweieinhalb Monate lang seine Tochter nicht gesehen und angesehen hat, demnach ein Musterbeispiel für unsere vaterlose Gesellschaft. Weder sein Alter noch sein Beruf werden genannt; ob er Frauenbekanntschaften hat, ob intensive, ob ein, zwei oder drei, wird nicht berichtet. Er gehört vermutlich zu den Zeugen, die ihre Aussage, sie habe ihn gebeten, das Kind zu nehmen, nicht erhärten.

Wer ist sonst noch für Svenja verantwortlich? Der Staat in Gestalt städtischer Behörden: Sie haben frühzeitig Hinweise darauf erhalten, daß das Kind vernachlässigt wird, griffen aber nicht ein, sagt der Verteidiger.

Was sonst ist für die Urteilsfindung wichtig? Das Mutterbild, das der Richter im Kopf hat? Eine Frau ist in erster Linie Mutter; wenn sie diesem hohen Ziel nicht alles unterstellt, wenn sie eigene Bedürfnisse hat, diese befriedigt und deshalb die Kinder vernachlässigt, handelt sie aus niedrigen Beweggründen. Beim Mann – das werden Sie, die Leser, mir bestätigen – ist das anders.

Svenjas Mutter wird zu zehn Jahren wegen Totschlags verurteilt.

Stiefmütterliches: Hexen und Hebammen

Mit Faszination und geheimem Grauen habe ich als Kind ein Märchen der Brüder Grimm wieder und wieder gelesen: *Das Marienkind*. Erinnern Sie sich? An die Geschichte des kleinen Mädchens, das von der Jungfrau Maria im Himmel aufgenommen wird, eines Tages dreizehn Schlüssel für dreizehn Türen erhält, aber nur zwölf öffnen darf? Das in jedem der zwölf Zimmer einen Apostel sitzen sieht und das schließlich die dreizehnte Tür aufschließt, vermutlich in der Erwartung, dahinter sitzt vielleicht eine Apostel-Frau?

Wie sehr selbst im Märchen das *aggredior*, das Herangehen, der Forschungsdrang beschnitten wird, zeigt diese Blaubart-Geschichte für kleine Mädchen. Die Madonna ist unbarmherzig und nur darauf aus, den Willen des weiblichen Wesens zu brechen. Für das Öffnen der dreizehnten Tür wird das Mädchen gleich dreifach bestraft: Sie wird in der Wildnis ausgesetzt, ihr werden von der Madonna die Kinder weggenommen und schließlich droht der Scheiterhaufen. Stolz und Demut müssen gebrochen werden, mit Brachialgewalt.

Eine Frau steht per se für gewaltige und gewalttätige Mütter: die Stiefmutter. Das weite Feld und die lange Tradition der märchenhaften Stiefmütter und Hexen und Hebammen tut sich auf. Hier ist auch diese Madonna als Stiefmutter einzureihen.

Denken Sie an die Märchen, die Sie als Kind gelesen haben: Die Stiefmutter schickt ein Mädchen im Papierkleid mitten im Winter Erdbeeren suchen; sie läßt sie in der Asche sitzen und triezt sie mit überflüssiger Arbeit, wenn sie Linsen aus der Asche suchen sollen; sie trachtet der hübschen Stieftochter Schneewittchen nach dem Leben. Oft richtet sich ihr Zorn gegen Stiefkinder beiderlei Geschlechts: Sie schlägt Brüderchen und Schwesterchen alle Tage; sie setzt Hänsel und Gretel im Wald aus; sie kocht den Stiefsohn schwarzsauer und setzt ihn dem Vater vor.

Da die Stiefmutter häufig Zauberkräfte besitzt, ist der Übergang zur Hexe fließend. Als Hexe und Erzzauberin kann sie ihren gewaltsamen Gelüsten frönen. Sie schneidet Rapunzel die Haare ab, setzt sie in der Wüstenei aus. Oder sie verwandelt Jorinde in einen Vogel, läßt Dornröschen in einen hundertjährigen Schlaf fallen. Sie frißt kleine Kinder wie Hänsel und Gretel. Männer dagegen läßt sie erblinden oder verwandelt sie in Frösche.

Oh, es gibt diverse, auch psychoanalytische Interpretationen dieser gewalttätigen Frauen. Bruno Bettelheim etwa hat sich darum verdient gemacht: Die Mutter – so sagt er – spaltet sich im Märchen in zwei Persönlichkeiten auf: die gute Mutter, die das Kind liebt und vom Kind geliebt wird; dagegen wird die böse Mutter, die auf ein Kind zornig ist und ärgerlich wird, es bedroht oder bestraft, zur bösen Stiefmutter, die vom Kind gehaßt wird. Das erlaube dem Kind, die »falsche« Mutter zu hassen, ohne schlechtes Gewissen und Schuldgefühle zu haben. Außerdem bleibe so das Bild der »guten« Mutter erhalten und unbeschädigt. Insofern leiste das Märchen Kinderphantasien Hilfestellung und Vorschub, helfe dadurch die Wirklichkeit zu ertragen – sagt Bettelheim.

Und seien wir ehrlich! In unseren Kinderköpfen spukte von Zeit zu Zeit ein Kindertraum, wenn wir uns unverstanden fühlten: Die Eltern seien gar nicht die richtigen Eltern, man sei ein Findelkind, nur angenommen oder auf der Türschwelle gefunden. Und eines Tages würden die richtigen Eltern kommen, die Eltern, die verstehen und lieben. Übrigens ist das nicht nur ein Klein-Mädchentraum, wie Simone de Beauvoir behauptet, sondern auch – wie Männer glaubhaft versichern – ein Traum von kleinen Jungen.

Was Bettelheims These nicht erklärt, sind die verschwindend wenigen Stiefväter im Märchen. Wo bleibt die Bewältigung des bösen Vaters durchs Märchen? Als diese Märchen entstanden, im Zeitalter der Romantik, war an unser Zeitalter der abwesenden Väter noch lange nicht zu denken, obwohl er sich mit zunehmender Industrialisierung langsam aus der Familie entfernte. Wo also ist er, der Stiefvater?

Was außerdem offenbleibt, ist die Frage, warum die märchenhaften Heldentaten den Männern überlassen bleiben. Bis auf wenige Ausnahmen werden Frauen nur im Bösen, Gewalttätigen aktiv. Ansonsten sind sie zu Passivität verdonnert: Als Prinzessin werden die Mädchenfrauen von Königssöhnen gefunden, geküßt, erlöst, geheiratet. Sind sie aktiv, wird ihr Stolz gebrochen, sind sie zur Demut verdammt. Selbst Gretel, die ja eindeutig den aktiveren Part bei der Rettung spielt, darf ihre Führungsrolle hinterher nicht mehr beibehalten; sie ruft zwar das Entchen herbei, das die Geschwister über den Fluß bringen soll, aber Hänsel sitzt als erster auf dem Entenrücken. Frauen wie *Die kluge Bauerntochter* sind die Ausnahme.

Märchenphantasien dieser Art – wir nehmen es ärgerlich zur Kenntnis – sind Phantasien einer patriarchalen Welt, zumindest wenn sie als Geschichten der Brüder Grimm oder der Romantiker daherkommen.

Wo die Hexe ist, da ist die Hebamme nicht weit. Vielleicht folgen auch Sie, lieber Leser, mir einfach willig und unvoreingenommen in diesen ureigensten fraulichen Bereich.

Wußten Sie zum Beispiel, daß selbst die Mutter Gottes eine Hebamme benötigte? Eine Weihnachtslegende jedenfalls erzählt von der Hebamme Salomé, die eigens nach Bethlehem geholt wird. Mit der Salomé, die als Urbild der männerverderbenden Sexbombe gilt, hat sie nur Namen und Geschlecht gemein. Salomés Zweifel an der Jungfrauengeburt gehen zu weit. Sie will dafür nicht die Hand ins Feuer legen, sondern lieber mit eigener Hand Maria untersuchen. Sie will nicht glauben, sondern sich vergewissern – prompt fällt ihr die Hand ab. Da bleibt ihr nichts anderes übrig, als ihren Unglauben zu bereuen – und das hat zudem den Vorteil, daß ihre Hand wieder anwächst. Die Juristin und Frauenbeauftragte Marianne Grabrucker, die in ihrem Buch *Vom Abenteuer der Geburt* auf diese hübsche Legende hinweist, kommt zu folgendem Schluß: »Im Glaubenstreit schienen die Hebammen also eine nicht unerhebliche Rolle gespielt zu haben, und zwar als Widerpart zu Mönchen und Priestern.«

Hebammen hatten seit jeher weitreichende Aufgaben und – verständlicherweise – großes Wissen über körperliche Gegebenheiten. Schon in der Antike gab es herausragende Frauen mit großer Kenntnis über Geburt und Gebären. Doch da offensichtlich kompetente Frauen schon damals nicht ins männliche Bild von der Frau paßten, versuchten die Athener es mit einem Trick: Sie deklarierten die schwangere Frau zur Patientin und erklärten Geburtshilfe zur Heilkunst. Schon war die Sache gelaufen und waren die Frauen außen vor; denn Heilkunst auszuüben war Männern vorbehalten.

Aber das ist doch – ich sehe, Sie zögern – ja, richtig, heute noch so. Nur der Trick ist ein anderer: Man deklariert die Schwangere zur Patientin. Patientinnen, das steht außer Frage, gehören ins Krankenhaus. Dort werden sie dann mit Wehenschreiber und anderen netten Zwangsapparaten zur Passivität verurteilt und unter Kontrolle gehalten. Daß medizinische Apparate Frauenwissen nicht unbedingt überlegen sind, erzählt ein angehender Mediziner: In den USA ließ man schwangere Frauen, die schon eine oder mehrere Geburten hinter sich hatten, das Gewicht ihres Kindes schätzen. Das Ultraschallgerät, mit dem der Arzt der Patientin über den Bauch fährt, um das Gewicht zu schätzen, hat eine Fehlerquote von über 25 Prozent. Die Fehlerquote der Frauen lag demgegenüber unter zehn Prozent – natürliche Erfahrung bringt es.

Damals, im alten Griechenland, ging der erste Versuch, männliche Oberherrschaft und Kontrolle über schwangere Frauen zu gewinnen, buchstäblich in die Hose. Eine Frau zog die Hosen an und hörte sich in dieser Verkleidung Vorlesungen eines Arztes an. Als Hosenfrau übte sie ihren Hebammenberuf aus, sehr erfolgreich übrigens, was neidische Kollegen auf den Plan rief. Sie zeigten sie an und entlarvten »ihn« vor Gericht als Frau. Athens Frauen waren sich einig, demonstrierten und erreichten, daß diese und andere Frauen wieder Geburtshilfe leisten durften.

Als Stachel blieb den Männern, daß sie von diesem Frauenwissen weitgehend ausgeschlossen blieben. Aber da nicht sein kann, was nicht sein darf, gab es weitere Versuche, sich Frauenwissen anzueignen. Der Eidgenosse der Mediziner, Hippokrates, und seine Jünger fragten die Frauen aus, schrieben alles auf, systematisierten das Wissen und machten es anderen Männern zugänglich. Verhütungs- und Abtreibungsmittel übrigens untersagte Hippokrates damals schon, der Geburten- und Frauenkontrolle wegen.

Im frühen Mittelalter, noch zur Zeit Karl des Großen, wurde eine Hebamme, dem germanischen Kulturkreis entsprechend in der Tradition der Heilerin stehend, als vereidigte Sendzeugin gewählt. Sie war eine Art Staatsanwältin bei Eheverbrechen und Prostitution, Kindesmord und Abtreibung oder Gutachterin bei Familienstreitereien. Ein wichtiges Amt und eine gewichtige Aufgabe, fürwahr!

Doch unter Karl begann auch der große Christianisierungskreuzzug im Abendland. Mit der Bibel in der Hand und Paulus im Kopf gewannen die christianisierenden Mönche an Terrain. Die Frau schweige nicht nur in der Kirche, wie Paulus forderte, und vor Gericht, sondern vor allem dann, wenn es um so wichtige Fragen wie Jungfrauengeburt geht. Unvorstellbar, daß Christus schlechter gestellt sein sollte als Buddha oder Alexander der Große: Jungfrauengeburt allerorten, wo göttliche Sphären berührt werden. Wer das glaubt, sagten die Christenmänner, wird selig.

Wie Sie sich denken können, mischten die Hebammen kräftig im Glaubensstreit um die Jungfrauengeburt Marias mit. Malen Sie sich das einmal aus! Da gab es Frauen, die sagten: »Also wißt ihr, so einfach, wie ihr Mönche und Priester euch die Sache vorstellt, ist das gar nicht.« Sie wußten es einfach besser und kamen den Männerscharen, die durchs Land zogen, das Christentum und die Ungleichwertigkeit der Geschlechter verkündeten, ziemlich ungelegen. Doch bei aller Sexualfeindlichkeit verbot es sich ja, das Kinderkriegen zu verbieten. Nachwuchs an Gläubigen brauchte die Kirche; von weisen Frauen ausgeübte Geburtenkontrolle war deshalb ebenfalls unerwünscht. Im Zuge der sich ausbreitenden Frauenfeindlichkeit des Mittelalters – die eigentlich nichts anderes beweist als den zunehmenden Einfluß der Kirche und Klöster – wurden die Hebammen zunehmend von männlichen Ärzten verdrängt. Trotzdem wurde Geburtshilfe an den kirchlichen Universitäten des Spätmittelalters (ca. 1350) nicht gelehrt. Es mutet fast als Witz an, doch »der Kirche schaudert vor Blut« (*Ecclesia abhorret a sanguine.*). Damit verfielen Geburtshilfe und Chirurgie der christlichen Ächtung.

Wo man nicht schauderte und wo nicht gleich Fegefeuer drohte, verlief die Entwicklung zum Glück ganz anders. Nehmen wir das Beispiel der Universität von Salerno. Schon im dreizehnten Jahrhundert durften dort die anderen, die Fremden – Frauen, Juden, Araber – studieren. Was Trotula, Rebecca Guarna und Abella über Sexualität und Geburtshilfe wußten und lehrten, fand seinen Weg allerdings nicht bis nach Mitteleuropa.

Böse Frauen sind oft »weise Frauen«. Oder ist das umgekehrt? Die bösen Frauen, die mehr als die Kirchenmänner über Jungfrauengeburt wußten, die die Frauen dem Zugriff der Männer entzogen und die Reproduktion der Gesellschaft – ein schnöder Fachausdruck für die notwendigen nachwachsenden Menschen – kontrollierten, mußten verschwinden. Wie das geschehen sollte? Da waren dem Erfindungsgeist keine Grenzen gesetzt. Am besten geschah und geschieht das im Namen Gottes.

Nein, nein, unterstellen Sie mir bitte keine Bösartigkeit! Die beiden Dominikanermönche, die 1484 mit ihrem Buch *Der Hexenhammer* die Verfolgung und Hinrichtung unzähliger Frauen und (viel weniger) Männer einleiteten, sagen es deutlich: »die Hexenhebammen, die alle anderen Hexen an Schandtaten übertreffen«. Marianne Grabrucker berichtet: »In Köln wurden beispielsweise in der Zeit der intensivsten Verfolgung von 1627 bis 1630 fast alle Hebammen verbrannt; jede dritte hingerichtete Frau war eine Hebamme.« – Na, bitte!

Von diesem Vernichtungsschlag haben sich die Hebammen, einst gewaltig an Wissen über Geburt und Gebären, bis heute nicht erholt. Doch, doch, es gibt Hebammen, aber vorwiegend als weibliche Hilfskräfte für vorwiegend männliche Ärzte.

Soldatenmütter: Himmlischer Tau im Mutterauge

Soldatenmütter sind Frauen, die zwar Kinder geboren haben, aber nicht verhindern konnten oder wollten, daß diese Kinder Soldaten wurden. Sie waschen und flicken die Uniform, sind stolz darauf, wie hübsch der Sohn darin aussieht. Sie nehmen herzzerreißend Abschied, wenn er in die Kaserne, und herzzerreißenderen, tränenreichen Abschied, wenn er in den Krieg muß. Hat es nicht Schiller schön gesagt?

Zärtlich geängstigt vom Bilde der Qualen,
Wallet der liebende Busen, es strahlen,
Perlend die Augen vom himmlischen Tau . . .

Während die Söhne dann draußen im Feld die wichtigen Schlachten schlagen, bangen die Mütter zu Hause um das Leben dieser Söhne.

Sie warten ängstlich auf Briefe von ihnen, die sagen: Ich lebe noch. Wenn die entsetzliche Nachricht kommt, gefallen auf dem Felde der Ehre oder im Dienst des Vaterlandes oder für Ideale wie Freiheit und Nation, weinen sie und sind untröstlich.

Doch Fotos oder Filme vom Beginn des Ersten und des Zweiten Weltkriegs zeigen, daß sie auch stolz auf ihre schmucken und heldenhaften Söhne sind. Sie schwimmen mit auf der Woge vaterländischer und nationaler Begeisterung. Sie jubeln, wenn die jungen Männer in Reih und Glied angetreten, in den Krieg ziehen oder wenn sie einen Orden für Tapferkeit vor dem Feind erhalten.

Wir können zunächst festhalten: Das Bild der Soldatenmütter ist ambivalent.

Aber in Kriegszeiten reichen Gewalt und Macht der Mütter nicht weit, sind begrenzt. Wenn Sie mir nicht glauben, schauen Sie einfach die Berichterstattung einer durchschnittlichen Tageszeitung über Mütter in Jugoslawien an. In dem einstmals bevorzugten Urlaubsland der Deutschen herrscht ein fürchterlicher Bürgerkrieg, der sich im Verlauf weniger Monate zu einem brutalen und zerstörerischen Krieg ausgeweitet hat.

Bebilderte Zeitungsartikel werden Müttern gewidmet – ein seltener Fall. Noch seltener: Mütter tauchen in den Überschriften auf: »Mütter aus ganz Jugoslawien wollten Söhne aus Kasernen heimholen« – »Protest der Mütter« – »Mütter von Soldaten weiten Protest gegen den Krieg aus« – »Mütter sagen nein zum Krieg« – »Mütter bitten Genscher um Hilfe«.

Wenn Sie das oder ähnliches in Ihrer Zeitung gelesen haben, um so besser. War Ihre Neugier geweckt? Ja, aber nicht durch die Zeitungsfotos, sondern durch die Überschriften?

Verständlich, die Fotos ähneln denen des Golfkriegs: ein junger Soldat in Uniform mit einer weinenden Frau in der Kaserne; ein junger heimgekehrter Mann – ob in Uniform, ist nicht erkennbar – mit drei Frauen, Großmutter, Mutter und Freundin, die ihn, sichtlich gerührt, umarmen. Da ist die stolze Trauer nicht mehr fern.

Also müssen wir unsere Neugier durch Lesen befriedigen. Da erfahren wir, daß »Mütter aus ganz Jugoslawien« von dem »kroatischen Zagreb nach Slowenien aufgebrochen« seien, »um ihre dort eingesetzten wehrpflichtigen Söhne nach Haus zu holen«. Dem bedeutungsvollen Vorgang, daß hier offenbar Frauen dem Krieg aktiv ein Ende setzen wollen, widmet der Artikel ganze 19 Zeilen. Ein zweiter Artikel über Serbien, das angebliche »Großmachtspläne« Bonns befürchtet, ist immerhin 37 Zeilen lang.

Erbsenzählerei werden Sie mir jetzt vorwerfen, völlig unangemessen. Gut, lassen wir das.

Der nächste Artikel mit der zweizeilig gesetzten Balkenüberschrift »Mütter von Soldaten weiten Protest gegen den Krieg aus« verblüfft geradezu. Sicher, das ist die Überschrift: Hunderte Frauen stürmten Bundesparlament in Jugoslawien. Der Kopftext spricht davon, daß sich der Kampf der Mütter ausweitet und die Mütter die Beendigung des Krieges fordern. Das wird nun in einem dreispaltigen Artikel, insgesamt 45 Zeilen (sie kann's nicht lassen!) ausgeführt.

Entsprechend journalistischem Brauch gehört das Wichtigste an den Anfang. In der Tageszeitung sieht das so aus: »In der vorigen Woche hatten Mütter mit ähnlichen Aktionen im vom Bürgerkrieg erschütterten Slowenien Aufsehen erregt.« Genau viereinhalb Zeilen – das ist alles. Im weiteren Verlauf der vierzig Zeilen wird über den Krieg, die Bemühungen der EG-Minister und über Verärgerungen Jugoslawiens, daß 40 deutsche Militärausbilder nach Slowenien gereist seien, berichtet.

Warum bloß widmet sich der Kommentator trotzdem dem Mütterkampf? Immerhin werden wir Frauen als vernünftige Wesen gelobt, ein Einzelfall, auch wenn uns das Lob nicht ungeteilt zukommt: »Die eigentliche Stimme der Vernunft kommt von den Müttern und von den einfachen Soldaten, die ein Ende des Krieges wollen.«

Die Stimme der Vernunft ruft in einer verwirrenden Geographie. »Serbische Mütter reisen nach Slowenien, um ihre Kriegsdienst tuenden Söhne zu suchen. Slowenische Mütter bedrängen in Belgrad das Verteidigungsministerium, um Nachricht über den Verbleib ihrer Söhne zu fordern.« Verwirrend bleibt die ständige Änderung der Marschrichtung, die die Mütter nehmen.

Die Mütter als Überwinderinnen von Haß und Krieg – eine phantastische Vision! Welch schöneres Zeichen für die Gewalt von Frauen könnten wir uns setzen!

Leider haben Visionen viel mit Illusionen zu tun. Die friedfertige Frau hat der Mann schon immer imaginiert, um sich selbst zu entlasten. Stellen wir drum an dieser Stelle die schöne Illusion zunächst in Frage: Sind die Mütter überhaupt gegen den Krieg?

Hören wir genauer hin und uns die Frauen an!

»›Kroatische Männer dürfen nur in kroatischen Einheiten dienen‹, meint eine Bäuerin einfach«, steht in dem Zeitungsartikel »Mütter sagen nein zum Krieg«. Einfach? So einfach ist das gar nicht.

Auch das ist nachzulesen: »›Wir sind ein selbständiger Staat, unsere Söhne haben in der jugoslawischen Armee nichts mehr verloren‹, ruft eine Slowenin provokativ in den Saal.« Es ist davon die Rede, daß die »Mütter aus Slowenien besonders empört« seien, daß ein Serbe im serbischen Parlament gefordert habe, Slowenen in Serbien festzunehmen. Von Tränen ist keine Rede, keine Rede von bewegenden Szenen und vor allem kein Zeitungsfoto – dafür erfahren wir von Empörung und Provokation! Ideologie ist nicht allein Männersache; sie infiziert Frauen genauso. Die nationalen Wogen schlagen auch bei Müttern hoch! Daß die Nation, der sie angehören, den anderen Nationen überlegen ist, glauben sie gern.

Wo bleibt das klare Nein zum Krieg, das in der Überschrift doch noch behauptet wurde? Wo bleibt der Hinweis darauf, daß hier die Mütter genauso dem Nationalismus frönen wie die Väter? Daß die Mütter, wenn sie ihre Söhne zu Hause sehen wollen, nicht das Heim, sondern die heimische – weil kroatische oder slowenische oder serbische – Kaserne meinen? Es ist schwer, die reale Soldatenmutter und das Bild von ihr, wie es die Medienberichterstattung zeichnet, richtig einzuschätzen. Ideologische Verblendung, gewaltig und gewalttätig, wird uns als Thema begleiten. Mit dem Muttersein verflochten ist sie nicht nur an dieser Stelle. Und wir werden ihr auch losgelöst davon begegnen.

Das Bild der Soldatenmütter jedoch ist und bleibt ambivalent. Die Soldatenmutter, wie sie uns präsentiert wird, ist ein Mythos, eine Wunschvorstellung. Männer wollen Kriege führen und fordern unseren Beifall, indem sie uns die Mutter, die liebt und sich um den Soldaten, den Sohn sorgt, als Bild vor Augen stellen. So hilft das Bild außerdem, den Krieg als Männersache und die stolze Trauer zur Frauensache zu erklären.

Wie schon die starken Frauen von Weinsberg oder das Muttermonstrum Medea sagt dieses Soldatenmutter-Bild mehr über Männer als über Frauen aus. Gewaltige Lebensgefühle werden hier bemüht und Frauen abverlangt. Liebe und Trauer sind hübsche Larven, die uns Frauen angedient werden, uns gut stehen und Männer beruhigen. Initiator dieser Gefühle ist der Mann; ihm allein soll dieser Mythos nutzen.

Judith mit Schwert und Badewanne

Am 13. Juli 1793 ermordet Charlotte Corday, eine junge Adelige, den Revolutionär Jean-Paul Marat, den Prediger des Terrors, in der Badewanne. Der Maler David hält dieses Frauenattentat im Bild fest. Indem er den Ermordeten in der Badewanne malt, macht er aus dem gewalttätigen Mann das unschuldige Opfer. Er stilisiert ihn zu einem Heiligen der Revolution. In ähnlicher Weise übernimmt Alfred Hrdlicka 1986 das Marat-Motiv für einen erotischen Grafik-Zyklus.

Sie werden fragen: Und Charlotte Corday? Nun, die Frau als Attentäterin war diesen Malern kein Bild wert; nicht einmal zum abschreckenden Beispiel, zum Monstrum, wurde diese männermordende Frau gestempelt.

»Die Stadt vom Tyrannen befreien«, sei sein Ziel, behauptet Damon in Schillers hohem Lied der Freundestreue *Die Bürgschaft*. Politischer Mord als Ausgangspunkt schien Schiller offensichtlich durchaus geeignet zur Darstellung höchst moralischer Ansprüche: der bedingungslosen Treue und Freundschaft bis in den Tod. Daher stellen wir zunächst fest: Tyrannenmord scheint nicht verwerflich und sogar moralisch gerechtfertigt, wenn ein Mann ihn begeht.

Damon will Dionys, den Tyrannen, erstechen. Deshalb trägt er den »Dolch im Gewande«. Sie wenden sich nicht schaudernd ab? Kein Entsetzen macht sich beim Zuhörer oder Leser breit. Als geeignete Schullektüre gehört diese Ballade seit jeher zum Unterrichtsstoff.

Über Judith, die Frau, die Gleiches tut, nur viel geschickter und erfolgreicher, habe ich keine Ballade. Und obwohl ihre Tat in der Bibel nachzulesen ist, wird sie nicht im Schulunterricht behandelt. Erinnern Sie sich, worum es geht?

Die Israeliten, von den Assyrern bedrängt und belagert, sind schon bereit, sich zu ergeben. Binnen fünf Tagen, so haben die Ältesten geschworen, werden sie die Stadt ausliefern. Sie sehen keinen anderen Ausweg. Denn fehlender Regen hat ihre Wasserquellen versiegen lassen, was die israelitischen Frauen, die darüber verzweifelt sind, offenbar besser ertragen als die Jünglinge, die vor Durst in Ohnmacht fallen. Soweit die politische Situation.

Als Judith, die reiche Witwe des Marnasse, davon hört, ruft sie zuerst die Ältesten zu sich. Und siehe da, damals scheint das politische Wort einer Frau etwas gegolten zu haben. Die Ältesten kommen nicht nur auf Judiths Geheiß; sie unterwerfen sich auch ihrem Befehl, obwohl Judith ihnen zwar Anweisungen gibt, aber nicht sagt, welchen Plan sie verfolgt.

Gewaltiges hat Judith sich vorgenommen, Ungeheures, was die Männer zu tun sich offenbar nicht trauen: Sie will den Feldherrn der Assyrer töten. Dabei ist sie ganz zuversichtlich; sie wendet sich an Gott, »Herr, aller Stärke Gott«. Sie weiß, daß er, der damals noch keinen Unterschied zwischen männlicher Stärke und weiblicher Stärke machte, der wirklich »aller Stärke Gott« war, ihr beistehen wird. »Leg Kraft in meine Hand zu dem, was ich, die Witwe, plane! Durch meine trügerischen Lippen erschlage Herrn und Knecht und Knecht und Herrn! Vernichte ihren Stolz durch eines Weibes Hand!«

O ja, Judith ist sich durchaus bewußt, was sie tut. Da gibt es keine Verschleierung, keine Ablenkung, keine Verbrämung oder Entschuldigung. Sie steht zu der Gewalttat. Offensichtlich ist sie den Ältesten auch an Verstand überlegen. Ihr Plan berücksichtigt alles, wie sie ins Lager kommt, wie sie mit Holophernes in seinem Zelt allein sein und wie sie nach begangener Tat das Lager verlassen kann, ohne daß die assyrischen Soldaten sie aufhalten.

Zunächst verschafft sich mit weiblichen Waffen Zugang zum feindlichen Lager.

Dann legte sie das Bußkleid ab, zog ihre Witwenkleider aus und nahm ein Bad und salbte sich mit Myrrhenöl. Auch ordnete sie ihr Haupthaar und setzte einen Kopfbund auf, zog ihre Feierkleider an, womit sie sich zu ihres Mannes Manasse Zeiten schmückte. Sie band sich auch Sandalen an die Füße und legte Armspangen und Kettchen, Fingerringe, Ohrringe und allen andern Schmuck sich an. So schmückte sie sich recht, um aller Männer Augen, die sie schauten, zu bestechen.

Auf soviel Sexappeal, daran besteht hoffentlich für Sie kein Zweifel, muß Holophernes augenblicklich hereinfallen. »Denn von dem Tag an, wo er sie erblickte, begehrte er nach einem Anlaß zur Verführung.« Alkohol tut das Seinige dazu. Er besäuft sich maßlos und schaufelt sich damit sozusagen selbst das Grab: »Und Holophernes freute sich so über sie und trank sehr vielen Wein, so viel er noch an keinem seiner Lebenstage je getrunken.«

Judith, allein mit dem betrunkenen Holophernes geblieben, geht zu seinem Bett und betet: »Herr, aller Stärke Gott! Zu dieser Stunde blick auf meiner Hände Taten zur Verherrlichung Jerusalems!«

Bei dem, was nun zu tun ist, kommt sie mit weiblichen Waffen nicht weiter. Sie nimmt das Schwert des Mannes, das an einer Säule hängt. »Dann trat sie näher an das Lager und packte seines Hauptes Haar und sprach: ›Gott Israels, an diesem Tage stärke mich!‹ Dann hieb sie zweimal voller Kraft in seinen Nacken und trennte ihm das Haupt vom Leibe.«

Geschickt in dem Lebensmittelsack verborgen, wird dieser Kopf aus dem Lager geschmuggelt. Unbehelligt gelangt sie wieder zu den Israeliten. Judith zieht den Kopf des Holophernes hervor und zeigt ihn dem Volk. Sie betont in ihrer kurzen Rede zwei Dinge, daß ihn »der Herr durch eines Weibes Hand erschlug« und daß der Feldherr ihr, Judith, keine Gewalt angetan habe. »Doch tat er mit mir keine Sünde zur Befleckung und zur Schande.«

Wenn auch Gott offenbar damals gegen eine Verherrlichung Jerusalems durch Frauenhand nichts einzuwenden hatte, ist der Witwenstatus Judiths hier doch wichtig. Immerhin lebt sie zu dem Zeitpunkt schon drei Jahre und vier Monate als Witwe, wenn Sie so wollen, quasi jungfräulich. Vermutlich hätte sie als normale Ehefrau die Tat nicht begehen können, weil ihr dann – nach der Vorstellung der damaligen Zeit – die Kraft abgegangen wäre, die im Zusammenhang mit Großtaten von Frauen immer wieder auftaucht: die sexuelle Enthaltsamkeit, der Jungfrauenstatus, wie wir ihn bei Brunhild, Jeanne d'Arc oder den Frauenheeren Dahomeys finden werden.

Sicher sind Sie nun neugierig darauf, wie die Menschen damals auf Judiths Gewalttat reagiert haben. Das Volk ist zunächst entsetzt, jubelt aber, nachdem sie die Einzelheiten erzählt hat »mit lauter Stimme«. Die Vertreter der staatlichen Gewalt sind entzückt, daß ihnen eine Frau, die zudem noch gute strategische Ratschläge parat hat, aus der Patsche geholfen hat: »Gesegnet seist du, Tochter, vor dem höchsten Gott, vor allen Weibern auf der Erde!«

Und Ammoniter Achior, den Holophernes den Israeliten ausgeliefert hat und der diese verachtet? Als er das Haupt Holophernes sieht, wird er ohnmächtig.

Notwendigerweise – so scheint es – bringen Zeiten, in denen Männer schwach sind, starke Frauen hervor. Hinweise darauf, daß Judith etwas getan hat, das nicht Aufgabe der Frau ist, fehlen. Als Achior wieder zu sich kommt, wirft er sich Judith zu Füßen nieder und huldigt ihr: eine Geste, die dem König oder Helden gebürt – Zeichen für Unterwerfung.

Mit der Tatsache, daß es starke Frauen gibt, kann sich gerade die bürgerliche, säkularisierte Welt, die seit der Renaissance bestimmend ist, nicht abfinden. Die bürgerliche Welt ist eine Männerwelt. Deshalb ist sie, laut Hans Mayr, »fast süchtig nach Evozierung eines weiblichen Außenseitertum«.

Dafür muß auch Judith als malerischer Topos herhalten. Da ist keine Rede mehr von Segnungen und Jubel. Bestimmend bleibt, was den Mann in Ohnmacht fallen läßt: das monströse Weib, die Inkarnation des Unheimlich-Weiblichen, nach Mayr der »weltlichen Hölle«.

»Allein alle Darstellung der Judith auf den Bildern der Maler von Cranach bis Corinth evoziert nicht Bewunderung für die weibliche Heroine, sondern Grauen vor einem Monstrum«, sagt Hans Mayr. »Es sind dezidiert antiweibliche Bilder, gemalt – je nachdem und nach der Zeitenfolge – als Warnung; als ungeheuerlicher Kontrast von Weiblichkeit und Unweiblichkeit; schließlich als kokette Zusammenführung von Lust und Tod, Sinnlichkeit und Bluttat.«

Es fängt vergleichsweise harmlos an. Botticelli etwa, der im 15. Jahrhundert *Die Rückkehr der Judith* malt, hat eine typische Botticelli-Frauengestalt gemalt: blondgelockte Haare über einem schmalen Gesicht, festtäglich gewandet, eine eher zierliche Frau vom Haarschmuck bis zu den Sandalen – kein Monstrum. Zwei Insignien sind Judith in die Hand gegeben: das Schwert (rechts) und der Ölzweig (links), Symbole für Krieg und Frieden. Im Hintergrund deuten viele Reiter mit Lanzen auf Kriegszeiten hin. Das, was Grauen erregen könnte, trägt die dunkelhäutige Dienerin: den Kopf des Holophernes.

Wie auch immer man dieses Bild interpretiert, hier ist die Bannung des Unheimlich-Unweiblichen durch Emblematisierung gelungen: die heldische Frau wird zum Emblem.

Schon Gilles Corrozet (im 16. Jahrhundert) zeigt eine ähnliche Frauengestalt, allein, aber mit Schwert (links) und Ölzweig (rechts) in der Hand. Die Bildelemente sind sehr ähnlich; wahrscheinlich hat er Botticellis Bild gekannt. Bild und Text geben Ihnen Auskunft über den Charakter des Weibes: »Ich halte den Ölzweig in der rechten und ein Schwert in der linken Hand; an Streit und Krieg weide ich mich; Frieden schließe ich dann, wann ich will.« Ein besonders schönes Emblem der Judith soll Ihnen nicht vorenthalten werden. Der Spanier Covarrubias führt Judith zu der Überschrift »Die Frau als Ausführerin der Tat« mit dem Schwert in der Rechten und dem Kopf des Holophernes in der Linken. Der Text dazu sagt alles, was man für Jahrhunderte über das Geschlechterverhältnis wissen mußte:

Das Weib ist ihrem Haupte, welches der Mann ist, unterworfen; dennoch finden wir bisweilen in ihr Mut und Stärke in selten hohem Grade. Anstelle ihrer Wechselhaftigkeit pflegt sie dann Festigkeit zu zeigen und reifes Denkvermögen anstatt beschränkten Wissens. Als Beispiel für die vielen, die es davon gibt, diene die schöne Judith, die hebräische Witwe.

Bisweilen? Viele? Der Mann scheint sich nicht einig.

Vorsicht, wir könnten Judith leicht mit der verführerischen Salomé verwechseln. Ende des 19. Jahrhunderts, 1894, entdeckt Aubrey Beardsley diese andere Männerverderberin. Die männermordende Frau, ob Judith oder Salomé, verkommt zum beliebten Jugendstilthema: Dekorativ, lasziv, lüstern stellt Gustav Klimt Judith gleich zweimal dar, 1901 und 1909, mit Raubtierkrallen ähnlichen Händen, entblößten Brüsten und dunkel-sinnlichem Blick.

Sie merken es selbst, die hebräische Witwe ist kaum wiederzuerkennen. Von der Heldentat, die sie unter Einsatz ihres Lebens zur Befreiung des Landes gewagt hat, bleibt nur übrig, daß eine Frau in der Lage ist, einen Mann zu töten. In dieser Darstellung, die den Voyeurismus der Männer befriedigt, tritt völlig in den Hintergrund, daß Judith in Holophernes den Feind tötet – eine sehr männertypische Denk- und Handlungsweise, die männliche Billigung finden müßte. Doch Holophernes ist nicht mehr Feind, sondern Geschlechtsgenosse des männlichen Betrachters, in dessen Augen die männermordende Judith zur ebenso attraktiven wie gefährlichen Frau wird, die ihn aufgeilt, die in ihm sexuelle, auch masochistische Wünsche weckt: ein Mythos eben.

Terrorismus: Schwert und Bombe

Die Konturen der Attentäterin oder Terroristin schärfer zu bekommen ist nicht leicht. Opfer und Täter, Unschuld und Schuld, Notwehr und Kampf erscheinen im Dunkel von Attentat und Terrorismus widersprüchlich.

Ein Leben im Widerspruch nennt Mario Krebs im Untertitel seine Biographie über Ulrike Meinhof. Widersprüchlich zumindest ist der Charakter dieser Frau gewesen.

Wehren Sie jetzt nicht ab! Ich will Sie nicht auf eine falsche Fährte locken. Auf ein paar Seiten ein Frauenleben, die politischen Zusammenhänge der sechziger und siebziger Jahre darzustellen und den Werdegang einer politischen Journalistin zur RAF-Terroristin zu beschreiben ist unmöglich.

Fast 50% aller Terroristen der IRA, ETA, der palästinensischen Intifada, der RAF und Roten Brigaden sind Frauen. Deshalb müssen wir auch die Terroristin ins Auge fassen. Darüber kann man jedoch nicht locker vom Hocker plaudern. Bleiben wir also ernsthaft.

Ulrike Meinhof, Jahrgang 1934, verliert mit sechs Jahren den Vater. Das Kind – so wird gesagt – »ist eine wilde Hummel, die sich als Anführerin hervortut, die Schwachen beschützt und sich mit den Starken herumbalgt«. Nach dem Tod des Vaters leben sie und ihre Schwester mit zwei Frauen zusammen, ihrer Mutter und der späteren Stiefmutter Renate Riemeck. Beide Frauen sind berufstätig, führen ihr vor, daß die Frau für den Lebensunterhalt sorgen kann. Beide sind politisch interessiert und engagiert. Diskussionen gewöhnt, neigt Ulrike als Schülerin der Oberstufe zum Widerspruch. Das hervorzuheben scheint mir wichtig. Nicht einmal heute, da werden Sie mir Recht geben, ist Schule immer und überall ein Tummelfeld für Demokratie. In den fünfziger Jahren jedoch war sie noch weit davon entfernt.

Erinnern Sie sich? Wiederbewaffnung – Atomwaffen für die

Bundesrepublik – alte Nazis auf neuen Posten – Notstandsgesetzgebung – Springer-Presse – Spiegelaffäre – Benno Ohnesorg – Rudi Dutschke und der Vietnamkrieg kennzeichnen die Zeit ebenso wie die Große Koalition und die Außerparlamentarische Opposition (APO).

Ulrike Meinhofs politisches Engagement hält sich zunächst in Grenzen: Studentischer Arbeitskreis, Demonstrationen, Schweigemärsche, Mahnwachen, eine kleine Streitschrift. »Sie hatte immer einen starken moralischen Anspruch«, sagt Renate Riemeck. »Sie konnte moralisch auf die Barrikaden gehen.«

Diese Aussage macht mir Schwierigkeiten, und ich will Ihnen nicht verhehlen, warum. Moral als Wegweiser ist sicher etwas Gutes; viele Menschen lassen sich davon leiten. Verabsolutiert wird selbst Moral sinnwidrig zur Ideologie und öffnet autoritärer Intoleranz Tor und Tür. Moralischer Anspruch kaschiert oft auch, daß da jemand mit allen Mitteln Einfluß nehmen, gestalten und anderen seinen Willen, sprich seine Moral aufzwingen will. Einseitige Betrachtung läßt Ideale zur Ideologie werden, selbst moralische Ideale. Dieser Anspruch entsteht häufig aus einem Elitebewußtsein, es besser zu wissen als andere, besser als die breite Masse. Er beinhaltet den Wunsch, zu dominieren und sich den anderen zu unterwerfen, natürlich nur zum Wohle des anderen. Darin liegt ein menschenverachtender Zug. Ob bei Ulrike Meinhof ein solches Elitebewußtsein gepaart mit einseitiger Ausrichtung auf ein Ideal vorliegt, das möchte ich in vorsichtigen Schritten entwickeln.

Politischer Journalismus war in den fünfziger, sechziger Jahren noch Männerdomäne. Es paßt ins Bild, daß diese Frau sich auf ein solches Terrain wagt. Sie hat genügend aggressives Potential, um dort mit Textbeiträgen mitzumischen, zu widersprechen, ein Recht, das wir ihr auf keinen Fall absprechen wollen.

»Sie war selbstsicher«, sagt eine Kollegin bei *Konkret*, der Hamburger Studentenzeitung, deren Einfluß weit über den für Studentenzeitungen üblichen hinausreichte. Nicht nur auf Inhalt, sondern auf literarische Form wurde Wert gelegt. Finanziert wurde sie übrigens ab 1955 von der KPD der DDR.

Sie sind, hoffe ich, mit mir darin einig, daß Raum und Umfeld, in denen sich Ulrike Meinhofs politische Ansichten heranbilden, nicht ideologiefrei sind. Die Neigung zu autoritärer Intoleranz wird verstärkt. Im politischen Gespräch mit anderen zeigt sie missionarischen Eifer. »Nicht ohne, ›um der Sache willen‹, einen mehr oder weniger sanften Druck auszuüben.« Der sanfte Druck entwickelt sich im Laufe der Jahre zu »Nötigung« und später in der Illegalität zu »Erpressung«. In dem Zusammenhang betont Mario Krebs, sie sei »von einem hohen moralischen Anspruch geleitet und tief davon überzeugt, daß ›die Sache‹, die sie vertritt, richtig und notwendig ist.«

Wo die Sache zählt, zählen Menschen nicht und müssen draufzahlen. Ich weiß nicht, ob es Ihnen genauso geht. Aber ich habe deswegen ein tiefes Mißtrauen gegen jede Art von Sache. Im Namen von Sachen sind Kriege geführt worden, hat man zu Tausenden Menschen auf den Scheiterhaufen geschickt oder in Konzentrationslagern vergast. Die Sache der Freiheit, der Nation, des Friedens oder der Revolution gingen immer Hand in Hand mit Blutvergießen, Mord und Tod. Sachzwänge zwingen – wie schon das Wort sagt – Menschen und werden auf Kosten der Menschen durchgesetzt. Mir fällt es schwer, das als Erklärung für Rigidität im Umgang mit Menschen zu akzeptieren. Ich halte es mehr mit Max Lüscher. Er sagt, beim »Sinn des Lebens« gehe es um die Qualität und Ganzheit menschlicher Lebensmöglichkeiten. Dagegen sei Ideologie einseitig, weil sie ein Ideal verabsolutiere, demnach also sinnwidrig ist. »Denn die Ideologie ist missionarisch und will die Vielgestaltigkeit der Wirklichkeit mit einem verabsolutierten, einseitigen Ideal interpretieren.«

Im Gefolge jeder Ideologie finden wir Intoleranz, Autoritarismus, Zerstörung und menschenverachtenden Zynismus. Und das prägt die Menschen, die sie vertreten. Daß Ulrike Meinhof sich während der fünfjährigen Mitgliedschaft in der illegalen KPD wie eine »geschulte Kaderleiterin« benimmt, paßt dazu wie die Einäugigkeit, die sie bei einer Reise in die DDR zeigt. Sie, die als Journalistin – mit Recht – im Westen polizeistaatliche Momente anprangert, übersieht im Osten diese allenthalben sichtbare polizeistaatliche Gewalt.

Ulrike Meinhof war Mutter; Muttersein ist vielen Frauen in unserem Reigen der Gewaltigen eigen. Widersprüchliches zeigt sich auch hier. Ein Hang zu autoritärer Intoleranz schimmert im privaten Bereich durch, als die Studentin Ulrike Meinhof sich mit dem Mann, den sie liebt, nicht darüber einigen kann, ob man die zukünftigen gemeinsamen Kinder evangelisch oder katholisch taufen läßt. Sie legt Wert darauf, daß ihre Kinder in einen antiautoritären Kinderladen in Berlin gehen; doch dem Zusammenhang von ideologischer Ausrichtung und Intoleranz ist sie offensichtlich nie nachgegangen. Die alleinerziehende Mutter empfindet die Zwillinge manchmal als Belastung. Das tun alle Mütter, unabhängig davon, ob sie allein oder mit Partner erziehen. Ulrike Meinhof strebt das Leben in einer Wohngemeinschaft an, um von den anderen hinsichtlich der Kinder entlastet und freigestellt zu werden. Sie betont immer wieder nachdrücklich, wie beschäftigt sie sei. Vor die Wahl gestellt, Kinder oder terroristisches Engagement, entscheidet sie sich gegen die Kinder, will sie die Zwillinge in einem jordanischen Waisenhaus der PLO unterbringen.

Machtbedürfnisse können groß sein, und oft liegen Gewalt und Gewalttätigkeit nah beieinander. Wenn eine Frau sich in die Gewaltszene begibt, wie die Medien das nennen, müssen wir nach Spuren suchen, die von einer Auseinandersetzung mit eben dieser Gewalt zeugen. Ulrike Meinhof bezeichnet das Engagement der Politiker für Gewaltlosigkeit – richtig! – als heuchlerisch, gegen Gewalt spricht sie sich selbst jedoch nie deutlich aus. Zunächst glaubt sie, militante Auseinandersetzungen mit der Polizei und dem Staat müßten kalkulierbar bleiben und dürften nicht eskalieren. Trotzdem vertritt sie innerhalb der Debatten um Legalität und Illegalität eine Position, »die über eine ›begrenzte Regelverletzung‹ weit hinausgeht.« Grenzüberschreitung deutet sich hier an.

In ihrer Kolumne nach dem Brandanschlag durch Gudrun Ensslin und Andreas Baader auf zwei Frankfurter Kaufhäuser und dem daraus resultierenden Prozeß zum Beispiel rät sie am Schluß von einer

Nachahmung ab – nicht weil Gewalttätigkeit zu verurteilen sei, sondern weil die Täter gefährdet sein könnten, ihnen hohe Strafen drohen. Von da zu dem *Konzept Stadtguerilla* ist es nicht mehr weit. Gewaltsame Aktionen – trotz eigener panischer Angst –, Ausbildung in einem Camp der El Fatah und Überfälle machen deutlich: »Ihr Verhältnis zu Militanz, physischer Gewalt und Waffen« hat sich geändert. Im nachhinein erst gibt sie mit dem *Konzept Stadtguerilla* die theoretische Begründung, nicht rational analysierend, sondern loyal der Gruppe gegenüber. Sie behauptet die Notwendigkeit des bewaffneten Kampfes und produziert eine fesselnde Befreiungsideologie.

Ideologie – ganz gleich, ob politische, religiöse oder wissenschaftstheoretische – verblendet, nimmt die Sicht, ist zerstörerisch und menschenverachtend. Bombenexplosionen am 11. Mai 1972 in Frankfurt: dreizehn Verletzte, ein Toter. Sprengkörperexpolsion am 12. Mai 1972 in Augsburg: zahlreiche Verletzte. Sprengsatzexplosion am 15. Mai 1972 in Karlsruhe: die Frau des Ermittlungsrichters am Bundesgerichtshof wird verletzt. Mehrere Sprengsätze explodieren am 19. Mai im Hamburger Springer-Haus: 17 Angestellte werden verletzt. Bombenexplosion am 24. Mai in Heidelberg: zahlreiche Verletzte, drei Tote. Anschläge auch in Frankreich, Teheran, New York und Washington. Ideologisch verbiestert und immer noch einäugig, schreibt Ulrike Meinhof noch am 22. November 1974 im Gefängnis: »Die polarisierung ist jetzt einfach: entweder antiimperialistischer kampf, für die guerilla, internationalismus oder im arsch der regierung, des staatsschutzes, der springerpresse.«

Der fragwürdige Tod im Stammheimer Gefängnis verwischt die eben gewonnenen Konturen und entzieht diese Frau wieder unserem Blick. Fassen wir nun eine der Kieler Frauen ins Auge, die 1992 das Interesse der Medien provozierten: die Terroristin Irmgard Möller.

Das Recht der RAF, Todesurteile zu fällen, leitet Irmgard Möller in einem Interview ab »aus der Gewißheit, daß das Ziel, für das auch ich kämpfe, nicht nur meines ist, sondern das der Mehrheit der Menschen auf der ganzen Welt«. Wer derartig totalitäre Ansprüche hat, sollte man meinen, holt sich die Absicherung und Absegnung durch eben diese Mehrheit. Muß ich nicht, wenn ich das Glück der meisten im Auge habe, sicher sein, daß die Mehrheit und ich unter Glück dasselbe verstehen? Mitnichten. »Es konnte für uns von Anfang an nicht um Mehrheiten gehen. Das Bewußtsein in der Bevölkerung hier war so, daß nur eine Minderheit den revolutionären Prozeß vorantreiben konnte.« So Irmgard Möller.

Die Minderheit, die Elite, weiß allein, was für andere gut ist; Führeransprüche, begünstigt durch die stumpfe Mehrheit, deren politisches Bewußtsein nicht entwickelt ist, Führeransprüche, nach denen die einen dominant und die anderen dem Urteil und Handeln dieser einen unterworfen sind, kennzeichnen den Terrorismus.

Wie Sie sehen, sind wir wieder am selben Punkt angelangt: Jede Ideologie – auch die der RAF – trägt faschistoide Züge, ist hierarchisch nach dem Führerprinzip angelegt und antidemokratisch. Die Frage, ob Frauen eine besondere Affinität zu Ideologien haben, weil sie darin ihren Machtgelüsten in besonderem Maße frönen, sich über andere erheben und ihnen den eigenen Willen aufzwingen können, muß gestellt werden.

Auffallend ist bei den Terroristinnen die verkrampft ideologisch-kriegerische Haltung. Sie beharren auf einer Idee, auf einer Wahrheit. Sendungsbewußtsein schlimmster Sorte wird deutlich. So werden sie engstirnig zu fanatischen Kämpferinnen in einer Welt, die sich gewandelt hat und die sich nicht mehr ordnen läßt, indem man *eine* Wahrheit zum Prinzip erhebt. Denn in dem Maße, wie unterschiedliche Völker und Kulturen aufeinandertreffen und enger zusammenrücken, werden unterschiedliche Ansichten über die Wahrheit miteinander konfrontiert. So werden in Zukunft nicht Demokratie und Toleranz, sondern wird das Problem der Wahrheit im Mittelpunkt der Auseinandersetzungen stehen, vermutlich wird es die Kulturfrage überhaupt sein, deren Antwort wir geben müssen. Sie fordert uns eine ganz andere Haltung ab. Nicht fanatische Enge, sondern Weite und Offenheit werden notwendig. Die Zeiten der Eindeutigkeit sind vorbei; es gibt mehrere Wahrheiten oder keine.

Lady Betty: Erst geköpft und dann gehangen

Eine Henkerin? Brrr, allein der Gedanke macht Gänsehaut. Lesen Sie diese Geschichte!

Lady Betty lebte in der zweiten Hälfte des 18. Jahrhunderts. Sie stammte vom Lande und war schon frühzeitig Witwe geworden. Ihre Sinnesart war still und brütend, was wir Iren »dunkel« nennen, und mit ihren Nachbarn wollte sie nichts zu tun haben. Da sie keine Freunde hatte, gab sie all ihre Liebe ihrem Kind, einem Sohn. Sie war vielen aus ihrem Stand in manchen Dingen überlegen. Sie konnte lesen und schreiben, eine ungewöhnliche Fertigkeit in jenen Tagen, und darin unterrichtete sie auch ihren Sohn. Bedrückt von der bitteren, hoffnungslosen Armut, lebte sie mühselig von der Arbeit ihrer Hände, und das Elend hatte alle Freundlichkeit in ihrem Herzen erstickt. Der Junge war lebhaft und warmherzig, voll von Mitleid und Gefühl, und er wurde zum einzigen Lichtblick in ihrem Leben.

Damals nun überschwemmte eine Auswanderungswelle das Land. Westwärts! lautete die Parole. Amerika schien für den Jungen das Land der Seligen, das bei Sonnenuntergang hinter der Küste von Aran schimmerte. Ein Land voller Reichtum mit unberührtem Boden, der bei geringer Bearbeitung schon reiche Ernte versprach, ein Eldorado, wo man sein Glück machen konnte, ein Land voll von Gold und Edelsteinen, so jedenfalls schilderten es die Männer, deren Söhne ihr Glück dort gemacht hatten. Der Junge sah amerikanische Briefe, die in Abständen Geld zu den Nachbarn brachten, und seine Mutter erzählte ihm, daß Geld alles war, was man sich wünschen mußte, um glücklich zu sein. Als er zum Mann heranwuchs, war er entschlossen, nach Amerika zu gehen. Obwohl es seiner Mutter fast das Herz brach, sah sie ein, daß ihn in der Heimat nur Armut und Not erwarteten. So kam es, daß er mit leeren Taschen, aber voller Mut eines Morgens an der Kreuzung zusammen mit anderen Auswanderern stand. Das muß einige Jahre nach der amerikanischen Unabhängigkeitserklärung von 1776 gewesen sein.

Die Mutter hörte monatelang nichts von ihrem Sohn. Dann kam ein Brief. Er war gesund und liebte das Land und kam gut voran. Er schrieb in Abständen, gab immer gute Nachrichten über sein Fortkommen, versuchte, sie zu trösten, und schickte ihr alles, was er sparen konnte, eine gesegnete Hilfe bei ihrer unaufhörlichen Plackerei.

Ungefähr zwei Jahre waren so vergangen, da schrieb er, er habe vor, weiter nach Westen zu gehen, in ein wildes Gebiet, noch unkolonisiert durch Europäer, wo er hoffe, sein Glück zu machen. Das Klima sei sehr ungesund, und die Indianer, so sage man, seien feindlich eingestellt. Aber er glaube, wenn man freundlich und ehrenhaft gegen sie sei, habe man nichts zu befürchten.

Es war der letzte Brief von ihm, den sie erhielt. Ob er andere schrieb, die sie niemals erreichten, oder ob er am Klima erkrankte, zu hart arbeitete oder den Indianern zum Opfer fiel, sie wußte es nicht. Schließlich verfiel sie in tiefste Schwermut, zumal sie jetzt, wo die Hilfe aus Amerika ausblieb, elender lebte als je zuvor. Und ihr Herz wurde immer härter.

So vergingen die Jahre, ihr dunkles Haar wurde grau, die Linien um ihren Mund wurden schärfer. Besser, sie wäre damals gestorben, arm und allein.

An einem Winterabend saß sie beim Feuer und beugte sich über die schwache Flamme. Draußen segelten schwarze Wolken über den Himmel, die Bäume schwangen knarrend ihre schweren Äste, heftige Regenschauer waren den ganzen Tag gefallen und hatten Straßen und Wiesen durchweicht. Jetzt erhob sich der Wind. Er kündete einen Sturm an und drückte den Rauch zurück in die geschwärzte Küche, den »Raum«, wie wir Iren sagen. Der schwache Widerschein des Feuers tanzte auf ihrem Haar oder glitt über die braune Anrichte hinten an der Wand mit ihrer Reihe von Tellern und kleinen hölzernen Krügen und Trinkbechern, über ein paar Schemel, einen Stuhl und einen zerbrochenen Tisch, das einzige Mobiliar. Der Sturm wurde heftiger, der Regen schlug mit jeder Bö gegen das Fenster. Das Wasser fand seinen Weg durch die schwachen Stellen am Dach und tropfte langsam auf den Lehmboden.

Es war schon spät abends, als sie ein lautes, ungeduldiges Klopfen von der Tür hörte. Die Frau schrak heftig zusammen und lauschte. Das Klopfen wiederholte sich. Sie zündete die einzige Kerze im Haus an, näherte sich der Tür und fragte: »Wer ist dort?«

»Ein Reisender, der Obdach sucht«, antwortete eine fremde Stimme, und Betty öffnete die Tür und sah einen großen Mann mit einem langen schwarzen Bart, der die Zügel eines mächtigen Pferdes hielt. Er trat in die Hütte; die Feuchtigkeit glänzte auf seinen Kleidern und dem Fell des Tieres.

»Eine furchtbare Nacht«, sagte er. »Ich hoffte, Roscommon noch vor Einbruch der Nacht zu erreichen, aber mein Pferd verlor ein Hufeisen, und es dauerte so lange, bis es neu beschlagen war, so daß der verwünschte Sturm mich überraschte. Ich bin naß bis auf die Haut, und wenn Sie mir ein Bett geben wollen und etwas zu essen, so werde ich hierbleiben, natürlich nur, wenn Sie nichts dagegen haben.«

»Es ist eine Nacht, in der ein Christ nicht einmal einen Hund vor die Tür jagt, Sir, aber es ist ein armer Platz für jemanden wie Euer Gnaden«, sagte Betty, die die feinen Stoffe, aus denen die Kleider des Gentlemans gemacht waren, seinen eleganten Pelz und die anderen Zeichen seiner Wohlhabenheit beäugt hatte.

»Oh, ich bin zufrieden«, sagte er. »Ich habe es schon mit Schlechterem aufgenommen in meinem Leben.«

Er band das Pferd an, und Betty versperrte die Tür vor dem Sturm. Sie beeilte sich, mehr Holz aufs Feuer zu legen, zog einen Sitz heran und nahm dem Gentleman den schweren Mantel ab. Er stellte die winzige Kerze beiseite und sagte, sie tue seinen Augen weh. Dann setzte er sich, streckte die Füße zum Feuer und fragte, ob sie ihm etwas zu essen geben könne.

»Nein, es ist nichts im Haus, auch kein Geld.«

Der Fremde schaute sie traurig und ernst an. Seine Lippen bewegten sich, als ob er sprechen wollte. Doch er zog nur eine schwere Geldbörse heraus und legte ein Goldstück auf den Tisch.

»Kaufen Sie etwas zu essen«, sagte er. »Ich werde Sie morgen gut für alle Mühe bezahlen.«

Sie warf sich ihren dunklen Mantel um und ging hinaus in die schwarze Nacht. Nach kurzer Zeit kam sie zurück, beladen mit Brot, Fleisch, Eiern und Whiskey. Auch ein Bündel Heu für das Pferd hatte sie nicht vergessen. Der Fremde nahm es ihr ab und fütterte das Tier, während sie ein einfaches Mahl vorbereitete.

Nachdem er erfrischt und warm war, gab sie ihm ihr Bett. Sie sagte, sie wolle beim Feuer schlafen. Er war nur widerwillig damit einverstanden, daß er sie ihres Lagers beraubte. Er legte sich hin, und sein gleichmäßiges Atmen kündete bald, daß er schlief.

Es ist schwer zu beschreiben, was jetzt wohl in dieser Frau vorging. Sie war kalt, habsüchtig, bitter durch ein hartes Leben voller Entbehrungen. Sie hatte erlebt, daß Geld allein Erleichterung von der täglichen Plackerei bringen konnte. Und die Börse des Fremden war voller Goldstücke. Sie beschloß, den unbekannten Reisenden zu beseitigen.

Sie nahm an, daß er kein Ire war, zumindest aber nicht in Roscommon geboren. Sonst hätte er nicht in ihrer Hütte Schutz gesucht. Niemand hatte ihn kommen sehen. Sie konnte das Pferd losbinden und es vor dem Morgengrauen davonjagen. Das Geld, das sie für das Essen ausgegeben hatte, war leicht mit einem Brief aus Amerika zu erklären. Sie erschlug den unglücklichen Mann, während er schlief, bemächtigte sich seiner Papiere und Wertsachen, jagte das Pferd davon und setzte sich, um ihren Schatz zu prüfen.

Doch was enthüllten ihr die Papiere, die sie in der trüben Morgendämmerung durchsah? Die unglückliche Mutter hatte ihren Sohn erschlagen.

In dem dunkelbärtigen Mann hatte sie nicht den schwachen Jüngling von einst erkannt. Er hatte wohl prüfen wollen, wie seine Mutter einen fremden Gast aufnahm. Bei Tageslicht wollte er sich als Sohn zu erkennen geben.

Bei dieser schrecklichen Entdeckung verwirrte sich der Sinn der Frau. Sie kreischte und lachte laut wie eine Wahnsinnige. Dann rannte sie hinaus und brachte mit ihrem grauenvollen Schreien die erschreckten Nachbarn auf die Beine.

»Ich bin eine Mörderin! Ich habe meinen Sohn getötet!« schrie sie.

Alle dachten, sie sei wahnsinnig geworden und vom Teufel besessen. Aber einer von ihnen, mutiger als die übrigen, entschloß sich, ihre Hütte zu betreten. Er kam zurück, vom Grauen erfaßt, und bestätigte ihre gestammelten Äußerungen.

Sie wurde eingesperrt, verhört, schuldig gesprochen und verurteilt. Roscommon sollte der Hinrichtungsort sein.

Das waren die »guten alten Tage«, als es Tod bedeutete, ein Schaf zu stehlen und eine Unterschrift zu fälschen, eine Kutsche auszurauben oder ein Pferd zu nehmen. So saßen in dem Wagen, der Betty zum Galgen brachte, viele, die weniger schuldig waren als sie. Dichtgedrängt stand die schreiende, kreischende Menge; jedes Fenster, das zum Gefängnis blickte, war voll von Schaulustigen, hänselnd, lachend, schwatzend.

Aber als der Wagen am Fuße des Galgens anhielt, wurde es totenstill. Es gab eine lange Pause, Amtspersonen eilten hin und her. Was war passiert?

Die Neuigkeit verbreitete sich wie ein Lauffeuer. Der Henker war nicht da. Er war plötzlich krank geworden. Es war nun die Aufgabe des Sheriffs, den Richterspruch auszuführen. Aber dieser Gentleman weigerte sich. Eher würde er alle seine Besitztümer verwirken.

Die Verurteilten oben auf dem Karren hoben die Köpfe. Eine Art dumpfer Hoffnung kam in ihnen auf.

Plötzlich brach die Stimme einer Frau schrill und hart die Stille: »Schonen Sie mein Leben, Euer Ehren, schonen Sie mein Leben, und ich hänge sie alle auf!«

Betty wurde von einem Wärter losgebunden, stieg von dem Karren unter einem Gemurmel des Abscheus und nahm mit erschreckender Gefühllosigkeit ihre Aufgabe in Angriff. Niemals wurde eine Hinrichtung besser vollzogen. In wenigen Minuten stand sie als einzige Überlebende auf dem Schafott, während um sie herum die Körper ihrer letzten Kameraden hingen.

Der Henker starb. Sie wurde zu seinem Nachfolger ernannt und übte ihren Beruf für viele Jahre bis zu ihrem Tode aus. Eine ihrer Angewohnheiten war, mit Holzkohle Porträts von den Menschen, die sie hinrichtete, auf die Wände ihres Zimmers zu zeichnen. Es ist mir niemals gelungen, ein sicheres Todesdatum zu bekommen oder weitere Einzelheiten über ihr Leben. Aber ich denke, daß sie während des ersten Jahrzehnts im neuen Jahrhundert starb.

Das ist die Geschichte der Henkerin Lady Betty. So in etwa wurde die Geschichte in der *Weekly Irish Times* vom 9. Februar 1884 abgedruckt. Lady Betty war nicht die einzige Henkerin, es gab sie auch auf dem europäischen Kontinent. So wird 1749 im *Europäischen Mercurius* vom Henker von Lyon berichtet, der über 60 Hinrichtungen vorgenommen hatte; in alkoholisiertem Zustand hat der Mensch geplaudert und sich als Frau zu erkennen gegeben.

Henkerinnen oder Pocahontas

C. O'Conor Eccles, der im 19. Jahrhundert, 1884, den Leserinnen und Lesern seiner Zeitung die Geschichte der Henkerin Lady Betty erzählt, verknüpft sie mit den Frauenheeren von Dahomey und dadurch mit dem Amazonenmythos. Das Mannweib, abschreckend, bedrohlich und entsetzlich, wird als monströses Ungeheuer vorgeführt. Allein deshalb wird die Geschichte Lady Bettys geschrieben; die Frau – die als Soldatin oder Henkerin dasselbe tut wie ein Mann – ist verwerflich. Hören Sie und staunen Sie!

Was Reisende von den amazonischen Leibwächtern des Königs von Dahomey erzählen, finsteren, schrecklichen Mannweibern, jede von gewaltiger Kraft, Mut und Grausamkeit (ferocity = auch Wildheit)*, beeindruckt einen durch afrikanische Barbarei eindringlicher als, zum Beispiel, jede andere Institution des »Schwarzen Kontinents«. Selbst unter Wilden erwartet man etwas Neigung zum Mitleid auf der Frauenseite. Es ist natürlich, eine Pocahonta selbst an der Küste Guineas zu erwarten; aber die Idee eines weiblichen Exekutierers, seltsam und schrecklich, wenn erzählt in den Annalen eines afrikanischen Stammes, wird scheußlich, grotesk, unglaublich, wenn sie zu einem Ort, binnen weniger Stunden von London* *aus zu erreichen, transportiert wird und zu Tagen, welche nicht entfernt von unseren sind.*

Da ist es wieder, wenn auch in abgewandelter Form, das Bild der Löwin, die trotz ihrer Wildheit Mütterlichkeit zeigt: Hier phantasiert der Mann Weibliches, auch in seiner wildesten Gestalt, *von Natur* aus wenigstens mit Mitleid ausgestattet. Selbst wenn die Frau zu den »Wilden« gehört, kann man von ihr demnach eher frauliches Mitleid als männlichen Kampfgeist erwarten. Denn schließlich kennt man Pocahontas in Amerika, die Tochter des Indianerhäuptlings Powhatan. Obwohl »Rothaut«, hat die »mitleidige Kreatur« dem Gründer Virginias, John Smith, das Leben gerettet (Anführungszeichen von mir).

Das 19. Jahrhundert, das nicht nur die Feminisierung der Frau vehement vorantrieb, sondern als Folge der Industrialisierung die Einweisung der Frauen in den häuslichen Bereich festschrieb, trieb auch seltsame »wissenschaftliche« Blüten und lieferte die biologische Begründung für die natürliche Andersartigkeit der Frau.

Die männliche Bewertung der gewalttätigen Frau als Monstrum zieht sich durch die ganze Lady-Betty-Geschichte. O'Conor beschreibt die Szenerie, das mitten in Roscommon gelegene Gefängnis, wo die offenbar männlichen Verbrecher eingesperrt wurden. Schlimm genug, daß sie nicht mehr die frische Atlantikluft genießen können. Diese meist jungen Männer, von denen nur einige ihr Schicksal verdient hatten, litten vor allem an der Angst vor der Frau: »Aber war nicht der Gedanke an die schreckliche ›Lady Betty‹ genug, das Blut in den Adern eines jeden Mannes gefrieren zu lassen.« – Hand aufs Herz, lieber Leser, wie ist das bei Ihnen?

Bezeichnungen für den Henker wie »Angstmann«, »Meister Hans« oder »Meister Hämmerling« deuten zwar daraufhin, daß auch der männliche Henker durchaus gefürchtet war. Doch das ficht den irischen Mann nicht an. O'Conor fährt fort, Lady Betty attributierend: »Eine Frau ›unsexed‹, von der gesagt wurde, daß sie sich an den Leiden ergötzte, die sie zufügte, über die grausigste Geschichten zirkulierten«.

Unsexed, o ja, das heißt im Englischen soviel wie »des Geschlechtes beraubt«. Das Verb »to unsex« bedeutet aber ebenfalls »sich emanzipieren« . . .

Die Lebensgeschichte Lady Bettys jedenfalls ist bestimmt durch männliche Wertungen. Etwa diese: »Und Entbehrung schien wie Frost in ihrer Seele zu wirken, ließ den Quell von Güte, *der in dem Herz jeder Frau entspringt*, erstarren und gefrieren.« Und auch das: »Bei weitem glücklicher, wenn sie da gestorben wäre, arm und allein, als zu leben, um ihr blutiges Geld zu verdienen.« Gell, es ist leicht, über ein Frauenleben ein Urteil zu fällen und sich als Verbal-Scharfrichter wie O'Conor zu betätigen!

Kein schlechtes Wort hat O'Conor für den Sohn, der es fertigbringt, nach jahrelanger Abwesenheit seine Mutter auf die Probe zu stellen, der das Wiedersehen künstlich hinauszögert, der kein Erbarmen und kein Mitleid für die mütterliche Not kennt. Selbst wenn es ein Scherz sein sollte – was der Sohnemann tut, ist für O'Conor entschuldbar: »Die Versuchung war unwiderstehlich für seinen Gelächter liebenden Charakter.« – Wie gern lachten wir mit ihm!

Nun gut, eine etwas ungereimte Geschichte ist es dennoch! Eine wesentlich kürzere Geschichte der Lady Betty, abgedruckt in *Ros Chomam Journal of the Christian Brothers School* von 1975, klärt einiges: Sie war Wirtin in einem Kutschen-Wirtshaus, in dem der Sohn als Gast abstieg. »Ironischerweise« wollte er bis zum nächsten Morgen damit warten, sich zu erkennen zu geben, um sie zu überraschen. Als die Exekution für die fünf Delinquenten, Lady Betty und vier Schafdiebe, angesetzt ist, bot man ihnen allen ein Pardon an, wenn sie die Hinrichtung übernähmen. Lady Betty meldete sich freiwillig dafür. Gegen Unterkunft im Gefängnis und Halbjahressalär lebte sie dort, bis sie starb. Die Schulzeitschrift sieht als einzig plausible Erklärung für die Frau, die sich – und das auch noch freiwillig – entschloß, Henkerin zu werden, statt zu sterben, daß Lady Betty wahnsinnig gewesen sein muß.

In dem deutschsprachigen Urlaubsführer für die Grafschaften Longford/Roscommon dagegen heißt es nur: »Altes Gefängnis (The

Square). Dieses interessante alte Gebäude hatte einmal einen weiblichen Henker (Lady Betty). Heute beherbergt es im Parterre das Fremdenverkehrsbüro.« Zumindest gehört Lady Betty zu den Frauen, die weit über ihre Lebenszeit hinaus Spuren hinterlassen und eine gewisse Anerkennung erfahren haben: als Touristenattraktion.

Anders als Judith bar jeder Sexualität, läßt sich Lady Betty dennoch im mythischen Bereich der männermordenden Frau ansiedeln und gibt sie Männerängsten Ausdruck. Werfen wir deshalb nach soviel schaudernd machender Frauengewalt schnell einen Blick auf die entsprechende Männergewalt. Fiel sie der männlichen Ächtung anheim wie die weibliche? Wird er vorgeführt, der Mann als Monstrum? Nein, ich muß Sie enttäuschen. In Tankred Kochs Buch *Geschichte der Henker – Scharfrichter-Schicksale aus acht Jahrhunderten*, sind sie akribisch gesammelt, die Namen, Daten und Fakten – Henker über Henker. Seltsam genug ist es schon: Lady Betty wird sowenig erwähnt wie die Henkerin von Lyon, obwohl Koch mit Fleiß gesammelt hat. Dafür erzählt er eine Henkersgeschichte aus Bourg en Bresse. Da schlägt der Henker bei einer Kindsmörderin daneben, trifft nur die Schulter. Er wirft sein Schwert weg und bittet, ihm die Hinrichtung zu ersparen, wofür er beinahe vom Volk gesteinigt wird. Es ist seine Frau, die der Verwundeten »gut zuredet« und ihm das Schwert erneut in die Hand drückt: »Nun tu deine Schuldigkeit!« Vergebens! Er verfehlt zum zweitenmal und flieht in eine Kapelle. Da versucht seine Frau, die Sache für ihn zu erledigen, seine »Schuldigkeit« zu tun. Koch erzählt die blutrünstige Geschichte besonders genüßlich und ausführlich, diese Geschichte über ein blutrünstiges, schreckliches Weib.

Übrigens erinnern uns nicht nur diese Geschichte, sondern auch die 55 Scharfrichterdynastien im Anhang seines Buches daran: Auch Scharfrichter hatten Ehefrauen und Kinder.

1992 starb Albert Pierrepoint, der letzte Henker Großbritanniens, der schon als Zwölfjähriger Henker werden wollte und an über 450 Menschen das Todesurteil vollstreckte. Er malte nicht wie Lady

Betty die Hingerichteten an die Zellenwand; er führte ein Dienstbuch, in dem Name, Alter, Größe, Gewicht der Todeskandidaten und die Höhe des Falls aufgezeichnet sind. Christies hat das Buch für 58 000 Mark versteigert. Schauder hat seinen Preis! Unter den Menschen, die Pierrepoint am Hals aufhängte, war Ruth Ellis, die letzte Frau, die in Großbritannien hingerichtet wurde.

SS-Frauen mit Stiefeln und Peitsche

Es gibt Frauengewalt, die vorzuführen nahezu unmöglich scheint, bei der mir aller Charme abhanden kommt, Scharfsinn stumpf wird und Gedankenscharmützel verlorengehen, Witz und Wort im Hals steckenbleiben. Wo ich zögere, weil ich nicht verstehe, wo ich Scham und Trauer empfinde. Da kann ich nicht drüber plaudern. Da kann ich auch nicht drüber sprechen wie ein Unteroffizier.

Ein guter Freund erzählt von einem Jungen aus seinem Dorf, heute Familienvater, der im Zweiten Weltkrieg sein Unteroffizier war. Was sagte der damals zu ihm?

»Mensch, Gems, Sie sind der beste Schütze der Kompanie. Jetzt sind Sie auch bald dran.«

»Dran? Was heißt das?«

»Na, daß Sie abkommandiert werden zum Exekutieren.«

»Das kann ich nicht.«

»Ach, das ist ganz einfach. Die liegen da auf dem Bauch, und dann geht es peng-peng-peng ins Genick.« Er machte entsprechende Gesten. »Die springen so hoch dabei.« Er zeigte mit der Hand, wie hoch – einen halben Meter.

Als der Freund diese und die Geschichte von menschlichen Fackeln, die »prima« brennen, seinem Schwiegervater erzählt, sagt der: »Das kann ich nicht glauben. Der deutsche Soldat war ein guter Soldat. Der hat nichts Böses getan.«

Und die deutsche Frau? Wie ist es mit ihr?

Da muß ich Fakten setzen: In Düsseldorf wurde vom 26. November 1975 bis zum 30. Juni 1981 der sogenannte Majdanek-Prozeß geführt. Über den Prozeß erscheinen 1981 *Der Juwelier von Majdanek* von Günther Schwarberg und 1982 von Ingrid Müller-Münch *Die Frauen von Majdanek*. Majdanek war ein Konzentrationslager in Polen, bei der Stadt Lublin. Polnische Historiker gehen davon aus, daß mindestens 330 000 Menschen dort vergast oder erschossen wurden. Nachweisbar sei, so eine Annahme des Düsseldorfer Schwurgerichts, daß 250 000 Menschen dort ermordet worden sind. Angeklagt oder als Zeuginnen traten acht KZ-Aufseherinnen auf, Hermine Böttcher, Hermine Braunsteiner (Ryan-Braunsteiner), Erika Hering, Hildegard Lächert, Charlotte Mayer, Lucie Moschko, Alice Orlowski, Rosa Süss.

An dem Prozeß sind viele Frauen beteiligt – die Angeklagten, weitere KZ-Aufseherinnen, die Frau des Lagerkommandanten und Zeuginnen, einige der wenigen Opfer, die Majdanek überlebt haben. Ich möchte über die Täterinnen sprechen, Frauen, die der mörderischen nationalsozialistischen Ideologie keinen Widerstand entgegengesetzt, sie mitgetragen und sich in ihren Dienst gestellt haben. Sie treten in diesem Prozeß und in den beiden Büchern in Wort und Bild vor Augen.

Ilse Koch war verheiratet mit dem Lagerkommandanten; als sie nach Majdanek kam, hatte sie schon einschlägige Erfahrung und war berüchtigt als »Kommandeuse von Buchenwald«. Majdanek bedeutete für das Ehepaar Koch eine Strafversetzung. Im Konzentrationslager Majdanek richtete sich Ilse Koch einen Bärenzwinger ein. Die Bären erhielten Fleisch, Honig und Marmelade aus der Häftlingsküche. Wie Privatsklaven stehen die Häftlinge in ihrem Dienst. Sie läßt sich eine Reithalle von 40 mal 100 Metern bauen, die mit Spiegeln ausgekleidet ist. Die SS-Kapelle macht bei ihren Morgenritten die Musik. Zusammen mit ihrem Mann bereichert sie sich nicht nur durch Schiebereien und Unterschlagungen. Sie rafft Gold, Uhren und andere Wertsachen der Häftlinge zusammen; schönes Geschmeide wird für sie beiseite gelegt. Sie hat mehrere Liebhaber, so den Lagerarzt und den Lagerführer.

Das Foto ist nicht erschreckend, könnte aus vielen Fotoalben der damaligen Zeit stammen. Es zeigt eine blonde Frau, das Haar links gescheitelt und gewellt, eine etwas dickliche Frau in einem langen Kleid mit riesigen Sonnenblumen. Ganz große Dame tanzt sie mit ihrem Mann – vielleicht zu dem Foxtrott, der gespielt wurde, um die Schüsse bei der Hinrichtung der »Erntefeste« zu übertönen.

Wie alle SS-Aufseherinnen trägt Hildegard Lächert, die »Blutige Brigida«, an ihrem Gürtel die Inschrift: »Gott mit uns«. Sie soll in Majdanek eine schöne und sehr starke Frau gewesen sein. Niemals lief sie ohne Peitsche durchs Lager. Mit einem Stiefeltritt konnte sie töten. Das hat sie getan. Sie schlug Kinder so lange mit dem Schöpflöffel auf die Köpfe, bis sie blutend am Boden lagen. Sie hetzte ihren Schäferhund auf Frauen und ließ sie von ihm zerfleischen. Sie peitschte weibliche und männliche Häftlinge, bis sie buchstäblich zerfetzt waren. »Ich war immer freundlich zu den Leuten in Polen«, sagt sie aus.

Das Foto aus dem Gerichtssaal zeigt eine dicke, alte Frau mit straff nach oben gekämmten und eingeschlagenen Haaren. Eine solche Frisur – ich erinnere mich – trug meine Großmutter auch. Hildegard Lächert schaut nach unten auf Papiere, die sie liest. Ihr Gesicht mit den ausgeprägten Backenknochen wirkt unerbittlich.

»Eine ganz dumme, stupide Frau«, nennt eine Frau, die den Prozeß als Augenzeugin verfolgt hat, Hildegard Lächert – was vom Gericht übrigens mildernd angerechnet wurde. Im Gerichtssaal habe sie sich weinerlich gegeben, sich abgekapselt. Psychosomatische Störungen während des Prozesses führten zu Ekzemen an Armen und Beinen, die verbunden werden mußten.

Mit Peitsche und Schäferhund ging auch Hermine Ryan-Braunsteiner in Majdanek durchs Lager. Sie wurde die »Stute« genannt, weil sie oft mit ihren eisenbeschlagenen SS-Stiefeln zutrat. Ausgebildet wurde sie von Maria Mandel, der durch den Auschwitz-Prozeß berüchtigten SS-Aufseherin. Als häßliche dürre Megäre wurde sie bezeichnet. Beim Morgenappell wählte sie unter den geschundenen Frauen die noch schönste aus, schlug sie mit der Peitsche über die Brust, bis sie hinfiel. Sie versetzte der am Boden Liegenden Schläge und Tritte zwischen die Beine. Schon bei der zweiten Attacke wurden ihre Opfer zu Krüppeln oder starben. Hermine Ryan-Braunsteiner bedroht in einer Verhandlungspause eine Zeugin, die gegen sie ausgesagt hat. (Haftverschonung schont offensichtlich die Angeklagten, nicht aber die Zeuginnen.) »Ich konnte mir kein richtiges Urteil erlauben, ob die Häftlinge zu Recht oder zu Unrecht eingesperrt waren, weil ich deren Akten nicht kannte«, sagt sie im Zeugenstand.

Schlank, mit einem harten Gesichtsausdruck, wird sie mir von der Augenzeugin beschrieben, die sie im Gerichtssaal erlebt hat. Das Prozeßfoto zeigt sie immer noch schlank, unter der wärmenden Angoramütze fällt ein Pony in die Stirn. Sie lächelt fast, eine unauffällige, nicht unelegante ältere Frau, auf diesem Foto jedenfalls.

Frauen in Stiefeln und mit Peitsche, von Hunden begleitet, auf ihrem Gang durchs Lager oder auf dem Morgenritt, das prägt sich als Bild ein. Die Frau als Domina und Diana wird zum Todesengel.

Die während des Prozesses verstorbene Alice Orlowski war schon vor dem Majdanek-Prozeß in Köln zu einer achtmonatigen Haftstrafe verurteilt worden, weil sie in einer Kneipe geäußert hatte, als man die Juden vernichtet habe, hätte man leider »nur halbe Arbeit geleistet«.

Frauen sind sie, die in Todeslagern ihre Pflicht erfüllt haben, die sich erinnern, daß sie während der Ausübung ihrer Tätigkeit viel gelacht haben und daß man nur zehn Minuten Weg hatte, um in Lublin Kaffee trinken zu können – die während der Verhandlung häkeln oder stricken. Drei werden freigesprochen. Hermine Braunsteiner wird wegen Mord in zwei Fällen zu lebenslänglicher Haftstrafe verurteilt. Hildegard Lächert, weil sie »nicht mit letzter Sicherheit als Täterin einzuordnen« ist, wird wegen Beihilfe zum Mord in 100 Fällen zu zwölf Jahren Gefängnis verurteilt.

Die SS-Aufseherinnen sind ein besonders krasses Beispiel, welcher Gewalttätigkeiten Frauen fähig sind. Die Verantwortung für diese Schandtaten muß man ihnen anlasten, obwohl sie in einem System gehandelt haben, das diese Gewalt begünstigte, von Staats wegen gestattete. Grausamste Mißhandlungen, Folterungen, Hinrichtungen gab es aber nicht nur im nationalsozialistischen

Deutschland. Wir lasen vom Archipel Gulag in der ehemaligen UdSSR, oder wir wurden informiert über Folterungen unter Pinochet in Chile. Jetzt werden Gewalttaten in der ehemaligen DDR sichtbar, wenn man die Massengräber in Bautzen öffnet.

Daß Menschen fähig sind, Menschen in grausamster Weise zu mißhandeln, zu foltern, hinzurichten, ist entsetzlich. Daß es staatlich sanktionierte Gewalt ist, macht es weder verständlich noch entschuldbar. Daß auch Frauen solche staatliche Gewalt akzeptieren und ausüben, ist Tatsache. Doch genauso entsetzlich ist die Tatsache, daß Menschen gegenüber dem Elend der Mißhandelten und Gemordeten abstumpfen. Unter jeder Diktatur gleich welcher politischen Ausrichtung gab und gibt es dieses Phänomen: Der Mensch gewöhnt sich ans Abschlachten. Das gilt gleichermaßen für die Täterinnen und Täter wie für die Zuschauerinnen und Zuschauer.

Das gilt im abgeschwächten Maße auch für uns, die wir in einer Demokratie leben. Die erste Nachricht über ein brennendes Asylbewerberheim macht zutiefst betroffen. Doch schon die zweite und dritte nötigt uns nicht mehr dasselbe Interesse ab. In dem Maße, wie wir uns gewöhnen, rückt die Nachricht über die Gewalttat von der ersten Seite der Tageszeitung nach hinten.

Mannweiber

Noch in den fünfziger Jahren dieses Jahrhunderts galt Rauchen in der Öffentlichkeit, zumal von Frauen, als unschicklich. Ich weiß nicht, wie Sie heute dazu stehen. Für die Mannweiber, mit denen ich Sie bekanntmachen möchte, hätte meine Großmutter nur ein Wort gekannt: degoutant.

Rauchend, saufend, fluchend, sich duellierend, prügelnd und prahlend, daß sie Schürzenjäger seien, stehen sie vor uns: die Hosenfrauen. Sie arbeiteten als Hausknecht, Stallknecht oder Werkmeister einer Seidenzwirnerei, heuerten als Seemann oder bei der Marine an. Ob Soldat oder Pirat, ob Mitglied oder Chef einer Diebesbande – diese Frauen standen ihren Mann.

Haben Sie Lieselotte Pulver als Gustav Adolfs Page in dem gleichnamigen Film gesehen, diesen Hosenfratz? Hei, ein Mannweib! Oder bleiben wir lieber bei dem milderen Namen Hosenfrau? Obwohl sie sich so gut in Film- und anderen Geschichten machen, sind Hosenfrauen keine Erfindung der so beliebten Lieder, Romane, Biographien, Schauspiele oder Opern des 17. Jahrhunderts. Gerichtsakten, Chroniken, medizinische Abhandlungen spiegeln die Wirklichkeit wider: Und da sehen wir Frauen über Frauen, als Männer lebende Frauen.

Ihre Namen kennen wir nur, wenn auffiel, daß unter dem Männerhemd ein Frauenherz schlug. Nur dann wurde ihr Mannsein und damit ihr Name in Gerichtsprotokollen oder Logbüchern festgehalten. Allein für die Zeit zwischen 1550 bis 1839 fanden Rudolf Dekker und Lotte van de Pol in den Niederlanden 120 solche Frauen; 94 davon arbeiten als Mann fürs tägliche Brot. Das erste dokumentierte Mannweib taucht in Deutschland schon etwas früher auf, 1544, in Frankreich zum Beispiel 1535.

Es sind auf jeden Fall mehr Hosenfrauen, als Männer denken und wahrhaben wollen. »Über die Amazonen habe ich Ihnen schon früher gesprochen«, schreibt ein Amsterdamer Politiker 1714, »aber wie viele Beispiele könnte ich aufzählen, die auf unseren Schiffen Männerdienst getan haben und sich besonders tapfer hielten ... Zu meiner Zeit geschah es im Heer, daß eine junge Frau, die zur Kavallerie gehörte, sich aufhängen ließ, nachdem sie beim Plündern erwischt worden war, ohne ihr wahres Geschlecht zu offenbaren ... Und sind diese denn nicht auch Amazonen?«

120 Mannweiber oder Hosenfrauen – ganz, wie Sie wollen – die Spitze eines Eisberges? Vermutlich. Viele von ihnen blieben unentdeckt. Hosenfrauen gab es jedoch europaweit von Finnland bis Spanien und mit Sicherheit auch in Brasilien oder Nordamerika. Im Nordwesten, und damit auch in Deutschland, soll es besonders viele solche Frauen gegeben haben. Stimmt Sie das nachdenklich? Mich auch, zumal wir schon einmal festgestellt haben, daß sich Männer in dieser Region offenbar mit starken Frauen besonders schwer taten – leben wir vielleicht in einer für Frauen besonders ungünstigen Region?

Sie hatten die Hosen an. Und damit standen sie in einer langen Tradition, die vermutlich nicht nur bis ins Mittelalter zurückreichte. Eine Frau, die sich – entgegen dem Verbot in der Bibel – Hosen anzog, zog Vorteile daraus. Hosenträger hatten Privilegien: Sie durften reisen, kämpfen wie der echte Dragoner Gertruid ter Brügge, Abenteuer erleben wie Maria van Antwerpen, die sich sogar von einem Mitgefangenen eine Autobiographie schreiben ließ und – wie es heißt – »mit Vergnügen« die Männerrolle spielte. Sie waren mehr wert. Und sie verdienten schon damals für dieselbe Arbeit mehr als Frauen.

Hosentragen verschaffte Frauen Schutz, die Möglichkeit, an politischen Aktionen teilzunehmen oder Schwierigkeiten aus dem Weg zu gehen. Karneval, Reise, Flucht, Krawalle und Demonstrationen boten die besten Möglichkeiten, sich als Mann unters Volk zu mischen. Wenn Sie mehr über dieses spannende Kapitel Frauengeschichte erfahren möchten, greifen Sie am besten zu Dekker/Pols *Frauen in Männerkleidern*. Die Beweggründe, den Rock aus- und Hosen anzuziehen, waren vielfältig.

Per Zufall entdecke ich ein Mannweib des 12. Jahrhunderts beim Lesen einer Biographie: »Im Norden von Poitiers, auf der Straße nach Chartres, ganz nahe dem Hoheitsgebiet des Königs von Frankreich, stießen eines Abends Männer, die im Solde des Plantagenet standen, auf einen kleinen Reitertrupp, den sie auf alle Fälle gefangennahmen, denn es waren Poiteviner. Zu ihrem maßlosen Erstaunen erkannten sie unter den Reitern, in Männerkleidung, die Königin Eleonore.« – Die löwinnenherzige Eleonore von Aquitanien als Mannweib wundert Sie sicher nicht!

Hosenfrauen fliehen vor der gewalttätigen Familie, vor einer ungewünschten Heirat. Nicht jede hat Mut und Möglichkeit deswegen vor Gericht zu ziehen wie Jeanne d'Arc, die Sie als nächste kennenlernen werden. Hosenfrauen verhalten sich männlich aus Liebe zur Jungfräulichkeit, aus Liebe zu Männern und aus Liebe zu Frauen.

Ganz schön verwirrend muß es in früheren Jahrhunderten gewesen sein, wenn eine Frau entdeckte, daß sie Frauen liebte. Der Blick in den Spiegel sagte ihr zwar, daß sie eine Frau war. Doch die Liebe zu anderen Frauen ließ nur einen Schluß zu: Sie mußte ein Mann sein. Denn so männerzentrisch sind die Zeiten gewesen, daß es schlechterdings unvorstellbar war, Liebe und Sexualität könnten ohne Mann stattfinden, sexuelles Verlangen und Liebe auf ein anderes Wesen als den Mann zielen.

Es gab nicht einmal eine landläufige Bezeichnung für Liebe von Frau zu Frau, obwohl die Geschichte der Begriffe parallele Entwicklungen zeigt. Ähnlich wie der Begriff Sodomie sich zu Homosexualität wandelte, wird gegen Ende des 19. Jahrhunderts der kaum gebräuchliche Ausdruck Tribadie gleichfalls gegen Homosexualität ausgetauscht; Liebe zu gleichgeschlechtlichen Partnern heißt nun bei Männern und Frauen gleichermaßen so. »Lesbisch« findet erst im zwanzigsten Jahrhundert Eingang in die Umgangssprache.

Versetzen Sie sich einmal ins 18. Jahrhundert: Sie fühlen etwas, für das es keinen Namen gibt, das Sie nicht benennen können, das nach landläufiger Vorstellung nicht existiert, das es folglich gar nicht geben kann. Ist es da ein Wunder, daß das bei Ihnen nicht nur zu Gefühlsverwirrung, sondern auch Verwirrung über das eigene Geschlecht führt? Sie wissen selbst nicht, ob Sie Mann oder Frau sind. Mit der Aufklärung über Sexualität ist es ohnehin nicht weit her, verklemmter kirchlicher und gesellschaftlicher Moralvorstellungen wegen. Sie müssen sich vergewissern.

Oft genug mußten damals die geliebten und begehrten Frauen erst davon überzeugt werden, daß ihre Liebhaberin ein Mann war. Es kam auch vor, daß die Frauen, mit denen lesbische Frauen eine Ehe eingingen, gar nichts über das weibliche Geschlecht ihres »Ehemannes« wußten. Wenn ich allerdings in dem Buch *Frauen in Männerkleidern* lese, daß sich lesbische Frauen durch Eheschließung die Identität als Mann selbst bestätigen mußten, bin ich meinerseits verwirrt angesichts heutiger Wünsche von Lesbierinnen, die Ehe einzugehen. Ihrer Geschlechtsidentität wollen sie sich in unseren aufgeklärten Zeiten doch wohl nicht vergewissern. Was dann? Etwa die Ehe als Keimzelle des Patriarchats und männerzentrischer Kultur bewahren?

Zu seinen Gefühlen zu stehen war jedenfalls schon damals ein Gewaltakt. Die Lesbe der früheren Jahrhunderte mußte Stärke zeigen. Denn nur wenn sie radikal mit ihrer geschlechtlichen Identität brach, in Männerkleider stieg und Mann wurde, konnte sie eine sexuelle Beziehung zu einer Frau eingehen.

Anne Boney und Hamlet: Hosenfrauen

Anne Boney . . . Wie? Der Name sagt Ihnen nichts. Und auch Teuta von Illyrien oder Elissa aus Phönizien sind Ihnen so unbekannt wie die gotische Prinzessin Altilda? »Altilda stand währenddessen mit dem gezückten Schwert am Bug. Ihre blonde Mähne flatterte im Wind. Sie war bereit zum Sprung und wartete nur darauf, sich in das blutige Getümmel zu stürzen.«

Verlockt Sie das vielleicht, Altilda kennenzulernen? Oder eine der zahlreichen Piratinnen, die »Dame de Clisson«, Lady Killigrew, Grace O'Malley oder Dona Catalina de Erauso?

Hoffentlich können Sie mithalten, wenn Sie mit der Abenteurerin, Piratin und Konquistadorin mit Pensionsberechtigung Catalina ein Stück des Weges durch Südamerika ziehen. Da brauchen Sie nämlich Mut, einige Trinkfestigkeit und Durchhaltevermögen. »In der Rolle eines jungen Mannes durchreiste sie unter dem Namen Antonio den Kontinent, nahm jede sich bietende Arbeit an, diente unter anderem auch in der Armee. Straßenräuberei, Glücksspiel und auch Duelle waren ebenfalls an der Tagesordnung, so daß sie sich bald einen Ruf als ›bester Fechter Amerikas‹ erwarb.«

Das Leben der rotblonden irischen Schönheit Anne Boney wäre Stoff für einen großartigen Heldinnenroman. In den ersten Lebensjahren wie ein Junge aufgewachsen, lernte sie – nachdem die Familie nach Amerika ausgewandert war – auch dort nicht, was Frauen können müssen: sanft sein und schweigen. Im Gegenteil, sie lernte bei einem Indianer jagen und schießen. »In Hosen gekleidet, begleitete sie ihn häufig auf seinen Streifzügen. Von Charly lernte sie den geschickten Umgang mit Bogen, Pistole, Muskete, Messer und

Tomahawk.« Bei den Piraten von New Providence verschafft sie sich Zugang und Achtung, indem sie einem ihr lästigen Mann auch das zweite Ohr abschießt. Dem Galgen entkommt sie allerdings nur mit einem sehr weiblichen Mittel; sie und ihre Freundin Mary Read geben vor, schwanger zu sein.

Ich sehe schon, diese Mannweiber haben Sie in Bann geschlagen. Doch, das sind herrliche Geschichten von Heldinnen, die sich hinsichtlich Mut, Tapferkeit, Können, Brutalität in nichts von Geschichten männlicher Helden unterscheiden. Ich appelliere an alle Väter und Mütter! Nein, nicht *Der rote Korsar, Winnetou* oder *Lederstrumpf*, sondern diese Geschichten gehören in die Hand kleiner Mädchen.

Und selbst wenn Sie jetzt erschreckte Augen machen: Bravo, diese Frauen waren keine Damen und wenig zimperlich. Warum haben uns Geschichtsbücher und Abenteuerromane sie bisher verschwiegen? Auch Mary Ann Talbot, Lucy Brewer oder – Sie mögen vielleicht den fernen Osten lieber – die chinesische Freibeuterin Tschiao Kuo-fu-jen, die Witwe Ching oder die Piratin Lai Cho-San beschreibt Helga Hesper in ihrem Buch *Abenteuer auf See*. Warnen sollte ich Sie vielleicht vor der Piratin Tang Chen-Chiao. Man nannte sie zwar »goldene Anmut«, aber sie soll besonders grausam und haßerfüllt gegen alles »Westliche« gewesen sein. Also Vorsicht!

Die Reaktion der Umwelt auf diese Mannweiber oder Hosenfrauen war sehr unterschiedlich, wie Dekker und Pol ausgemacht haben: Das Volk lehnte Hosenfrauen ab und fand sie lächerlich, während das gehobene Bürgertum oder der Adel Bezüge zu literarischen Vorbildern herstellen konnten. Und davon gab es eine Menge – schlag nach bei Shakespeare!

Ein Jahrhundert später ist der Verkleidungsroman als Genre europaweit so populär wie das Verkleidungsschauspiel. Zahlen belegen das. Mehr als dreihundert Dramen werden zwischen 1660 und 1700 erstaufgeführt; darin sind 89 Rollen, in denen Frauen in Männerkleider schlüpfen. Das Rollenspiel läuft anders als zu Shakespeares

Zeiten ab. Im sechzehnten Jahrhundert standen nur Männer auf der Bühne. Sie spielten auch solche Frauenrollen, in denen sich Frauen als Männer verkleideten. Im siebzehnten Jahrhundert übernehmen dann Schauspielerinnen diese Rollen. Ihnen gefällt die Verkleidung oft so gut, daß sie sie im Privatleben beibehalten – ungeahnter Aufstiegsmöglichkeiten wegen.

Noch das 19. Jahrhundert hat da, was Hosenrollen betrifft, Überraschendes zu bieten. In diesem Männerjahrhundert wird das Leben einer zierlichen, doch gewaltigen Frau zum Skandal. 1869 stand die fünfundzwanzigjährige Tochter einer ehrbaren Kokotte (nein, nein, damals kein Widerspruch!) als florentinischer Minnesänger auf einer französischen Bühne und schaffte in dieser Hosenrolle den großen Durchbruch: *A star was born*. Gastspielreisen durch ganz Europa und Amerika folgten. Das Publikum raste. Doch wie eine Dompteuse zähmte sie dieses »geliebte Untier« mit ihrer spröden, alle Nuancen beherrschenden Stimme, tiefen Blicken und kunstvollen Augenaufschlägen, mit dramatischen Gesten. Sie starb wundervolle Bühnentode, hinreißend, rührend, zu Herzen gehend.

Ihr Privatleben hat sie nicht minder theatralisch in Szene gesetzt. Sie liebte Männer und Frauen, bettete sich im schwarzseidenen Schlafzimmer ins rotseidene Himmelbett oder den weißseidenen Sarg, umgab sich mit Gerippe und ausgestopftem, aber echtem Vampir, mit Hunden, Affen und einem Luchs und zeitweilig sogar einem Löwen und Tiger.

Und sie hatte immer wieder Hosen an, spielte den Sohn Napoleons des Ersten in *L'Aiglon*, den blutjungen Adler, mit 56 Jahren und mit 76 Jahren einen Zwanzigjährigen, krank von Liebe und Rauschgift.

Nun, die gewieften Leserinnen und Leser unter Ihnen haben natürlich längst erraten, um wen es sich handelt. Den anderen verrate ich es an dieser Stelle: Sarah Bernardt.

1899 steht Hamlet auf der Bühne, fünfundfünfzig Jahre alt, weiblichen Geschlechts, und deklamiert die berühmten Worte: »Sein oder Nichtsein, das ist hier die Frage.« – Was hätte Shakespeare wohl dazu gesagt? Auf die Idee wären die Schauspieler seiner

Komödien sicher nicht gekommen. Sich als Frau zu verkleiden war ein Abstieg. Nur ein so dusseliger Mann wie Falstaff steigt in Frauenröcke. Er ist übrigens der einzige bei Shakespeare.

In früheren Jahrhunderten gab es sehr unterschiedliche Reaktionen auf diesen Kleiderwechsel. Hosenfrauen wurden bestraft und verbannt, aber auch mit militärischen Ehren begraben oder – selbst von Königen – gut belohnt. Sie wurden in Liedern besungen oder verspottet; Chronisten äußerten sich meist positiv über starke Frauen. Vaterlandsliebe und Familiensinn konnten bei Bestrafungen milderne Umstände sein, wie die Liebe zum eigenen Geschlecht, die Tribadie, die Lage verschlechterte.

Solche Amazonen geben Männern zu denken. Da haben sie sich nun so eifrig ein Bild der Frau ausgedacht, mit allerlei Tricks und mit Gesetzen juristisch untermauert: das hübsche Klischee einer friedfertigen, passiven, schwachen, aufopferungsbereiten und fürsorglichen Frau, die als Mutter in den Himmel gehoben wird. Und dann kommen sie auf einmal daher: die Mannweiber, die schießen und raufen, die arbeiten und Hosen tragen wie ein Mann. Das sprengt den Rahmen, der nur begrenzten Spielraum läßt. Das geht nicht in Männerköpfe hinein!

Daß ein Kupferstich Ann Mills, eine englische Seefahrerin im 18. Jahrhundert, mit dem Schwert in der Rechten und dem Kopf eines Piraten in der Linken darstellt, wen wundert das noch? Eine solche Frau kann nicht anders als männermordend gedacht werden; Judith und ihr Opfer Holophernes lassen grüßen.

Zum Schluß ein kleiner Seitenhieb auf das von mir ungeliebte 19. Jahrhundert – Mannweib erhält erst da seinen negativen Beigeschmack.

Jeanne d'Arc: Blonde Mähne zu Kleid und Rüstung

Die zierliche Mädchengestalt mit langem Blondhaar zieht Sie in ihren Bann, lieber Leser, leugnen Sie es nicht. Wer ist das? Sie starren gebannt auf das liebliche Antlitz, während Sie, die Leserinnen, irritiert blinzeln. Eine Sirene? Wo Männer bloß immer ihre Augen haben! Von langen blonden Haaren kann doch wirklich nicht die Rede sein. Sie sehen einen kurzgeschnittenen dunklen Männerschopf über einem eher herben Gesicht, eine Frau sicher, aber alles andere als eine verführerische Circe.

Die derart wandlungsfähige Frau, die uns hier auf Bildern ihrer und späterer Zeiten so unterschiedlich im Aussehen entgegentritt, ist kein Gespenst, kein Schemen, sondern – vielleicht ahnen Sie es schon – Jeanne d'Arc. Kaum eine Frau wurde mit so vielen Attributen belegt, selten waren sich Männer so uneins über eine Frau. Ob sie Retterin Frankreichs oder Hexe, ob von Dämonen besessenes Weib oder Ketzerin, ob Ausgewählte oder Prophetin war – seit dem 15. Jahrhundert liegen sich darüber Historiker, Schriftsteller oder Kleriker in den Haaren. Sollen sie sich ruhig weiter streiten!

Kommen Sie! Folgen Sie mir unbefangen auf diesem verschlungenen Pfad. Vielleicht ist ja alles ganz anders gewesen.

Da wird 1412 ein Landkind in wilde Zeiten hinein geboren. Der Hundertjährige Krieg ist immerhin schon 73 Jahre alt. Kriegerische Auseinandersetzungen mit dem von Burgund beherrschten Nachbardorf sind in Domremy an der Tagesordnung. Soldaten, Uniformen, Pferde und Waffen bestimmen das Straßenbild. Kein Wunder also, daß Spiel und Phantasie des Kindes sich auf das bunte kriegerische Treiben richten; es spielt Soldat.

Die in langen Winternächten am Feuer erzählten Sagen und Legenden beflügeln die Phantasie zusätzlich. Was gibt es für herrliche Sagen damals! König Artus und seine Ritter, Helfer in Nöten, vollbringen auf prächtigen Pferden große Heldentaten. Das Landkind Jeanne, ein kleines Mädchen, hört hingerissen zu. Und dann diese wundersame Legende, daß eine Jungfrau Frankreich retten werde, muß sie nicht jedes Mädchenherz höher schlagen lassen? Muß nicht jedes Mädchen glauben, es selbst sei diese angekündigte Jungfrau? Noch dazu so ein tapferes wie Jeanne, das sich ohnehin für alles, was mit dem Krieg und Soldaten zu tun hat, begeistert?

Der Vater jedenfalls sieht das Kriegspielen seines Töchterchens mit besorgter Stirn. Was das Mädel aber auch alles weiß! Es kann allein an der Uniform den Gascogner oder Burgunder, den Poiteviner oder Elsässer ausmachen. Es kennt die militärischen Ränge, weiß einen Korporal durchaus von einem Hauptmann auseinanderzuhalten. Da unterscheidet es sich in nichts von seinen Brüdern, im Gegenteil, ist ihnen überlegen.

Kriegerische Scharmützel schrecken das Mädchen nicht. Wenn die Soldatentrupps durchs Dorf ziehen, springt Jeanne vom Nähen oder Spinnen auf, ist kaum wegzubringen vom Fenster oder der Haustür. Dann läßt sie Feldarbeit Feldarbeit sein. Dann säumt sie, sonst ein frommes Kind, wohl sogar auf dem Weg zur Kirche.

Ein Mädchen mit einem so ausgeprägten Interesse für Soldaten? Das läßt nur einen Schluß zu: Jeanne wird eines Tages mit den Truppen davonziehen, etwa als Marketenderin oder sich dem Troß der Weiber anschließen, die dem Heer folgen, Soldatenliebchen werden. Doch da sei Gott vor! Der Vater, zutiefst beunruhigt, schwört und sagt es laut, daß andere es hören: Eher ertränkt er seine eigene Tochter.

Unter seinen wachsamen Augen wächst Jeanne – wie er beruhigt feststellen kann – zu einer jungen Frau heran, die gern singt und tanzt, ob ihrer Frömmigkeit von den anderen Dorfjugendlichen etwas verspottet und von einem jungen Mann zur Ehefrau begehrt wird. Soweit eine ganz normale Entwicklung, wenn da nicht dieses Interesse für alles Soldatische gewesen wäre, das sich auch mit zunehmendem Alter nicht legt, und die Liebe zu Pferden und dem Reiten.

Erst mal verheiratet, wird sich das schon geben, hat sich der Vater sicher gedacht. Doch diese Tochter überrascht ihn wieder. Jeanne sagt: Nein. Sie ist offenbar eine junge Frau, deren Lebensziel nicht ausschließlich auf Heirat und Kinderkriegen hinausläuft. Und sie bleibt bei ihrem Nein, selbst als der Mann wegen angeblichen Ehegelöbnisses einen Prozeß anstrengt. Jeanne schwört, nie ein solches Eheversprechen gegeben zu haben.

Wie Sie sich denken können, kam das damals nicht alle Tage vor. Das erschütterte die Grundfesten des Geschlechterverhältnisses, das für Frauen allein Erfüllung in Ehe und Mutterschaft vorsah.

Frauen, die wie Jeanne das Eheansinnen in der Öffentlichkeit zurückwiesen, mußten eine gehörige Portion Unabhängigkeit, Selbstbewußtsein und Willensstärke besitzen. Und eine Familie, die das billigte.

Ja, so könnte es gewesen sein. So muß es gewesen sein. Mit wachsendem Verstand gesellte sich bei dem Mädchen, der jungen Frau, zu der Vorliebe an Soldaten und Schlachten das Interesse an der Politik. Auch das war etwas, was man bei einer Frau nicht erwartete; Politik war Männersache, selbst wenn die Befreiungsträume durchaus um eine Frau, besagte Jungfrau, kreisten. Jeannes sehnlichster Wunsch war die Befreiung Frankreichs von englischen Truppen und die Krönung des Dauphins in Reims. Der Altersgenosse Jean Waterin aus Domremy sagt im Rehabilitationsprozeß bei der Zeugenvernehmung aus: »Ich habe öfter sagen hören, daß sie Frankreich und das königliche Blut retten wolle.«

Wünschen kann man ja! Aber wie soll eine Frau das in die Tat umsetzen, damals unter den gegebenen gesellschaftlichen Umständen? Unmöglich!

Selbst wenn Ihre Tochter heute vor Sie, die Leserin oder den Leser, hinträte und sagte: »Mama, Papa, wißt ihr was? Ich gehe zur Bundeswehr! Ich möchte bei Blauhelmaktionen dabei sein« – würden Sie das auf die leichte Schulter nehmen? Ihr gar zuraten »Aber ja doch, Kind, das ist genau das, was wir uns für dich vorgestellt haben«? Na, sehen Sie!

Natürlich war sich Jeanne d'Arc darüber im klaren, daß sie die Einwilligung ihrer Eltern für politisches, geschweige denn militärisches Engagement nie bekäme. Ihre Wünsche, aktiv in das politische Geschehen einzugreifen, würden auch von der Gesellschaft, den Dorfbewohnern oder den Menschen am Königshof nicht so leicht akzeptiert. Die Weissagung, daß Frankreich durch eine Jungfrau gerettet werde, war eine Sache. Eine andere war, sich als Dauphin tatsächlich von einer Frau helfen zu lassen. Schließlich glaubten die Männer, Manns genug zu sein. Dagegen sprach auch, was die Konvention und die Kirche für die Frau forderte: Frauen gehörten ins Haus, nicht aufs Schlachtfeld.

Im Ernst, was würden Sie tun, liebe Leserin? Ich jedenfalls sehe Jeanne Nacht für Nacht im Bett liegen, schlaflos wälzt sie sich hin und her, sie überlegt. Die Geschichte, die sie sich ausdenkt, muß stimmig sein, die Leute überzeugen, die Fürsten, Feldherren und Könige, aber vor allem auch die mächtigen Kirchenmänner, die überall ihre Hand im Spiel haben. Mag sein – wir wollen Jeanne die Frömmigkeit nicht absprechen –, daß sie auch wußte: Gott ist mit mir. Was auf den Gürtelschnallen der KZ-Aufseherinnen purer Hohn ist, mag bei ihr Ausdruck eines gläubigen Gemüts gewesen sein. Intelligent wie Jeanne ist, findet sie den einzigen Ausweg, den es in dieser Zwickmühle gibt: Sie präsentiert ihren Wunsch in der Verhüllung, die in der damaligen Zeit als einzige Aussicht auf Erfolg versprach und überhaupt für eine Frau ein *aggredior* im Sinne von »voranschreiten, eine Sache angehen« möglich machte: Sie behauptet, sie handele so, wie himmlische Stimmen es von ihr verlangen.

Ganz schön raffiniert, finden Sie nicht? Für ein frommes Mädchen war das aber nicht so abwegig. Jeanne kannte doch die Viten der Heiligen Thekla, Wilgefortis oder Margaretha. Ist es nicht das, was die Kirche wünscht, daß man sich die Heiligen zum Vorbild nimmt? »Die Lebensgeschichten dieser weiblichen Heiligen weisen ein konstantes Muster auf. Die Frauen brachen mit ihrer weiblichen Vergangenheit, sie entzweiten sich mit ihrer Familie, weigerten sich, ihren Eltern zu gehorchen, und hielten sich die Sexualität vom Leib«, berichten Rudolf Dekker und Lotte van de Pol in ihrem Buch *Frauen in Männerkleidern*.

Nach diesem Muster geht auch Jeanne vor. Ohne Vater oder Mutter um Erlaubnis zu fragen, verläßt die sechzehnjährige Jeanne, ihrer inneren Stimme gehorchend, ihr Heimatdorf und läßt sich 1428 vom Stadthauptmann Baudricourt zum König geleiten. Sie muß ganz schön hartnäckig gewesen sein, diese junge Frau, und überzeugend. Von da an ist Jeannes Karriere als charismatische Führerin im Kampf gegen die Engländer unaufhaltsam. Sie zieht ihr ärmliches rotes Kleid aus und Männerhosen an, wechselt die weibliche Kleidung gegen die Reitertracht. Sehen Sie, da schneidet sie sich auch die Haare ab.

Erblicken Sie also eine langmähnige blonde Jeanne, lieber Leser, muß ich Ihnen leider sagen, daß Sie einer Täuschung aufgesessen sind. Der Maler, der Jeanne im roten Kleid mit blondem Haar malte, hat sie sich bloß so vorgestellt – ausgesehen hat sie so nie. Sie müssen sich mit dem Mannweib Jeanne abfinden. Oder sollte ich lieber sagen, der Hosenfrau? Gleichwie, Jeanne dringt bis zum König vor, hat strategische Ratschläge und genügend Kampfgeist, um dem Krieg die entscheidende Wende zu geben.

Der Soldat Jeanne ist zwar wie jeder Soldat mit Streitaxt und Schwert ausgerüstet und kann hervorragend reiten. Trotzdem greift er – einigen Autoren zufolge – nicht unmittelbar in den Kampf ein.

Wie halten wir es nun? Glauben wir denen? Immerhin sind es Männer, mit einer bestimmten Vorstellung von Mut und Tapferkeit im Kopf und – was, wie wir festgestellt haben, schlimmer ist – einem bestimmten Frauenbild. Jeanne zieht zwar an der Spitze des Heeres, übernimmt aber nicht das Kommando, obwohl sie »durch ihren Angriffsgeist die Soldaten mitriß und dadurch mehrfach auch die militärischen Entscheidungen bestimmte«, wie es in der Biographie von Herbert Nette heißt.

Nicht ganz glaubwürdig und vielleicht nur der Versuch, die Soldatin Jeanne vergessen zumachen, die oft mutiger als die kämpfenden Männer war! Immerhin eine mitreißende Frau, wenden Sie zu Recht ein. Gut, begnügen wir uns also damit. Wir kennen das nun schon zur Genüge. Indem sie ins Emblem der Fahne schwingenden, den Kampf anführenden Frau gebannt und damit in den Bereich des Imaginären verwiesen wird, scheint sie als Erscheinung für die Männerwelt leichter erträglich – bis heute.

Trotzdem wollen wir festhalten: Jeanne war ganz schön aggressiv; an einem Mangel an Lüscher-Rot, der Farbe des Selbstvertrauens, der Aktivität und des Antriebs, hat sie sicher nicht gelitten. Sie war sich ihrer eigenen Kraft bewußt. So ist Jeannes Ton in Rede und Briefen durchaus martialisch. »Im Namen Gottes: ich werde Euch, noch ehe drei Tage um sind, Eintritt nach Troyes verschaffen, im Guten oder mit Gewalt!« sagt sie zum Dauphin. Laut Aussage des königlichen Oberhofmeisters Jean d'Aulon, droht sie dem Grafen

Dunois: »Bastard! Bastard! Ich befehle Euch im Namen Gottes, sobald ihr hört, daß sich dieser Fastolf nähert, laß es mich wissen; denn wenn er vorbeizieht, ohne daß ich es merke, dann lasse ich Euch den Kopf abreißen!« – Na, wie klingt das in Ihren Ohren aus zartem Frauenmund? Der Bastard erinnert sich, daß Jeanne die Belagerer der Stadt Blois in einem Brief aufforderte, »der Belagerung ein Ende zu machen und nach England zurückzukehren; andernfalls werde sie die Gegner heftig attackieren und sie mit Gewalt gefügig machen«.

Sollte Jeanne d'Arc wirklich nur ein Maulheld gewesen sein? Ich kann es nicht glauben, nehme mir noch einmal die Quellen vor, stoße auf eine Aussage, die nicht zum Bild paßt. Aha, kommen Sie, folgen wir dieser neuen Spur! Mit Sicherheit schwang sie im Kampfgeschehen wohl nicht nur ein weißes Banner. Denn der Herzog von Alencon charakterisiert die Soldatin so: »Jeanne war einfach und jung, aber das Kriegshandwerk verstand sie; sie wußte ebensogut die Lanze zu führen wie die Armee zu formieren und einen Aufstellungsplan zu entwickeln, besonders was die Artillerie betraf; jeder erstaunte sich darüber, wie sie all das mit Sicherheit und Umsicht regelte, so, als hätte sie seit zwanzig oder dreißig Jahren Krieg geführt.«

In einer anderen Zeugenaussage des Rehabilitationsprozesses heißt es: »Und im ersten Waffengang warfen sie die Königstreuen zurück. Als Jeanne das sah, ergriff sie die Fahne, ging zum Angriff über und feuerte die Soldaten an.«

Also doch eine Altilda! Ganz wie Elisabeth Paulsen die Amazone Penthesilea beschreibt, stellt sich die Jeanne der Schlachtfelder vor:

Furchtfremd
in Kampflust
funkelt ihr Auge.

Wer sich in Gefahr begibt, kommt – sofern er ein Mensch aus Fleisch und Blut ist – darin zwar nicht immer um, kann aber zumindest verwundet werden. Davor war auch Jeanne nicht gefeit, trotz aller Direktverbindung zu himmlischen Mächten. Mitten im Kampfgetümmel war sie Soldat wie jeder andere, für den Gefahr für Leib und Leben besteht. Graf Dunois, Bastard von Orléans, berichtet: »Am 7. Mai 1429 frühmorgens wurde Johanna zu Beginn des Angriffs gegen die Schanze an der Brücke von einem Pfeil verwundet, der ihr zwischen Hals und Schulter tief ins Fleisch drang. Sie hielt deswegen nicht im Kampfe inne, noch ließ sie sich verbinden.«

Wenn das nicht tapfer ist! Eine Titanin, anders kann man das nicht nennen! Himmel, wie sehr muß ihr an der Befreiung Frankreichs gelegen haben! Unerwartet finden wir in Jeanne die der Ideologie des Nationalismus ergebene Frau. Ideologie beflügelt, sie verblendet nicht nur. Oder müssen wir hier schon von einem gewissen Fanatismus sprechen? Wäre vielleicht ein Hang zum Größenwahn möglich, der – bei Feldherren etwa, wie bei kriegführenden Männern überhaupt – nicht selten anzutreffen ist? Helfen Sie mir bitte, das zu entscheiden.

Welchen besseren Prüfstein hätten wir da als eine verlorene Schlacht? Man sagt doch, die Größe eines Menschen zeigt sich erst in seinen Niederlagen. Doch gerade da sieht es bei Jeanne ziemlich düster aus. Ihre größte militärische Schlappe erleidet sie vor Paris, das sie nicht einnehmen kann und wo sie verwundet wird. Im Zusammenhang mit diesem Fehlschlag gibt sie unumwunden zu: »Ich ging, weil die Feldherren ein Gefecht suchten und weil ich selbst gerne die Wälle der Stadt überstiegen hätte.« So jedenfalls steht es bei Jules Quicherat.

Interessiert es Sie, wie diese Frau sich anderen Menschen gegenüber verhielt? Wie sie mit ihnen umging, mit ihnen auskam? Dann sehen Sie dort hinüber! Da rennt Jeanne gerade mit gezücktem Schwert hinter einer Frau her, einem dieser Weiber, die mit dem Soldatentroß ziehen und die Moral der Truppe untergraben. Halt, Jeanne, du wirst doch nicht...! Und dann ausgerechnet eine Geschlechtsgenossin! Wie gut, daß wir das nicht mit ansehen müssen, daß sie gerade jetzt aus unserem Blickfeld gerät.

Ja, wenn es um Moral geht, kann Jeanne ziemlich harsch sein und unerbittlich. Wer die eigene Jungfräulichkeit hoch und von der

Liebe nichts hält, will seine Tugendgesetze gern bei anderen durchsetzen, notfalls mit Gewalt. Die Frau, die von höchster moralischer Warte aus handelt – sie ist kein Einzelfall.

Oft haben wir das mit anhören müssen, wie Jeanne die Soldaten, die fluchen, rauh schilt – der Moral wegen. Aber daß sie mit dem Schwert auf eine Frau losgeht, um ihr die Moral einzubleuen, ist kaum zu glauben. Das hören Sie auch besser aus dem Mund eines Augenzeugen: »Bei der Rückkehr von der Krönung, in Saint-Denis, sah ich Johanna eine von ihnen mit gezogenem Schwert verfolgen, so daß sie bei der Verfolgung das Schwert zerbrach.«

Eine Frau wie Jeanne, eine Draufgängerin, titanisch in ihrem Anspruch, die alle ihr gesetzten Grenzen überschreitet, kann kein gutes Ende nehmen. In Compiègne kommt es zur Gefangennahme Jeanne d'Arcs durch die Engländer und jener erstaunlichen Tatsache, die Hans Mayr in seinem Buch *Außenseiter* hervorhebt: »Gegen Jeanne d'Arc schließen sich plötzlich die Feinde eines Hundertjährigen Krieges als Alliierte zusammen.«

Wie wahr, das ist erstaunlich. Hans Mayr beschreibt schlüssig, daß Jeanne zu jenen Menschen gehört, die Grenzen überschreiten. Das paßt zu dem, was wir herausgefunden haben. Ihrer inneren Stimme – wir lassen einmal den heiligen Michael und die heilige Margarete aus dem Spiel – verpflichtet und gehorsam, ist sie jenen männlichen Grenzüberschreitern vergleichbar wie etwa Faust, der den Pakt mit dem Teufel eingeht, oder Prometheus, der gegen die Götter aufbegehrt. Dieser weibliche Prometheus lehnt sich gegen die von der patriarchalen Gesellschaft vorgeschriebene Frauenrolle auf; Jeanne strebt nach Dominanz, ist eigenwillig und nicht bereit, sich zu unterwerfen, nicht einmal der gängigen Kleiderordnung. Ihre äußere Aufmachung ist dabei ein Zeichen für innere Freiheit, was ihr im fünften Schuldartikel vorgeworfen wird. Überhaupt ist von Unterwerfung in diesen Schuldartikeln viel die Rede. Immer geht es darum, ob sich Johanna der Kirche respektive den Männern der Kirche unterworfen hat oder nicht, wie in Artikel 16: »Johanna weigerte sich nie, sich dem Urteil unserer heiligen Mutter, der Kirche, auch der Streitenden Kirche, zu unterwerfen. Et sic fuit, et est verum.«

Natürlich geht Jeanne zu weit. Rücksichtslos übertritt sie jedes Kirchengebot; nicht einmal Hölle und Verdammnis scheinen sie zu schrecken. Selbstmörder etwa hat man in früheren Zeiten nicht auf heiligem Grund begraben. Wußten Sie, daß Jeanne, die lieber sterben als bei Compiègne in die Hand der Engländer fallen wollte, einen Selbstmordversuch unternommen hat? Verständlich also, daß in den Schuldartikeln der entscheidende Satz steht: »Du hast eine falsche Auffassung von der Freiheit des menschlichen Willens.«

Genau das ist es! Den freien Willen darf die Kirche, die auf Dominanz und Unterwerfung angelegt ist, nicht dulden. Wer so handelt wie Jeanne, unterminiert das Fundament, auf dem das Gebäude Kirche errichtet ist. Das erschüttert die Grundfesten Autorität, Dominanz und vor allem ihre institutionalisierte Vermittlerrolle zu Gott. Überhaupt, daß ein Mensch – und dann gar eine Frau! – sich gegen diese Vermittlerrolle sträubt und direkt mit Gott in Verbindung tritt, ist für diesen die patriarchale hierarchische Struktur der Gesellschaft am deutlichsten verkörpernde Männerbund eine Ungeheuerlichkeit. Denn jedem Menschen muß klar sein, »daß jeder Gläubige seine Worte und Werke, besonders wenn sie den Glauben und die heilige Lehre angehen, der streitenden Kirche unterwerfen muß«.

Indem Jeanne das nicht tut, stellt sie nicht nur die Überlegenheit der Priester in Sachen Glauben in Frage, sondern leistet sich zudem einen Affront gegen die höherzubewertende Männlichkeit, die sich im Priester inkarniert. In den Augen der Kirchenmänner ist Jeannes größte Sünde, daß sie – gegen ihre Stimmen – der Kirche nicht gehorsam sein will. »Du hast gesagt, wenn dich die Kirche das Gegenteil von dem tun heiße, was du angeblich auf Gottes Befehl hin getan, so wolltest du ihr um nichts in der Welt gehorchen«, heißt es zu Anfang des zwölften Artikels.

Titanismus gebiert den Außenseiter. »Wer die Grenze überschreitet, steht draußen«, sagt Hans Mayr. Wie Prometheus und Faust wagt Jeanne das Spiel mit den höheren Mächten (und verliert es!), wagt ein Titanentum, das bis dahin nur Männern vorbehalten schien. Sie setzt sich über alle Grenzen hinweg, bricht alle Tabus.

Dazu Hans Mayr: »Johanna hatte alle Tabus ihrer Zeit verletzt: als Bauernmädchen; als Frau im Harnisch; als Jungfrau, die auf Ehe und Mutterschaft verzichtet; als gläubige Christin.«

Als Frau gehört Jeanne aber auch – nach dem Verständnis der damaligen Gesellschaft wie Juden, Neger oder Menschen mit körperlichen oder seelischen Mißbildungen – zu denen, die allein durch ihre Existenz zu Fremden werden, ins Außenseitertum geraten. Diesem Phänomen – Sie werden sich erinnern – sind wir schon bei den Hebammen begegnet: An der Universität Salerno durften Juden, Araber *und Frauen* studieren. »Wie aber, wenn der Übertritt ins Abseits und Außen durch Geburt auferlegt war: durch das Geschlecht, die Abkunft, die körperlich-seelische Eigenart?« fragt Hans Mayr und gibt selbst die Antwort: *»Dann wurde die Existenz selbst zur Grenzüberschreitung.«* Das gilt auch gegen Ende des zwanzigsten Jahrhunderts. Noch heute ist die Frau, weil sie Frau ist, existenzielle Außenseiterin. Sie ist Fremde, der der Mann in unserer patriarchalen Kultur nur mittels Hierarchisierung, nach dem Muster Ich-oben-du-unten, begegnen kann. Den Beweis dafür anzutreten ist einfacher, als Sie in diesem Moment vielleicht für möglich halten.

Amazonenkämpfe: Brunhild contra Wally

Unser Thema bleibt dasselbe: Gewalt, Gewalt. Was bei der Jungfrau Maria als Stiefmutter vielleicht unbemerkt blieb, bei Jeanne d'Arc schon eine wesentliche Rolle spielte und mit dem Amazonenmythos unentwirrbar verknüpft ist, zieht unser Ohr und Auge jetzt in seinen Bann: die vom Mann nicht zu bezwingende Jungfrau.

Schnell, wie viele fallen Ihnen auf Anhieb ein? Eine nur? Wer? Penthesilea? Sie machen es sich zu einfach. Mit dieser Amazone haben wir doch Jeanne verglichen. Doch sie gehört selbstverständlich hierher, die Frau, von der Elisabeth Paulsen sagt:

Erschlagen will sie
den besten Mann

Erschlagen, weil er ihr Herz gewann,
Achilles.

Ein bißchen weit getrieben scheint uns in unserer aufgeklärten Welt dieses kampfbereite Beharren auf der Jungfräulichkeit. Doch wollen wir festhalten: Kampf, bisweilen mörderischer Kampf gehört zu dieser Art des Amazonentums.

Wenn Sie, lieber Leser, jetzt allerdings herunterrasseln »Hyppolite, Melanippe«, geben Sie damit nur zu erkennen, daß Sie in Ihrer Jugend wahrscheinlich ein James-Krüss-Fan gewesen sind. Auch ich habe *Mein Urgroßvater, Helden und ich* gelesen. Zum Beweis hier die zweite Herkules-Strophe:

Einst sollt er gegen seinen Sinn
(Wenn möglich, gar verstohlen)
Zur Amazonenkönigin
Und deren Gürtel holen.

Der Gürtel ist seit jeher Symbol und Zeichen der Jungfräulichkeit. Sicher haben Sie schon vom Keuschheitsgürtel gehört, einem eisernen Gestell, das die mittelalterliche Ehefrau einschloß und zur Jungfräulichkeit zwang. Dem Marterinstrument eiserne Jungfrau – von dem Sie noch hören werden – ist er ähnlich, darf aber nicht mit ihm verwechselt werden.

Der Gürtel? Richtig, da gibt es noch eine ganz andere Geschichte von einer wunderbaren Frau. Was für ein gewaltiger Anblick! Männer bezeichnen sie – nach Jakob Grimm – als »Teufels Weib«, »Teufels Brut« oder »ungeheures Weib«.

Brunhild, als Jungfrau so uneinnehmbar wie ihre Burg Isenstein an der See, trägt Brünne und Schild. Fürwahr eine starke Frau! Weiter als jeder Mann wirft sie den Stein im Lauf, schießt sie den Ger. »Sie hat übermäßige Stärke und bindet den Gunther in der Brautnacht zusammen«, stellt Jakob Grimm in seiner *Deutschen Mythologie* lapidar fest. Brunhild ist Walküre, Halbgöttin, Weise Frau, anders ist ihre der Manneskraft überlegene Frauenkraft nicht zu erklären.

Erinnern Sie sich an die Nibelungensage? Wagneropern lieben Sie zwar nicht gerade, aber Ihrem Mann zuliebe gehen Sie trotzdem hin? Prima, Sie können den nächsten Abschnitt überschlagen.

Brunhild ist die Frau, die sich nur dem Ebenbürtigen an Kraft ergeben will, Siegfried dafür hält, aber von Gunther zur Ehefrau begehrt wird. Siegfried ist zwar auch nicht der Stärkste und wäre von Brunhild sicherlich besiegt worden, wenn er nicht mit diesen Zaubertricks arbeitete: Tarnkappe, durch Drachenblut unverletzbare Haut und ein Schwert, das nicht entzweigehen kann. Um starke Frauen unterzukriegen, bei Helden dieser Machart wird es deutlich, arbeiten Männer offenbar schon zu urgermanischen Zeiten mit unfairen Mitteln. Gunther ist nun dieser Kraftmensch erst recht nicht, ein Schlaffi würde man heute sagen. Der arme Kerl, von Leidenschaft entbrannt, muß Siegfried bitten, ihm bei der Brautwerbung zu helfen: Ein Freund, ein guter Freund, das ist das Beste, was es gibt auf der Welt. Da bleiben Moral und Fairneß außen vor.

»Zwei gegen eine!« Was Kinder noch ganz selbstverständlich als Unmoral verstehen, gilt für Helden nicht. Siegfried sagt nicht: »Hör mal, mein Lieber, wenn du nicht selbst in der Lage bist, diese Frau zu besiegen, laß lieber die Finger davon.« Nein, er greift zur Tarnkappe, trägt Gunthers Stein weiter, als Brunhild ihren werfen konnte, und so nimmt das Drama seinen Lauf. Daß hier eigentlich, in dieser falsch verstandenen Freundestreue, die Ursache für das spätere Desaster liegt, die Ermordung Siegfrieds bis hin zur Vernichtung der Nibelungen durch Attila, den Hunnenkönig, bleibt in allen Interpretationen ungesagt. Es ist leichter, die Schuld dafür den Frauen in die Schuhe zu schieben.

Jungfrau Brunhild – was für eine Frau! Sehen Sie doch bloß einmal, wie sie den Stein hebt und wirft! Wie sie den germanischen Wurfsper, den Ger, schleudert! Ohne Dooping all unseren Athletinnen überlegen!

Meine Begeisterung reißt mich hin, während Ihr Blick, lieber Leser, skeptisch auf die hünenhafte dunkle Frau gerichtet ist. Zugestanden, es ist nicht leicht, ihr die Jungfräulichkeit abzukaufen. Da muß ein Mann kämpfen. Sicher ist es beschämend, wenn man wie

Gunther in der Hochzeitsnacht von Brunhild als Paket zusammengeschnürt und an einen Haken gehängt wird. Noch demütigender ist es sicher gewesen, als Siegfried für Gunther in der zweiten Nacht die Ehe vollzogen hat. Das ist verletzend, entwürdigend, stellt das Mannsein in seiner ursprünglichsten Art in Frage. Sie können Gunther das nachfühlen und zeigen damit Herz.

Und sicher gibt es unter Ihnen, den Leserinnen, manche, die es eher mit der blonden Krimhild, Siegfrieds Frau, gehalten haben. Sie ist so richtig weiblich, nicht wahr? Sie hat Angstträume, ist um den lieben Mann besorgt und kann sogar flink mit Nadel und Faden umgehen: das Bild von einer Frau eben. Ihr Los ist warten und hoffen.

Aber das ist ein Trugbild, möchte ich behaupten. Krimhild ist – wie Brunhild – machthungrig und geltungsbedürftig. Denken Sie nur an jene eindrucksvolle Szene vor dem Münster! Einprägsam ist es ja, wie die beiden Frauen, die brünette Brunhild und die blonde Krimhild, sich vor dem Kirchgang streiten, wer von ihnen als erste die heiligen Halle betreten darf. Ein bemerkenswerter Streit! Brunhild, von dem unbezwingbaren Jungfrauen- und Heldinnendasein aufs reine Hausfrauendasein zurückgeworfen, ist nur noch Gunthers Frau. War vorher jeder Kampf für sie eine Bestätigung ihrer eigenen Kraft und Stärke, hat sie jetzt nur noch durch den Ehemann Ansehen und Bedeutung: Er ist der König, durch ihn gewinnt sie das Recht, als erste in die Kirche zu gehen.

Krimhild geht es eigentlich nicht anders. Sie stammt, als Gunthers Schwester, aus einem Herrscherhaus und sie hat einen Herrscher, keinen Vasallen ihres Bruders geheiratet. Sie gewinnt ihr Selbstverständnis aus diesen Familienbanden und aus der königlichen Stellung, die ihrem Mann zukommt. Selbst in ihrem Stolz verletzt, holt sie zum entscheidenden Verbal-Schlag aus: Brunhilds Jungfräulichkeit, der Gürtel, ist ihr nicht vom eigenen Mann, sondern vom tarnkappigen Siegfried abgerungen worden.

Sehen Sie diese Frau bitte einmal mit meinen Augen! Nein, nicht Brunhild, sondern die Geier-Wally, die ihr im 19. Jahrhundert schwesterlich zur Seite steht:

Wenn sie so vor ihnen stand, so groß, als stünde sie auf einer Erhöhung, so schlank und doch so fest und stolz gebaut, daß die hochgewölbte Brust fast das knappe Mieder sprengte, wenn sie den nervigen Arm, so nervig wie der Arm eines Jünglings, drohend gegen sie aufhob und ein Blitz des Spottes herausfordernd aus den mächtigen schwarzen Augen flammte, dann ergriff die Burschen eine Liebes- und Kampfeswut, daß sie auf Leben und Tod mit ihr rangen, um einen . . .

Das ist doch etwas, nicht wahr, liebe Leser! Ja, die Wally sprengt den Rahmen, schießt als Frau über jedes Ziel hinaus. Kommen Sie, ich mache Sie miteinander bekannt.

Die wilde Wally ist die Tochter eines Außenseiters und allein dadurch schon zur Außenseiterin gestempelt: das Kind Murzolls.

Was Furcht sei, das hatte sie verlernt dort droben auf dem Ferner; die eiserne Stirn, die sie dort oben den Schrecken der Elemente geboten, trug sie auch dem kleinen Leben hier unten entgegen. Gewaltig an Leib und Seele stand sie da mitten unter den Dörflern, wie eine Gestalt aus einer fernen Welt.

Selbst uns Städtern ist leicht einsichtig, daß Wally, die plötzlich die reiche Höchstbäuerin wird, für das Dorfleben völlig ungeeignet ist; sie kann sich in die Regeln und den engen gesellschaftlichen Rahmen der Gesellschaft nicht mehr einfügen. »Ein Fremdling geworden in dem bäuerlichen Treiben, wie alles Fremdartige feindselig angestaunt von den Bauern . . .«

Wie Brunhild ist ihr die eigene Jungfräulichkeit jeden Einsatz wert. Ihr jungfräulicher Stolz verhindert, einem Mann entgegenzukommen. Nicht einmal einen Kuß läßt sie sich ohne höchsten Widerstand und Kräfteeinsatz abringen.

»All das Geliebel und Geflüster und Einandernachschleichen und ›Fensterln‹ um sie her erfüllte sie mit Abscheu.« Darin ist Wally wiederum der Amazone Jeanne d'Arc ähnlich. Höchste moralische Ansprüche, was Jungfräulichkeit betrifft, stellt sie nicht nur an sich selbst, sondern auch an ihre Mägde. Sie zieht zwar nicht das Schwert wie Jeanne, aber »erwischte sie eine Dirn auf Liederlichkeit, so jagte sie sie noch in derselben Stunde aus dem Haus. Denn ihr Sinn war rein und keusch geblieben wie der Gletscher, auf dem sie so lange einsam gehaust.«

Wenn Wally selbst auch verwundert fragt: »Was hab i denn an mir, daß die Buabn alle so närrisch mit mir sind?«, es gibt – wie wir schon wissen – viele Burschen, die sie küssen wollen. Doch Wally sucht halt den ihr Ebenbürtigen an Kraft von Leib und Seele, den Joseph. Auf einer Dorffestlichkeit findet dann der entscheidende Kampf um diesen Kuß statt – nicht verschwiegen wie beim Nibelungenlied im Brautgemach und mit wenigen Worten, sondern in aller Öffentlichkeit und aller Ausführlichkeit. Und wir freuen uns, daß ein Reigen die beiden Ebenbürtigen, »schmucke, auserlesene Gestalten«, zusammenführen soll: »Die Reihen stellten sich zum Tanz auf, Wally und Joseph sollten vortanzen, man wollte sie miteinander tanzen sehen.«

Doch vor dem Tanz kommt der Kuß, den Wally noch nie einem ihrer Freier gegeben hat und den Joseph fordert. Und vor dem Kuß kommt der Kampf, den ich Ihnen nicht vorenthalten will:

Es wurde ihr förmlich rot vor Augen – es war, als schlüge ihr eine Blutwelle über den Kopf zusammen. Und sich in ihrer ganzen Größe aufrichtend, maß sie sich mit ihm flammenden Blicks: »'s is recht«, rief sie, »du sollst's haben. – Du mußt au wissen, wer die Geier-Wally is. Jetzt schau, ob du den Kuß kriegst!«

Ihr war zum Ersticken. Sie riß sich das Halstuch ab und stand da in ihrem silbergenestelten Samtmieder und dem weißen Linnenhemd, daß Josephs Augen mit Staunen auf dem wundervollen entblößten Hals hafteten: »Schön bist – so schön, als d' böse bist«, murmelte er, und jetzt sprang er auf sie zu wie der Jäger auf ein Wild, dem er den G'nickfang geben will, und schlang den starken Arm um ihren Nacken. Aber er kannte die Geier-Wally nicht. Mit einem gewaltigen Ruck war sie frei, und ein schadenfrohes Gelächter von allen, denen es einst auch nicht besser gegangen war, erscholl, das Joseph wütend machte. Jetzt packte er das Mädchen mit Armen von Eisen um den Leib, aber sie gab ihm einen Stoß auf die Herzgrube, daß er aufschrie und zurückfuhr. Neues Gelächter! Mit diesem Stoß, dessen Wirkung sie kannte, hatte sie sich immer gegen Zudringlichkeiten gewehrt, denn diesen Stoß hielt keiner aus. Joseph aber verbiß den Schmerz, und mit verdoppeltem Grimm warf er sich nun auf das Mädchen, faßte sie mit beiden Händen bei den Armen und suchte so seinen Mund dem ihren zu nähern, aber im Nu bog sie sich seitwärts ab, und nun entstand ein atemloses Ringen hin und her, auf und ab, eine schwüle Stille, nur zuweilen von einem Fluch Josephs unterbrochen. Wie eine Schlange bog und wand sich das Mädchen in seinen Armen herüber und hinüber, daß er nie den Mund erreichen konnte. Es sah nicht mehr einem Liebeskampf – es sah einem Kampf auf Leben und Tod ähnlich. Dreimal hatte er sie zu Boden gedrückt, dreimal war sie wieder aufgeschnellt, er hob sie in seinen Armen empor, aber sie drehte sich immer so, daß er die Lippen nicht erreichte. Das feine Linnenhemd hing in Fetzen herab, das silberne G'schnür war in Stücke gerissen. Plötzlich kam sie los und floh dem Ausgang zu, er holte sie ein und riß sie wie ein Sturm an sich. Es war eine zornglühende Umarmung. Wie heißer Dampf umwallte sie sein Atem.

Es gäbe noch viel zu diesem Minnekampf zu sagen, zu dem Bild Wallys, den gezogenen Vergleichen und zu seinem Ausgang, der die Heldin – wie nicht anders zu erwarten – an Josephs Heldenbrust (jetzt wieder mit der intakten Herzgrube) besiegt sinken läßt. Und natürlich zu dem Frauenbild im Kopf der Schriftstellerin des Romans *Die Geierwally*, erschienen im 19. Jahrhundert, 1875, Wilhelmine von Hillern.

Vermerken wir an dieser Stelle, daß über Frauenstärke besonders leicht der Stab gebrochen wurde: Sie war monströs, als positive Kraft durfte es sie nicht geben. Entweder wurden gewaltige Frauen uns über Jahrhunderte vorenthalten, ihre Existenz verschwiegen wie bei den Piratinnen. Oder man prangerte ihre Stärke an, machte sie verächtlich wie bei Brunhilde.

Wie auch immer Sie über die Wallys unserer Welt urteilen, ich will mir diese Frauen nicht schlechtmachen lassen. Da ich jedoch glaube, daß Ihnen, den männlichen Lesern, mit diesen Weibsbildern oder Mannweibern ziemlich zugesetzt wurde, soll ein Mann das letzte Wort haben. Ernst Alker sagt in *Die deutsche Literatur im 19. Jahrhundert*: Die »schreckliche Tochter« einer »vielgespielten Verfasserin rührseliger Theaterstücke« habe mit der Geierwally »eine Wagnerische Brunhilde . . . in die bayrische Sommerfrische versetzt.«

Frauen mit Widerstand

Allen gewaltigen widerborstigen Jungfrauen zum Trotz sollte man meinen, wer so wie Frauen auf Anpassung und Unterwerfung erzogen wird, bei dem sind die eingebauten Widerstände klein. Doch im Gegenteil, es gibt nicht nur Sophie Scholl oder Alice Schwarzer, Berta Suttner oder Rita Süssmuth. Es gibt Frauenwiderstand allenthalben: gegen Diktatur und Terror, diskriminierende Gesetze, gegen Staat, Institutionen und Kirche. Gewaltige Frauen gegen die Gewalt – ich glaube, wir Frauen können stolz auf sie sein. Fassen wir ein paar näher ins Auge!

Ist *Iphigenie auf Tauris* eine Frau, die Widerstand leistet? Der Dichterfürst Goethe stellt sie uns als Muster des klassischen Menschen vor: edel, hilfreich und gut. Aber auch widerborstig? Gut, sie weist den Scythenherrscher Thoas zurück, weil sie lieber in die Heimat fahren, als seine Frau werden will. Sie, die als Priesterin im Tempel der Diana dient, weigert sich auch, den alten Brauch wieder aufleben zu lassen, der jeden Fremden an dieser Küste als Menschenopfer für die Göttin fordert. Dann entdeckt sie gar in dem Fremden den eigenen Bruder. Daß sie dem König die Wahrheit sagt und darauf vertraut, daß seine Menschlichkeit siegt, die ihr und dem Bruder die Rückkehr in die Heimat ermöglichen soll, scheint mir gewagt. Tyrannenmacht und Menschlichkeit gehen nicht Hand in Hand.

Eine andere widerborstige Jungfrau gefällt mir besser: die *Antigone* des Griechen Sophokles. Entgegen dem Befehl Kreons, der König von Theben ist und zugleich ihr Onkel, begräbt sie ihren getöteten, in Ungnade gefallenen Bruder. Sie will die Gründe der Staatsräson nicht akzeptieren, weil sie sich höheren Gesetzen unterworfen weiß, nach denen sie handeln muß und für die sie notfalls zu sterben bereit ist.

Nicht immer zwingt die Realität Frauen, die Widerstand leisten, bis an diese Grenze zu gehen. Doch häufig genug sagen sie ihr Nein in einem Umfeld, das gefährlich, wenn nicht gar lebensbedrohlich ist. Wenn Mut gepriesen wird, sollten wir doch einmal feststellen: Viele Frauen haben viel riskiert und eine Menge auf sich genommen. Denn aufsässige Frauen – da werden selbst Sie, die männlichen Leser, zustimmen – rufen augenblicklich den Mann zu Schulterschluß auf. Widerständige Frauen gab und gibt es im Iran; sie wurden und werden von Männern dafür geschlagen, gesteinigt und erstochen. In Algier protestierten Frauen 1981 unter der Führung von Heldinnen aus dem Unabhängigkeitskrieg gegen diskriminierende Gesetze. Dreizehn Frauen wagten es 1989 trotz aller Angriffe bei den ersten allgemeinen Wahlen in Jordanien zu kandidieren, obwohl die Fundamentalisten sogar versuchten, eine von ihnen als geisteskrank zu erklären. Natürlich muß die Frauenbewegung nicht überall so Widerstand leisten wie in Israel, wo die fundamentalistischen orthodoxen Juden ihnen das Leben schwermachen. Nicht alle Nonnen widerrufen, wenn der Papst es will.

Halten Sie auch manchmal – vergeblich – Ausschau nach den vielen Frauen, die in der ehemaligen DDR zur Wende und zum lautlosen Mauerfall beigetragen haben? Nach den widerständigen DDR-Frauen? Bärbel Bohley und all die anderen, wo sind sie?

Na schön, Angelika Merkel aus der DDR-Bürgerrechtsbewegung hat das geschafft, was man eine Bilderbuchkarriere nennt. Sie ist Bundesfrauenministerin und jetzt sogar im Gespräch als – nein, nicht Bundesmännerministerin, sondern als Bundespräsidentin. Von ihr heißt es jedoch, sie sei dem Kanzler »treu ergeben«. Das hat den Geruch der Angepaßtheit. Ich konnte mir nicht verkneifen, mehrere Menschen zu fragen: »Wer ist treu ergeben, was meinst du?« Die Antworten waren eindeutig. »Der Diener, Kammerdiener, die Haushälterin, der Knappe, der Hund – das Pferd nicht.«

Treu sich selbst dagegen und damit widerständig gegen Ministerpräsident Stolpe und die eigene Partei, das Bündnis 90, blieb sich die brandenburgische Bildungsministerin Marianne Birthler, die im Oktober 1992 wegen der Stasi-Kontakte Stolpes zurücktrat. Sie, die Lehrer aufgrund von Stasi-Kontakten entlassen sollte, wollte nicht mit »zweierlei Maß« messen. »Aber ich würde mich nicht selbst verraten, um diesen Job zu behalten.« – Das macht ihr so leicht keiner nach!

Viele Frauen waren während des Nationalsozialismus bedroht durch Gefängnis oder Konzentrationslager, weil sie das Selbstverständlichste taten, was längst nicht alle Menschen tun können: anderen in Not helfen. Sie versorgten Gefangene mit Lebensmitteln, schmuggelten Briefe aus den Lagern und Medikamente in die Lager, versteckten Juden, halfen Deserteuren und Partisanen. »Wir haben nicht einen Moment gezögert«, sagen sie in Constanze Hegetuschs Film *Stärker als der Widerstand – Frauen im Widerstand gegen Hitler.*

Was für gewaltige Frauen werden da gezeigt! Es klingt ja so einfach und so selbstverständlich. Hören Sie sich das an!

»Wenn sie kamen, wurden sie reingelassen.« – »Die nicht einrücken wollten, blieben bei uns.« – »Wir sahen eben so harmlos aus.« – »Mir hat niemand nix angemerkt.«

Es war gefährlich. Wo andere – auch Männer – vor Angst schlotterten, behielten sie die Nerven, überwanden sie Bedenken und Furcht; selbst zehnjährige Mädchen wußten schon genau, was auf dem Spiel stand, und halfen trotzdem.

Offizieller Dank? Orden wollen sie sich nicht auf die Brust heften. »Das wollte ja niemand«, sagt eine. »Man wollte sich ja nicht mit Ruhm bekleckern.« Längst nicht alle Frauen, die Widerstand gegen Naziterror und Judenverfolgung leisteten, sind bekannt. Das *Yad Vashem*, Denkmal und Gedenkstätte für die jüdischen Opfer des Nationalsozialismus, ehrte viele Frauen als Retterinnen und Helferinnen für Verfolgte. Gewaltige Frauen müssen sie gewesen sein, denn sie leisteten Widerstand, indem sie ihre eigene Angst überwanden. Die Berufe, die sie hatten, sagen wenig aus: Lehrerin, Dichterin, Mitglied einer Theatergruppe, Geschäftsfrau, Sozialarbeiterin und Hausfrauen. Alter oder Familienstand sind genauso wenig aufschlußreich: Frauen um Mitte zwanzig oder dreißig oder vierzig. Was sagt das schon? Ledige Frauen sind darunter wie Witwen oder verheiratete Frauen, junge Mütter mit Baby wie Frauen mit großer Familie.

Menschlichkeit und Zivilcourage zeichnete sie aus, so wird gelobt. Ich weiß nicht, ob es Ihnen genauso geht; aber ich mag das Wort Zivilcourage nicht. Zu sehr ordnet es Mut dem Krieg zu. Aber ist nicht jeder couragiert, der die eigene Angst überwindet? Und sei es nur die Angst vor dem Machtwort, das andere sprechen?

Endlich ein Machtwort sprechen – das möchte mancher, möchte auch ich manchmal. Bei den Kindern zum Beispiel, obwohl sie nun erwachsen sind. Aber ich weiß, mache mir bewußt, das Machtwort nicht sprechen, heißt, sich zurücknehmen, heißt anzuerkennen, daß der andere seine eigene Meinung hat und deshalb seine eigenen Entscheidungen trifft.

Mir fällt das oft wahnsinnig schwer. Und ich nehme einfach an, daß das Ihnen genauso geht, allen so geht. Wer sich da ausnimmt, lügt. Natürlich hat man tausend gute Gründe, tausend triftige Argumente für das Machtwort, das gesprochen werden sollte. Oft wird auch nach dem Machtwort gerufen.

Doch was für ein Glück, daß es Frauen in der Politik gibt, für die das Kanzlerwort kein Machtwort ist! Machtwörter kommen ja oft nicht offen daher; sie werden verbrämt und maskieren sich – mit dem Mäntelchen der Loyalität, mit Notwendigkeiten, dem Parteiprofil, der Moral. Zum Glück für uns alle denunzieren Machtwörter sich manchmal von selbst.

»Was sagst du dazu?« fragt mich meine Tochter Milena empört. Sie hat einen Artikel Theo Sommers in *Die Zeit* gelesen, in dem er fordert, daß die UNO in Jugoslawien eingreifen, ein Machtwort sprechen und Deutschland darin einstimmen solle. Nun müsse endlich Schluß sein mit der »Eunuchen-Diplomatie«.

Die Lektion ist schnell begriffen: Aha, Eunuchen sind keine Männer mehr; Männer aber lösen die Probleme mit Gewalt.

Ja, was sage ich meiner Tochter? Was sagen Sie, die Leserinnen und Leser, in solch einem Fall Ihren Töchtern?

»Solange Männer in der Weise sprechen und handeln, leiste Widerstand! Sag Nein! Schließt euch zusammen! Verweigert eure Zustimmung! Verweigert euch! Werdet politisch! Verweigert euch mit allen Mittel! Es war ein Mann, der Frauen imaginierte, die sich kriegführenden Männern verweigern! Nehmt ihn endlich beim Wort! Laßt sein Frauenbild Wirklichkeit werden! Seht die Frau in Bänderschuhen, durchsichtigem Gewand, den gelben Safranschal um die zarte Figur geschlungen, kunstvoll geschminkt: Lysistrate könnte euer Vorbild sein!«

Mit safrangelbem Schal: Lysistrate

Montagabend, zwanzig Uhr: Spätestens jetzt werden die Fernseher in den deutschen Haushalten eingeschaltet: Tagesschau. Dagmar Berghoff sagt: »Liebe Frauen, Schwestern, Verbündete, um Rüstungswahn und Krieg als männlichem Potenzgehabe für immer ein Ende zu setzen, brauchen wir Ihre, Eure Hilfe.«

Ja, und da würden wir Ehefrauen aufstehen, Kopfkissen und Deckbett aus dem Schlafzimmer holen und uns allein für diese Nacht und alle weiteren Nächte aufs Sofa im Wohnzimmer betten. Wir kommen den ehelichen Pflichten, zu denen wir von Rechts wegen verpflichtet sind, nicht mehr nach. Aus der Traum von gemeinsam verbrachten Nächten und Tagen, kein Beischlaf, kein Petting, kein Streicheln, kein Küßchen. Freundinnen und Geliebte verweigern sich den Freunden, die Schülerinnen den Klassenkameraden oder Tanzstundenpartner. Die Prostituierten schließen Puff und Peepshow. Bardamen, Animiermädchen lassen sich umschulen. Selbst das Playmate des Monats spielt mit. Fernseh- und Filmstars ziehen Arbeitslosenunterstützung der Gage vor. Die Mütter lassen Heldenträume und Ideologie fahren... Die Aufzählung könnte unendlich weitergehen.

Ja, so könnte es sein!

Lysistrate war die erste »Friedensfrau«. Sie wird uns von einem Mann vorgestellt, dem griechischen Komödiendichter Aristophan. Als Drama gehört *Lysistrate* zu den sogenannten 'Friedensstücken'.

Frauenlos, so sieht es aus, war damals nicht viel anders als heute: Die Frau ist in dem ihr von den Männern zugewiesenen Aufgabenbereich mit Arbeit so reichlich eingedeckt, daß ihr kaum Zeit für anderes bleibt, geschweige denn für Politik. Wohl deshalb tröstet die Nachbarin Lysistrate, die sich darüber ärgert, daß die Frauen ausbleiben:

Sie kommen
Gewiß, mein Herz! Ein Ausgang macht bei Frauen
Sich nicht so leicht: man muß den Mann bedienen,
Die Knechte wecken, muß das Kind zurecht
erst legen, sauber waschen und es füttern...

Eben, da bleibt keine Zeit für die »zehnmal wichtigeren Dinge«, die es zu tun gibt. Lysistrate hat einen Plan ausgeheckt, wie der lange währende Krieg beendet werden kann. Die Mittel, die die Frauen benutzen sollen, sind jene ausgesprochen weiblichen Mittel, die schon die Israelitin Judith benutzt, um Holophernes zu täuschen: Die Waffen der Frau sind vergleichsweise harmlos, aber – wie der Verlauf der Komödie zeigt – wirkungsvoll.

Als Lysistrate sagt: »Und wir – wir, einig, könnten Hellas retten!«, antwortet die Nachbarin Kalonike:

Ach geh, was werden Fraun Vernünft'ges tun,
Ruhmvolles? – Aufgeputzt mit Blumen sitzen
Wir da, geschminkt, im safrangelben Schal,
Mit Bänderschuhn und kimbrischen Schleppkleidern.

Lysistrate:	*Das eben ist's, was Rettung uns verspricht,* *Die gelben Schals, die Bänderschuh', die Salben,* *Die Schminke, die durchsichtigen Gewänder!*
Kalonike:	*Wie das?*
Lysistrate:	*Kein Mann, der jetzt hier lebt, soll mehr* *Den Spieß erheben wider seinesgleichen –*
Kalonike:	*Gleich lass' ich einen Safranschal mir färben!*
Lysistrate:	*– Zum Schilde greifen!*
Kalonike:	*Ein Schleppkleid leg ich an.*
Lysistrate:	*– noch ziehn ein Schwert!*
Kalonike:	*Ich kauf mir Bänderschuh'!*
Lysistrate:	*Und trotzdem sind die Frauen noch nicht da!*

Doch mit den weiblichen Waffen der sexuellen Verlockung und der sexuellen Verweigerung allein, das weiß die Griechin, kommt man nicht weit genug. Darum besetzen die Frauen auch die Akropolis, wo das für den Krieg nötige Geld liegt. Die Burg halten die Frauen besetzt, die Tore werden verrammelt. Männlicher Gewalt wird es nicht gelingen, die Burg einzunehmen: »Bei Aphrodite, nein! Man hieß umsonst uns Frauen unbändig ja und unbezwinglich!«

In ihrer Auseinandersetzung mit dem Ratsherrn macht Lysistrate deutlich, daß die Frauen dem Kriegstreiben nicht länger zusehen, sich nicht länger in ihre weibliche Rolle schicken wollen. Die Mittäterschaft der Frau an jedem Krieg, bewirkt durch ihre passive Haltung, durch ihr Schweigen, durch ihr Gewährenlassen wird vorgeführt:

Wir ertrugen es stets in der vorigen Zeit
und im Jammer des Krieges geduldig,
Vernünftigen Sinns, wie wir Frauen nun sind,
wie ihr Männer auch immer es triebet.
Wir durften nicht mucksen, so hieltet ihr uns!
Und ihr wart doch gewiß nicht zu loben!
Wir durchschauten euch wohl, und wir ahnten nichts Guts,
und da kam denn, wenn wir zu Hause
Still saßen, zu Ohren uns oft, wie verkehrt
ihr die wichtigsten Dinge behandelt!
Da fragten wir wohl euch, im Herzen betrübt
tief innen, doch lächelnden Mundes:
»Was habt ihr im Rate des Volks heut früh
nun wegen des Friedens beschlossen?
Was kommt an die Säule?« – »Was kümmert das dich*?«*
– war die brummende Antwort des Mannes:
»Ich rate dir, schweig!« – und ich schwieg! . . .
Nicht lange, so hörten wir wieder: ihr habt
noch verkehrtere Dinge beschlossen!
Und so fragten wir wieder: »Nein, sage mir, Mann,
was macht ihr für dumme Beschlüsse?«
Da sah er mich an von der Seite und begann:
»Wenn du ruhig nicht bleibst bei dem Webstuhl
Dann setz ich zurecht dir den störrigen Kopf!
Denn der Krieg ist die Sache der Männer !«

In der wunderbaren Verkehrung, die nur in der Komödie möglich ist, wird der Krieg alsbald »die Sache der Weiber«. Sexualität – in der Doppelgestalt Anmache und Verweigerung als Waffe eingesetzt – tut ihre Wirkung. Nichts zeigt das hübscher als die große Verführungsszene, die Myrrhine ihrem Mann Kinesias vorspielt. (Also selbst, wenn Sie, liebe Leserin, das nicht gegen den Krieg, sondern nur im privaten Bereich einsetzen möchten, da können Sie als Frau viel lernen!)

Zugegeben, es fällt den Frauen nicht leicht. Lust auf Sex ist ja auch Frauen gegeben. Die Griechinnen jedenfalls haben die eigene Sexualität kaum in Gewalt, viele Frauen müssen weniger mit guten Worten, als mit Gewalt daran gehindert werden, als sexuelle Blockadebrecherin zu ihren Männern zurückzukehren. Schon in Lysistrate steckt etwas von Jeanne, die mit dem Schwert anderer Frauen Lust in Schach hält.

»Eine Lysistrate, hat es sie je in Wirklichkeit gegeben?« Wer von Ihnen, Sie, der Leser, oder Sie, die Leserin, die Frage zuerst stellt, weiß ich nicht. Noch schwerer ist es, die richtige Antwort zu finden.

»Warum stehen die Frauen nicht auf und sagen ›Wir haben Mühe, diese Männer hervorzubringen; und wenn ihr nicht damit aufhört, sie umzubringen, dann werden wir uns weigern, noch weitere in die Welt zu setzen.‹ Aber leider sind die Frauen ebenso idiotisch wie die Männer.« Das fragt George Bernard Shaw, ein Mann. Man möchte ihm entgegenhalten: Frauen haben es versucht, ab und an wenigstens.

Die Welt berichtet im April 1969: »In Mansfield bei Nottingham heißt der Krieg Streik, ein wilder Streik ohne Genehmigung der Gewerkschaft und daher auch auf eigene Rechnung. Die Frauen von Mansfield, ohne klassische Lektüre, doch ihres Verkehrswertes stolz bewußt, machten es wie Lysistrate. Sie kündigten an, sich ihren Männern so lange zu verweigern, bis der Streik abgebrochen sei. Die Wortführerin, die Maschinistin Carlice Shooter, schöpfte offenbar aus reichem Erfahrungsschatz, als sie ... kundtat: Auf Bier und Tabak kann ein Mann verzichten. Aber wie ein Mönch leben, das hält er nicht lange aus. Die Diskussion dauerte bei Redaktionsschluß an ... Wer übrigens darauf hinweisen möchte, daß die Streikführerin das 55. Lebensjahr schon überschritten habe, daß also ihr Streik nicht sonderlich überzeugen könne, der sei davon in Kenntnis gesetzt, daß die klugen Weiber von Mansfield nicht nur im Bett, sondern auch in der Küche streiken wollen.«

Geht es Ihnen in diesem Fall wie mir, daß Sie unter der Wucht der männlichen Frauenverachtung geradezu zusammenzucken? Frauenverachtung, wie sie uns aus diesem Artikel entgegenschlägt, begegnet Frauen allenthalben. Vielleicht ist Ihr Blick, der weibliche und männliche Leserblick, inzwischen so geschärft, daß er sie auch wahrnimmt, wenn sie versteckt ist, nur im Kleingedruckten steht.

Warum mir das Bild gerade jetzt einfällt, könnte ich nur langatmig begründen. Ich lasse das, hoffe, es spricht für sich selbst.

»Wenn die Herde beunruhigt ist, drängen sich die Mitglieder schnell zusammen und bilden eine einheitliche Front gegen die Gefahr. Die Leitkuh geht gewöhnlich in vorderste Position. Die Kälber drängen sich hinter und unter die mächtigen Weibchen. Dann stehen sie alle da mit erhobenen Köpfen, abgespreizten Ohren, die Rüssel weit in die Luft gestreckt, um die Witterung aufzunehmen. Wenn es erforderlich ist, greift eine Kuh an, oder die ganze Gruppe geht vorwärts; eine riesige, graue Masse aus Ärger und Zorn . . .« beschreibt Cynthia Moss, deren Buch über *Die Elefanten vom Kilimandscharo* endlich greifbar ist.

Ein Gewaltpotential, das noch zu wenig ausgeschöpft ist, scheint mir die Solidarität von Frauen zu sein. Warum sollte bei uns Frauen nicht gehen, was bei der Elefantenherde möglich ist: die riesige Masse aus Zorn und Ärger.

Salomé: Mit Bauchtanz und Strapsen

Aufreizende Töne dringen nun an unser Ohr, ebenso fremdländisch wie fesselnd, werden zum orgiastischen Tanz, zur Triebbewegung. Flötenspiel, das die Sinne erregt und umnebelt. Rhythmische Trommeln locken zur Ekstase.

Sehen Sie nur diese Frauengestalt, orientalisch, glutäugig, aufreizend kindlich-fraulich die Brüste, der Bauch, die Hüften, kaum verhüllt in einem Duft aus sieben Schleiern. Salomé tanzt, die jüdische Prinzessin. Und während die Musik zu Wirbeln anschwillt, jeden Gedanken ausschaltet, lockt dieser Körper, drängend, betörend, lustverheißend, rasend, wird zum Nabel der Welt.

Salomé tanzt. Atemlos sehen die Würdenträger, die Obersten und Vornehmsten Galiläas ihr zu. Sie sind hingerissen, verzaubert, behext.

Schlägt Salomé, die Kindfrau, auch Sie in Ihren Bann? Eingestimmt, wie Sie durch die gelben Schals, die Bänderschuhe, die Salben, die Schminke und durchsichtigen Gewänder Lysistrates schon waren? Gut, ich will Ihnen, den Lesern, einen Moment mit Baudelaire zum Atemschöpfen gönnen.

Ein wunderbares Weib, wie stolz sind seine Glieder!
Das offne Haar wallt auf den vollen Weinkelch nieder.
Der Liebe Kralle und des Freudenhauses Gift
Den Marmor dieser Haut vergeblich greift und trifft.
Sie lacht dem Tode, und sie spottet dreist den Lüsten;
Die beiden Teufel, die nur schinden und verwüsten,
Sie schonten dennoch trotz zerstörerischer Gier
Die kühne Hoheit als des festen Leibes Zier.
Sie schreitet göttlich, ruht wie träge Sultansfrauen;
Mit blindem Glauben schenkt der Lust sie ihr Vertrauen,
In ihre Arme, die ihr fester Busen füllt,
Ruft sie den Mann, den sie in ihre Blicke hüllt.
Sie glaubt es und sie weiß, die unfruchtbare Dirne,
– Und dennoch sinnvoll in der Ordnung der Gestirne –
Daß Leibesschönheit ein Geschenk von hohem Wert,
Weil es für jede Schmach Vergebung noch erfährt.
Sie kennt die Hölle nicht und nicht das Fegefeuer,
Und naht in schwarzer Nacht das letzte Abenteuer,
So blickt sie auch dem Tod gelassen ins Gesicht,
Denn einem Kind gleich haßt sie und bereut sie nicht.

Es ist nicht leicht, die Blicke abzuwenden, nicht wahr? Sie hat das Netz nach Ihnen ausgeworfen, Sie mit Sirenengesang gelockt, Sie becirct. Und Sie sind nicht der Mann, der sich wie Odysseus an den Mast binden läßt, um widerstehen zu können?!

Sie sind so von ihrem Tanz gefesselt, lieber Leser? O weh, das sieht nicht gut für Sie aus. Sie verfangen sich da in einer Schlinge, aus der Sie sich kaum noch befreien können. Was der siebte Schleier verbirgt, ist abgründig, verderblich, sündhaft, höllisch, mit Gewißheit letztlich männermordend.

Da haben Sie, die Leserin, es besser. Auch Sie lassen sich möglicherweise hinreißen, verzaubern von dieser Frau, dieser Circe, dieser Hexe, die so mühelos Männer fesselt. Geheimste Träume werden bei Ihnen wach, genauso bestrickend wie Salomé zu sein und den Liebsten nicht nur mit Lambswool oder mit Kashmir zu umgarnen. Vielleicht lernen Sie deshalb in einem Volkshochschulkurs, im Bauchtanz das Becken zu rollen und die vorderen Bauchmuskeln rhythmisch kontinuierlich zu bewegen. Andere von Ihnen runzeln vielleicht unwillig die Stirn. Ihnen gefällt es ganz und gar nicht, wie diese Salomé sich und ihren Körper zur Schau stellt. Vielleicht finden Sie es unanständig, einfach schamlos. Und eins wissen Sie genau: Zum Geburtstagsfest Ihres Mannes, Ihres Freundes würden Sie ein solches Weibsstück auf keinen Fall einladen.

Denn Salomé tanzt bei Herodes' Geburtstagsfest, begeistert, berückt, becirct, berauscht die Männer, die ihr zusehen, bringt sie im wahrsten Sinne des Wortes um den Verstand. Nur so ist es zu erklären, daß Herodes zu der jugendlichen Tänzerin sagt: »Erbitte von mir, was du willst; ich werde es dir geben.«

Herodes ist König. Wenn sie nun sein halbes Reich gefordert hätte? Wenn sie sich mit Halbheiten nicht zufrieden gegeben und das ganze Reich gewollt hätte? Was dann? Durch den Tanz ist dieser Mann, übrigens ihr Stiefvater, so außer sich, daß er ihr die Belohnung sogar vor allen Gästen zuschwört. Und natürlich stand das Königswort in Galiläa so hoch wie in Deutschland das Kaiserwort Konrads: Da war schlecht dran zu rütteln, und rückgängig konnte man es auch nicht machen. – Sie sehen, wie der Kreis sich schließt.

In diesem Moment hätte Salomé alles haben können. Doch seltsam genug, eigene Vorstellungen oder Absichten scheint die junge Frau, diese jüdische Lolita, nicht zu haben. Sie fragt ihre Mutter Herodias: »Was soll ich verlangen?«

»Den Kopf des Johannes.«

Was für eine Mutter ist diese Herodias! Statt die Zukunft ihrer Tochter mit Wohlleben, Macht und Ansehen zu sichern, sichert sie ihr nur einen über Jahrtausende dauernden Ruf als männermordender Vamp. Und das nur, um eigene Rachegelüste zu befriedigen.

Johannes der Täufer – um seinen Kopf geht es hier – hat ihren ganzen Zorn auf sich gezogen; er muß aus dem Weg, weil er von Herodes Moral fordert: »Es ist dir nicht erlaubt, das Weib deines Bruders zu haben.«

Er scheint auch Dinge gesagt zu haben, die dem König nicht passen. Denn immerhin hat Herodes ihn gefangennehmen und einsperren lassen. Warum er den Mann, der ihn offensichtlich beunruhigt, nicht einfach hinrichten läßt, darüber scheinen sich die Berichterstatter nicht einig. Der Evangelist Markus behauptet, Herodes habe Ehrfurcht vor dem Täufer gehabt; Matthäus dagegen meint, er hätte ihn ja gern einen Kopf kürzer machen lassen, aber »er fürchtete das Volk«, das seinerseits Johannes verehrte.

Gut, Johannes verliert den Kopf, weil der König seinen verloren hat. Aber liegt der Gedanke nicht nah, daß Herodes der Wunsch der kleinen Tänzerin Salomé vielleicht gar nicht ungelegen kam? Bot sich ihm hier doch die beste Gelegenheit, sich des unbequemen Mannes zu entledigen und darüber hinaus einer Frau die Schuld dafür in die Schuhe zu schieben. Besser hätte das Herodes nicht gelingen können! Salomé, mit dem Kopf des Täufers auf dem Tablett, verschwistert sich mit Judith, den Kopf des Holophernes im Brotsack. In Wirklichkeit naiv, noch kindhaft, ohne eigene Wünsche, Werkzeug in den Händen einer machthungrigen Mutter, wird Salomé zum Inbegriff des Weibchens und Weiblichen, das unheimlich, abgründig und gefürchtet, männermordend und männerverschlingend ist. Verwandelt zum Mythos und Kunstprodukt, findet sie durch die Jahrhunderte ihre jeweilige Entsprechung als Mätresse oder Odaliske, als Vamp oder Vampir, Femme fatale, Sexbombe oder erotische Madonna in *Body of Evidence*.

Faszinierend ist diese Madonna! Doch leider ist sie keine reale Frau, sondern ein Kunstprodukt wie vor ihr Marlene Dietrich oder

Marilyn Monroe. Mögen Sie mir verzeihen, daß ich Sie aus Ihrem siebten Idolhimmel herunterholen muß!

An dieser Madonna ist nichts echt, weder der Name noch die Pose. Der Körper wird einem umfassenden Programm unterworfen, jede Linie modelliert, jeder Ausdruck einstudiert. Glitzerpanzer mit spitzen Brüsten setzen Metropolis wieder ins Bild. Hier spielt eine Frau die Rolle der »falschen« Maria und das ganz konsequent bis hinein in ihr Privatleben. Sie wird Marionette, Automat, Mythos!

Die Erwartungen sind hochgeschraubt: Sexy soll sie sein, erotisch aufregend, spektakulär. Doch wehe, sie kommt den Sexphantasien anderer nicht nach. Dann widmet die Tageszeitung der »eher biederen« Madonna und ihrer Erotica-Party in Hamburg einen vierspaltigen Artikel. Stellen Sie sich diese Enttäuschung vor! Das durchsichtige Netzhemd, das Madonna trug, war hochgeschlossen, die Farbe von Hemd, BH und Hosen und die Baskenkappe dunkelblau. Vermutlich hatte sie einfach keine Lust und signalisierte mit dieser Überbetonung von Dunkelblau, was ihr – nach Max Lüschers Farbfunktionspsychologie – am meisten fehlt: Zufriedenheit. Selbst wenn Madonna als Mythos gewaltig wirkt, das Mythos-Sein verlangt Stärke, die nicht jede Frau aufbringt; manche zerbrechen daran wie Marilyn Monroe.

Was ist sie nun? Undine, Vamp, Vampir, männermordende Salomé? Von Männern imaginiertes Bild von einer Frau? Kunstprodukt, Unnatur? Eine schwere Entscheidung – ich überlasse sie Ihnen, meinen Leserinnen und Lesern. Auf jeden Fall ist Madonna unerreichbar in himmlischen Sphären.

Wir aber bewegen uns in irdischen Gefilden, und unser Thema ist die Macht durch Sex, mit der Frauen Männer in ihre Gewalt bekommen. Sprechen wir deshalb von der Hausmannskost und *Haute Cuisine*, der Ehefrau und der Geliebten schlechthin.

Wer hat es nicht schon einmal gelesen oder gehört oder gar erlebt! Da erfährt Karin durch eine Rechnung in seiner Jackettasche, daß ihr Mann mit seiner Assistentin ein Wochenende verbracht hat. Ein Telefonanruf verschafft Julia die Gewißheit, daß ihr Mann sie mit der besten Freundin betrügt. Bei jeder Geschäftsreise, vermutet Carla, widmet ihr Mann sich anderen Frauen; jedenfalls will er ihr nie die Telefonnummer des Hotels sagen, in dem er absteigt. Da ihr Mann sie zwingen will, die Geliebte in den eigenen vier Wänden als Gast zu begrüßen, zieht Dorothee zu Hause aus. Als ihr Mann bei einem Autounfall ums Leben kommt, stellt Renate fest, daß ihre zwanzigjährige gute Ehe von einer langjährigen guten Geliebten begleitet war.

Dagegen steht das Bild der Ehefrau, das uns Witze und Filme vorführen: Sie ist eifersüchtig, zu Unrecht; sie durchwühlt seine Taschen, zu Unrecht; sie macht ihm Szenen und wirft mit der Meißner Vase, zu Unrecht. Mit anderen Worten, sie zeigt kein Verständnis für seine Bedürfnisse.

Unmöglich, alle Kombinationen aufzulisten. Die Geliebte ist kein Phantom, sondern Realität, immer und überall. Nicht schichtenspezifisch, sondern männerspezifisch deutet sie auf gewaltige Frauen, die Männer zu fesseln vermögen, sie ihrer Ehefrau abspenstig machen und ihre Kinder vergessen lassen. Zudem deutet die Geliebte daraufhin, daß das Kräfteverhältnis zwischen Frauen in Sachen Sexualität unausgewogen sein kann: Die eine hat, was der anderen abgeht.

Es sind Männer, die postuliert haben: Die Frau sei Hausfrau, Mutter und Geliebte. In allen drei Funktionen sei sie dem Mann dienstbar und als sein Besitz verfügbar. Als Hausfrau wäscht sie seine Socken und Unterhosen, fegt den Dreck zusammen, den seine Füße hereintragen, und kocht das Tiramisu, das er so liebt. Als Mutter versorgt sie seine Kinder, beschwichtigt diese, wenn er seine Ruhe braucht, und erzieht sie nach seinen Wunschvorstellungen und darum oft nicht erfolgreich. Im ehelichen Bett soll die Frau dann nachts, wenn er Lust hat und nicht zu müde ist, von Staats wegen verpflichtet und legitimiert, seine Geliebte sein.

Doch wir sagten es schon: Hausmannskost. Täglich Erbsensuppe ödet an, wenn die Speisekarte im Feinschmeckerlokal verheißt: Seezunge à la Maître. Und Heringstopf nach Hausfrauenart muß mißlingen, wenn die Köchin Schwierigkeiten hat, ihre drei Funktionen unter einen Hut zu bringen.

Es ist nicht gerade potenzsteigernd, wenn kurz vor dem Orgasmus ihr Mutterherz zu schlagen beginnt, weil im Kinderzimmer jemand herzzerreißend ruft: »Mami, trinken.« Oder nackte Kinderfüße zum Bettrand tappen: »Was macht ihr da?« – Die Mutter, das steht fest, ist nicht sein Fall.

So wenig wie die Hausfrau. Er fühlt sich in seiner Mannesehre gekränkt, wenn sie ihn nach dem großen Hausputz freitags abends zurückweist: »Ich möchte nur noch schlafen.« Und wie sie aussieht, wenn sie aus dem Supermarkt mit hochbeladenen Einkaufstüten heimkommt! Sollen etwa strubbelige Haare, ein vor Anstrengung krebsrotes Gesicht antörnen?

Dabei gibt sie sich solche Mühe, läßt sich wirklich etwas einfallen. An ihr gehen die Ratschläge aller professionellen und laienhaften Eheberater und Eheberaterinnen nicht spurlos vorbei. Sie kocht ihm ab und zu sein Leibgericht oder den Karpfen blau wie seine Mutter. Doch zu dumm, gerade an dem Tag hat er Magenschmerzen, überhaupt keinen Hunger, schon mit Kollegen gegessen oder Sorgen, sie könnte mit dieser Verschwendung das Haushaltsbudget übersteigen. Sie deckt den Tisch nett mit farbigen Servietten und zündet beim Abendessen eine Kerze an. Doch die schummrige Beleuchtung, die ihn bei der Geliebten in Stimmung versetzt und Appetit auf den Nachtisch macht, kommt ihm albern vor. Mürrisch registriert er ihr hauchdünnes neues Nachthemd. Er greift nicht nach ihren schwarzen Strapsen, sondern fragt nach dem Preis. Kurz, sie kann machen, was sie will, sie macht alles falsch und die Geliebte alles richtig.

Dabei ist diese Fremde oder im schlimmeren Fall gute Bekannte nicht unbedingt hübscher, amüsanter, geistreicher oder aktiver im Bett. Doch sie hat das gewisse Etwas, das sie, die betrogene Ehefrau, nicht hat und gegen das sie vergeblich den Kampf aufnimmt: Die Geliebte präsentiert sein Ideal, sie dagegen die Wirklichkeit.

Er, der versprochen hat, sie zu lieben und ehren, bis daß der Tod sie beide scheidet, hat sich das Bild von einer Frau gemacht. Und diesem Phantasiebild, dieser Traumfrau jagt er nun nach, jedoch nicht in den heimischen Jagdgründen. Was seine Sexphantasien ihm vorgaukeln, die Ausschweifung, die Abgründe und Höhen der Lust, die Geliebte wird sie ihm bereiten. Er imaginiert eine Frau, die es in Wirklichkeit nicht gibt: ein weibliches Wesen, das ihm gehört, mit der ausschließlichen Funktion der Geliebten – zu seiner Beglückung. Und darum macht er alle unglücklich.

Er läßt die Geliebte warten. Er zeigt kein Verständnis für einsam verbrachte Wochenenden, Feiertage, in denen er, der gute Mann, sich seiner Familie widmen muß. Ihre beruflichen Sorgen gehen ihn so wenig an wie ihr schlechtes Gewissen. Hat sie Kinderwünsche, ist er entsetzt. Ihr gegenüber verschließt er sich allen Zukunftsplänen. Ist sie gar Ehefrau eines anderen, will er nicht wahrhaben, daß sie für einen anderen Mann die Funktionen der Mutter und Hausfrau erfüllen muß. Die menschliche Seite dieser geliebten Frau verdrängt er. In seinem Traumfrauenbild gefangen, erstarrt sie zum unlebendigen Ideal. Kein Grund also für diese Frau, zu triumphieren. Ihre Gewalt rührt weitgehend aus seiner vergewaltigenden Einbildungskraft.

Gegen dieses Traumfrauenbild kann die reale Ehefrau nicht an. Und das ist demütigend. Wie sagte die Psychotherapeutin Rotraud Perner in der Fernsehsendung *Einspruch*, in der die Schweizer Journalistin Marianne Weissberg forderte, Penisgrößen so offenzulegen wie den Brustumfang bei Frauen: »Ich demütige jeden, der nicht meiner Phantasie entspricht.« Genau das ist es.

Entlarvend: Männermythen zwecks Machterhalt

Schluß mit den Mythen! Auf unserem Weg, den wir uns zur Frauengewalt bahnen, sind wir ein ganzes Stück weitergekommen.

Viele gewaltige Frauen haben sich uns präsentiert: die liebende Frau mit dem männlichen Herzblatt, das Mutter-Monstrum oder die Geliebte, aber auch starke und böse Frauen wie die Stiefmutter, das Mannweib, Brunhild oder Salomé. Was sich schon bei den Weibern von Weinsberg abzeichnet, beim Medea-Mythos deutlicher wird und dann mit der Stief- oder Soldatenmutter, mit der Attentäterin Judith oder der Henkerin Lady Betty schärfere Konturen annimmt, ist die Tatsache, daß die vorgestellten Frauen mit der Realität wenig zu tun haben. Es sind Frauen, die eine Maske tragen, eine Larve aus Liebe oder Boshaftigkeit, aus stolzer Trauer, abgründiger Schlechtigkeit oder sexueller männermordender Begierde.

Schon bei den Klischees haben wir festgestellt, daß die starken Frauen ausschließlich vom Mann bewertet und verurteilt werden. Hier nun halten wir fest: Die in den Mythen vorgeführten weiblichen Eigenschaften und Handlungsmuster werden wiederum aus männlicher Sicht beurteilt. Deshalb ist die starke, eigenständige, dem Mann ebenbürtige, wenn nicht gar überlegene Frau wie Brunhild schlecht, und deshalb wird ein Bild begünstigt, das die schwache Frau proklamiert, sie in ihren dem Mann dienlichen Hauptfunktionen Hausfrau, Mutter, Geliebte festlegt.

Frauen, die eine andere Existenzform anstreben, die ihre Begabungen ausschöpfen und ihren Neigungen folgen wollen, wird das durch eben diese Mythen erschwert, wenn nicht unmöglich gemacht. Unlebendigkeit ist die Folge. »Die Abtötung meiner Person erfolgte rasch dadurch, daß man mich zur Heiligen machte, zur Idealfigur«, sagt Elfriede Jelineks *Clara S.*, die gern Komponistin geworden wäre und statt dessen Robert Schumanns Hausfrau und Mutter seiner acht Kinder wurde. Auch Jeanne d'Arc hätte das sagen können oder Fanny Mendelssohn. Aber auch alle die namenlosen Frauen, die politisch, wissenschaftlich oder kaufmännisch tätig sein wollten und nicht konnten oder durften.

Es mag ja sein, daß der Mann aus lauter Berührungsangst vor dem Weiblichen die Frau nur als Heilige oder Hure im Klischee oder Mythos bewältigt. Doch Klischees und Mythen tragen wesentlich zu unserer Sozialisation bei, schlagen sich, wie wir herausgefunden haben, in Schulbüchern und vermeintlich objektiven wissenschaftlichen Begründungen nieder. Das macht sie für Frauen lebensbedrohend und gefährlich.

Enttarnt man sie, fällt ins Auge, daß mit diesen Mythen nicht die Realität erfaßt wird. Sichtbar wird, daß die Frauenmythen der wirklichen Frau nicht gerecht werden. Wir haben sie als falsche Mythen entlarvt. Es sind Männermythen, die insgesamt mehr über Männer, über ihre Wünsche, Vorstellungen, Phantasien und Werturteile aussagen als über Frauen. Sie zielen auf Harmonisierung und verschleiern, daß das Geschlechterverhältnis ein Gewaltverhältnis ist und bleiben soll.

Mythenproduzierer arbeiten daran, die Macht zu sichern und die Welt so, wie sie ist, zu stabilisieren. »Denn der Zweck der Mythen ist, die Welt unbeweglich zu machen«, stellt Roland Barthes in *Mythen des Alltags* fest. Das gilt auch für die Mythen, die die bestehenden Machtverhältnisse zwischen den Geschlechtern, die bis heute hierarchisch verstanden werden, festschreiben, die Frau als Besitz des Mannes festlegen und den Mann als Besitzer höher bewerten.

4. KAPITEL

Machtvolle Grenzen der Frauenmacht

»Wir bitten die Angeklagte, sich zu erheben.«

Die Frau steht auf. Ist es der Wimpernschlag, der anrührt? Der Blick aus graugrünen Augen? Faszinieren die hochangesetzten Wangenknochen? Die leicht geöffneten, schön geschwungenen Lippen? Oder das rotblonde Haar, das sich zum Stirnansatz hin kräuselt? Die Frau ist schön. Und alle im Gerichtssaal, Zuschauer und Reporter, der Richter und sogar der Staatsanwalt, denken dasselbe: Sie kann es nicht gewesen sein. Sie soll ihren Mann umgebracht haben? Sie ist unschuldig.

Lassen wir dahingestellt, ob diese Angeklagte eine schöne Unschuld oder eine schöne Mörderin ist. Lassen wir ebenso dahingestellt, ob ihr bei diesem Prozeß in dem einen wie anderen Fall Gerechtigkeit widerfährt. Die schöne Mörderin, die den Justizirrtum intendiert, macht deutlich, daß es neben Klischees und Männermythen über Frauen zusätzliche Parameter gibt, die Frauengewalt einschränken oder verhindern wollen.

Für uns ist wichtig, daß hier ein ästhetischer Mechanismus wirksam wird: der Mythos Schönheit. Eine schöne Frau und eine böse Tat schließen sich aus; die verfolgte Unschuld ist immer schön. Mit einer gewissen Automatik wird die Gleichung aufgestellt: Schön und böse geht nicht.

Natürlich bringt Schönheit Frauen etwas ein, nicht nur mildernde Umstände bei einer Straftat. Ich behaupte, dieser gewaltige Mythos verdeckt mit seiner ästhetisierenden Fassade seine gewalttätigen und vor allem Frauen vergewaltigenden Züge.

Bevor wir uns anschauen, mit welchen Waffen Sie, liebe Leserin, Gewalt ausüben, ob mit den Waffen des Mannes oder mit den Waffen der Frau, ob Sie sich zu den Kriegern oder Kriegerinnen zählen, geben Sie mir in einem sicher recht: Hier wie dort sind der Gewalt von Frauen enge Grenzen gesetzt. Oft sind die Grenzen so eng gezogen, daß sie einschnüren, daß uns die Luft wegbleibt und wir uns an ihnen wundstoßen. Das gilt für alle Frauen, die die Grenzen überschreiten, sich auf männliches Terrain wagen, wie Männer Gewalt ausüben wollen. Das gilt aber auch für Sie unter den Leserinnen, die sich nur in dem zugewiesenen fraulichen Bereich zwischen Küche und Kinderzimmer bewegen.

Grenzüberschreitungen werden geahndet und Versuche oft von vornherein erstickt. Alle gewaltigen Frauen setzen sich der Gefahr aus, tappen blind in die aufgestellten Fallen. Tücken und Tricks lauern, mit denen unsere männerbeherrschte Gesellschaft die Widerspenstigen zu zähmen sucht. Sie zu erkennen und bewußt zu machen, ist notwendig.

Hierarchisierung seit Jahrtausenden forderte uns das Bekenntnis ab: »Und wenn ihr sagt, wir sind minderwertig, dann sind wir minderwertig.« Feminisierung statt Gleichheit war die Parole im 19. Jahrhundert: Von schwachen Kräften, durften wir nicht schnell laufen und nicht schwer tragen; von schwachen Sinnen durften wir nicht verreisen, unseren hübschen Kopf nicht mit gelehrtem Kram vollstopfen und uns nicht politisch betätigen. Arbeit war – wie es sich gehörte – nur für Arbeiterinnen da; die bessere Frau hatte das zum Glück nicht nötig. Wollte sie etwas Kreatives tun, konnte sie zu Nadel und Petit-point-Stickerei greifen. Und, beraten von Pädagogen, die ihr sagten, wie sie es machen sollte, ihre Kinder erziehen. Verbündet mit Pädagogen in der Nachfolge Rousseaus, der die eigenen Kinder schmählich vernachlässigte, gläubig dem Psychologen Freud anhängend, trieben wir Frauen die Verinnerlichung unserer weiblichen Rolle weiter voran.

Welch ein Glück, daß nicht alle »wilden Kätzchen zu einem milden Käthchen gezähmt« wurden: Frauen, die sich durch Frauenschicksal bewegen ließen, formierten sich. In zwei Weltkriegen wandelten sich viele milde Käthchen zu starken Katharinen und trieben die Emanzipation voran. Kriegs- und Revolutionszeiten haben die Emanzipation von Frauen begünstigt: in Deutschland, den USA, Eritrea, Frankreich oder Irland. Allerdings senkte sich der Schlagbaum ins freie Männerland hinterher jedesmal wieder sehr schnell, um des lieben Friedens willen; ein groteskes Bild: Grenzland und Grenzbereiche.

Grenzenlose Schönheit

Keine Frage, Frauen haben Freude am Aufbrechen der Barrieren, an dem Respekt, der ihnen in einer bestimmten Position gezollt wird, an Rang und Status, Ansehen und Nimbus – genauso wie Männer. Auch bei Frauen gebiert Macht immer neue Machtansprüche.

Frauen genießen Macht. »Ich habe mich auskosten können, durfte mich ausprobieren«, sagen sie. »Es ist etwas Wunderbares!«, »Ich wollte nichts im Leben ausgelassen haben« oder wie die Chefredakteurin von *Super*: »Ich darf schreiben, was ich will, weil keiner sich traut, mir das Wort zu nehmen.« Das sind Zitate aus der im Mai 92 gesendeten Frauen-Talk-Show ARDie. Wir Frauen staunen zunächst: tatsächlich, eine Talk-Show, in der das Geschlechterverhältnis zugunsten der Frauen ausfällt, sie in der Mehrzahl sind. Mit dem Thema »Erotik der Macht« hieben die beiden Moderatorinnen Renate Bütow und Esther Schapira gleich in die lustvolle Kerbe: Ja, Macht macht Spaß.

Daß den Frauen dabei allerhand und immer wieder neue Steine in den Weg gerollt werden, ist nichts Neues. Daß zu den neueren Steinen der *Mythos Schönheit* gehört, weist Naomi Wolf in ihrem Buch zumindest für Amerika nach. Einstellungsbedingungen, Aussagen von Personalchefs und Gerichtsurteile zeugen davon, daß Schönheit in immer stärkerem Maße als Kriterium für die Berufseignung herangezogen wird.

Amerika ist weit weg, werden Sie sagen. Ich behaupte, es liegt sehr nah. Mögen Sie Fußball, obwohl es ein reiner Männersport ist? Kennen Sie sich da aus und sind Sie mit den Regeln vertraut? Sind Sie zudem Journalistin und mindestens genausogut wie Ihre männlichen Kollegen? Leider reicht das nicht, um sich als Fußball-Moderatorin zu etablieren. Peter Jensen, »Teamchef« für die Fußball-Europameisterschaft-Berichterstattung bei der ARD, äußert sich dazu in einer Fernsehzeitung: »Und wenn da eine Frau Fuß fassen will, dann muß sie nicht nur mindestens so gut sein wie ihre männlichen Kollegen. Sie muß darüber hinaus auch noch sehr hübsch sein. Sonst können wir sie nicht auf den Bildschirm lassen.«

Schönheit als Berufseignungskriterium – auch Thema in *Der heiße Stuhl* bei RTL, auf dem eine redegewandte und gut vorbereitete Frau, die Berliner Modedesignerin Brigitte Haarke, ihre Devise »Dicker ist schicker« gegen ihre Kontrahenten, die Schlanksein als oberstes Schönheitsideal vertraten, verteidigte.

Abhängigkeit der Karriere von der geltenden Norm – und die trimmt Frauen zur Zeit auf schlank – machten da Rosenresli und Großmutter Christine Kaufmann sowie Petra Schürmann deutlich, die auf die Frage, ob sie mit ein paar Pfunden mehr genauso erfolgreich gewesen wäre, nur ein Wort sagte: »Nein.« Da war Petra Schürmann wenigstens frauenfreundlich ehrlich. Ansonsten gehört sie wohl zu jenen von Männernorm geprägten Frauen. Sie redete viel von »sich zwingen«, »sich zusammennehmen« und »Selbstdisziplin«. Das Korsett, das unsere Mütter froh waren, loszuwerden, kommt offensichtlich in Form von Diät wieder auf uns zurück.

Der alten Dame, die voller Stolz die heute noch sichtbaren Einschnürungen am Brustkorb vorzeigt – weil sie beweisen, was für eine gute Figur sie hatte –, steht der Fernsehfrau in nichts nach, die an ihren mageren Hüften entlangstreicht und mit Genugtuung von Selbstdisziplin, sich Zwang auferlegen, sich zusammenreißen und Selbstkasteiung spricht. »Verpackung macht neugierig«, meinte denn auch in derselben Sendung Unternehmensberater Georg Herringer, der im übrigen den Zwang durch die Norm leugnete.

Nein, er wechselte nicht plötzlich das Thema. Er sprach nicht auf einmal von Problemen der Müllvermeidung, die mit Verpackung viel zu tun haben. Er sprach von der Frau als Arbeitskraft und ihrem Muskeltonus. Da begriff ich: Also, die richtigen Pfunde an der richtigen Stelle machen neugierig auf meine Computerkenntnisse oder mein Physikdiplom, meine Fähigkeit zu Teamwork oder Menschenführung.

Mein Urteil stand fest: Georg Herringer – ein ansprechendes männliches Schächtelchen, wenn Sie so wollen, dessen Inhalt bei weitem nicht hielt, was die Verpackung versprach.

Massage: Auch Härtefälle werden weich

Machen Sie, liebe Leserin, morgens vor geöffnetem Fenster schon gymnastische Übungen für Bauch, Beine und Brust! Waschen Sie sich jeden Tag die Haare, mit anschließender Glanzspülung und allem Pipapo! Vergessen Sie nicht, sich die Haare in den Achselhöhlen und an Armen und Beinen zu rasieren und sich nach dem Duschen mit Körperlotion einzureiben! Legen Sie Ihre Haare in Locken und ein sorgfältiges Make-up auf, tönen Sie mit Rouge die Wangen rosig, ziehen Sie Augenbrauen nach und einen Lidstrich, tuschen Sie Ihre Wimpern und färben Sie die Lippen rot oder orange! Lackieren Sie Finger- und Fußnägel frisch, selbst wenn man letztere nicht sehen kann! Jetzt weg mit dem Individualgeruch! Hier und dort etwas von jenen Düften, die erst eine gepflegte Frau aus Ihnen machen: ein Intimspray gegen fraulich-geschlechtliche Ausdünstungen, das Deodorant gegen den Achselschweiß! Nun – zum Glück aller individuellen Körpergerüche beraubt – noch ein Hauch künstlichen Geruchs als sexuelles Lockmittel, vielleicht *Free Spirit* oder *Tresor.*

Sehen Sie in den Spiegel! Stimmt, da stimmt etwas nicht. Sie müssen unbedingt noch heute für die Grüne-Vierzehn-Tage-Diät, die Ihre Lieblingsfrauenzeitschrift anbietet, einkaufen. In vierzehn Tagen werden Sie dann dem Bild von einer Frau entsprechen, das Werbung, Zeitschriften und Diäten Ihnen vorgaukeln – vielleicht, wahrscheinlich nicht.

Mit der Uhr in der Hand ist gar nicht so schlecht, wie uns das Weiße Kaninchen in *Alice im Wunderland* lehrt. Stoppen Sie bitte einmal die Zeit, die Sie für alle diese morgendlichen Schönheitsverrichtungen brauchen und die Ihnen für das Basteln an der Karriere verloren geht. Oder ist das etwa Basteln an der Karriere?

Gralssuche: Brust raus – Bauch rein

Was das Korsett leistete, können auch öffentliche Meinung und eigenes Bewußtsein leisten: Sie zwängen Frauen ein Bild auf und werden zur eisernen Jungfrau. Der Mythos Schönheit, als Gegenschlag gegen die Frauenemanzipation entwickelt, hat uns fest im Griff. Lesen Sie Naomi Wolfs Buch *Mythos Schönheit*. Wenn Sie anschließend über jede Diät, die Ihnen in Frauenzeitschriften angeraten wird, lachend hinweggehen – wenn Sie die zeitraubende Schönheitspflege, die Ihnen dort und in der Fernsehwerbung nahegelegt wird, auf ein machbares und Ihnen gemäßes Maß reduzieren, dann haben Sie als Frau begriffen, wie man der »eisernen Jungfrau Schönheit« entkommt und haben eine Schritt hin zu mehr Individualität gemacht.

»Sich wegen eines körperlichen Mangels zu schämen – sei er tatsächlich vorhanden oder eingebildet –, kann selbst nichtsexuellen Tätigkeiten im Wege stehen ...« – so steht es in *Der neue Kinsey Report*. Als Beispiel werden Sport und Freundschaft genannt, die beide sehr eng mit einem positiven Körperselbstbild zusammenhängen und eingeschränkt seien, wenn der Mensch ein unvollkommenes Bild seines eigenen Körpers hat. Daß dazu auch die berufliche Tätigkeit gehört, wird verschwiegen.

Scham über körperliche Mängel wird aus wirtschaftlichen und politischen Gründen künstlich erzeugt. Einmal sollen Industrieprodukte an die Frau gebracht, andererseits soll sie vom Aufstieg in höhere Positionen und damit in die Bereiche der Macht abgehalten werden. Das verschweigt *Der neue Kinsey Report*. »In dem Maß, wie Frauen Zugang zur Macht forderten, setzte das Machtestablishment den Schönheitsmythos als Mittel der materiellen Diskriminierung ein, um den Vormarsch der Frauen zu kontern«, stellt Naomi Wolf fest.

Diese gesellschaftspolitischen Auswirkungen seiner Forschungsergebnisse negiert *Der Neue Kinsey Report*. Er schwimmt lieber an der auf sexuelle Neugier spekulierenden Oberfläche. Er dringt nicht bis zu jenen Gewaltmechanismen vor, die hier wirksam werden und vor allem Frauen in die Zange nehmen. Naomi Wolf gebraucht das Bild der »eisernen« Jungfrau dafür, jenes mittelalterlichen Folterinstruments, in das man Menschen zur Bestrafung sperrte und die man darin bei lebendigem Bewußtsein umkommen ließ.

Es ist perfide!

Dicker ist schicker, und dicker ist häufiger, denn nur 2 Prozent aller Frauen entsprechen der geforderten Kleidergröße 38/36. Doch jede Frauenzeitschrift, jede Fernsehreklame sagt es: Wir – Sie, die Leserin und Zuschauerin – entsprechen nicht dem gewünschten Bild einer Frau.

Denn die Idealfrau ist schlank, hat je nach augenblicklicher Männermodevorschrift Busen und Hüften oder auch nicht. Dazu ein gefälliges Make-up für Sie, dem Typ entsprechend! Außerdem hat die Idealfrau in einem Jahr kurze Haare, im nächsten lange – allein biologisch eine Unmöglichkeit. Haare benötigen zum Wachsen eine gewisse Zeit, um eine bestimmte Länge zu erreichen. Es ist perfide! Denn Zeitschriften und Fernsehwerbung greifen einfach auf andere Models zurück, während wir als Frauen dem Idealbild – allein schon aufgrund biologischer Gegebenheiten – nicht entsprechen können, selbst wenn wir wollten.

Dabei wird Ihnen genau das suggeriert: Wenn Sie wollten, wenn Sie sich anstrengen, schaffen Sie es. Es liegt an Ihnen, Ihrer Initiative, Ihrem Einsatz, ob Sie das vorgegebene Idealbild erreichen oder nicht. Wenn Sie diese Diät, diese Körperpflege, diese Frühgymnastik durchführen, wenn Sie dieses Make-up und diese Mode akzeptieren, wenn Sie nicht nachlassen in Ihren Bemühungen, dann ... Ja, dann ... Eine perfide Ideologie – diese »Wer-will-derkann-Ideologie«. Sie muß in den Köpfen von Männern entstanden sein. Sie münzt die männerbündische Heils- und Gralssuche auf Frauen um: Der besseren Menschwerdung wegen machen Männer sich auf die Suche nach dem Heiligen Gral, dringen sie in die Tiefe. Die bessere Frauwerdung aber vollzieht sich allein über den weiblichen Körper. Selbst in diesem Ansatz offenbart der wertende Dualismus die Frau als äußerliches, oberflächliches und damit minderwertigeres Wesen.

Trotzdem suchen Frauen ihr Heil unter Einsatz ihres Körpers und ihrer Gesundheit. »Und bist du nicht willig, so brauch ich Gewalt«, sagt die Frau zu ihrer Nase, zu ihren Lidern und Wangen, zu ihrer Brust, zu ihren Hüften, zu ihren Armen und Beinen, den Achsel- und Schamhaaren. Sie rasiert letztere ab, läßt sich Fettgewebe absaugen oder Silikon einspritzen oder als Kissen implantieren, die Haut straff ziehen und das Nasenbein schleifen. Sie verhilft Schönheitschirurgen, den Produzenten von Diätkost zu Boom und hohem Einkommen.

»Das mach ich mit links«, konnte die Frau früher sagen und den Haushalt meinen. Für ihren Beruf benutzte sie demnach die rechte Hand, hatte also keine Hand mehr frei. Heute stöhnt sie: »Man müßte drei Hände haben!« Denn in der rechten Hand hält sie nun – gefangen im Mythos Schönheit – zusätzlich die Kalorientabelle, was ihre berufliche Bewegungsfreiheit erheblich einschränkt und den männlichen Konkurrenten wieder einen erheblichen Vorsprung verschafft. Dabei sollte sie wissen, hungern macht schlapp und negatives Körpergefühl kann bis zur Selbstverstümmelung und Selbstvernichtung führen, was die fast ausschließlich bei Frauen auftauchenden Krankheiten wie Bulimie und Magersucht deutlich machen.

Auch die Kalorientabelle ist nur gut funktionierender Teil jener eisernen Jungfrau. Wie zwanghaft der durch die Medien ausgeübte Druck ist, macht die Frau deutlich, die im *Neuen Kinsey Report* nach dem Kaloriengehalt des männlichen Spermas fragt. Nur falls es Sie, die Leserin, für die Fellatio freier macht: Das Teelöffelchen Sperma enthält ganze 5 Kalorien, sagt der *Kinsey Report*.

»Machen Sie das Beste aus Ihrem Typ« – rufen Frauenzeitschriften Ihnen zu. Bevor Sie der Aufforderung nachkommen, sollten Sie fragen: Gehe ich nicht meiner Individualität verlustig, wenn ich auf einen Typ festgelegt werde? Machen Sie die Augen auf und sehen Sie genau hin! Haben sich die Frauen, die uns »Vorher« und »Nach der Verwandlung« vorgeführt werden, wirklich zu ihrem Vorteil verändert? Hat man ihnen ihre Individualität nicht im wahrsten Sinne des Wortes abgeschminkt? Gehen sie nicht ihrer Persönlichkeit verlustig?

Andere Frauenzeitschriften rufen junge Frauen zum Nachwuchswettbewerb der Models auf. Nicht nur die Siegerin, auch die Schönsten werden abgebildet. Immer dasselbe Bild! Die Schönsten sind sich typmäßig am ähnlichsten. Die Siebzehnjährige ist von der Dreißigjährigen kaum noch zu unterscheiden; sie haben alle das Beste aus ihrem Typ gemacht.

Tutti frutti zeigt Busen, dicke, blumengeschmückte Busen – der Mann imaginiert Weibliches! Und Tausende von Frauen lassen sich mit gesundheitsschädlichem Silikon die Brüste aufblasen. Dabei ist – laut *Kinsey Report* – nur 50% aller Männer der Busen einer Frau hinsichtlich der Sexualität wichtig, und von diesen 50% bevorzugt die Hälfte kleine Brüste. Tutti frutti macht alles kaputti.

In der berühmten Einigkeit, die stark macht, hämmert man Frauen ein, die per se durch jahrhundertelange Unterdrückung ein stark negativ geprägtes Körperselbstbild haben, wie unvollkommen sie körperlich sind und wie schlimm es ist, wenn sie sich sinnlichen Genüssen hingeben. Es ist so leicht, seit im 19. Jahrhundert die technischen Möglichkeiten erfunden wurden, imaginierte Weiblichkeit endlich in beliebiger Menge zu reproduzieren und allen Frauen im Foto oder Druck vor Augen zu stellen. Daß das im Zeitalter der Bild-Massenmedien extreme Ausmaße annimmt, extreme Beeinflussung und damit extreme Unterwerfung der Frauen bedeutet, wundert niemanden.

Hat man Frauen früher die Füße eingebunden, die Klitoris beschnitten, sie in Korsetts gezwängt, ihnen das schnelle Laufen verboten – so unterwirft man sie heute einem Schönheitsideal, das von Zeitschriften, Fernsehen, Kosmetik-, Mode- und Ernährungsindustrien, hier vor allem der Diätindustrie, und von der plastischen Chirurgie, einer Männerdomäne, vorgegeben wird. Auch Frauen, die sich als Journalistin oder Moderatorin, als Imageberaterin oder Kosmetikerin in den Dienst der eisernen Jungfrau »Schönheitsmythos« stellen, üben potentielle Gewalt über Frauen aus.

Sie arbeiten mit daran, daß – anders als bei Männern – Aussehen im Sinne von Schönheit als Berufseignungskriterium um sich greift. Naomi Wolf weist anhand von amerikanischen Gerichtsurteilen nach, in welche Sackgasse das Frauen führt: Egal, wie sie sich anziehen und aufmachen – als Opfer männlicher Gewalt haben sie durch ihr Äußeres eben diese Gewalt herausgefordert. Daß von der Berufstätigen dagegen eben dieses Äußere gefordert wird, müßte eine wissenschaftliche Untersuchung auch in Deutschland wert sein.

Kann man es diesen Mittäterinnen anlasten? Sie merken es möglicherweise nicht einmal. Sie tun ihren Job, und in diesem männerorientierten System können sie gar nicht anders, als uns die tüchtige Frau auch als Frau vorzustellen, die elegant ist, attraktiv. Damit liefern sie uns ein Frauenbild, das der Industrie dient und für ihre Zeitschrift Anzeigenkunden bringt. Solange Frauen sich ihre eigenen Aufstiegschancen gegen männlichen Schulterschluß und eiserne Jungfrauen der unterschiedlichsten Art erkämpfen müssen, haben sie gar keine Chancen, andere Lebensmöglichkeiten vorzuführen. Vielleicht können die Journalistinnen nur, indem sie das System fördern, uns jene Berichte über Emanzipationsbestrebungen, über die Frau im Beruf, darüber, wie man Beruf und Familie vereinbart, über unsere Geschlechtsgenossinnen in Afrika, Asien, Australien oder Lateinamerika liefern. Oder das Buch Naomi Wolfs *Mythos Schönheit* empfehlen, wie die Zeitschrift *Brigitte*.

Betthäschen und Krösus: Macht Macht an?

Normalerweise balzen Männer Frauen mit Macht nicht an. Im Gegenteil, sie schrecken vor ihnen zurück. »Denn Männer kommen eben mit selbständigen, wehrhaften Frauen nicht klar, habe ich festgestellt.« Das sagt nicht Kinsey-Reporterin June Reinisch, sondern der weibliche Hooligan Jenny. Domenika, Prostituierte und Streetworkerin, die sich vor allem um jugendliche Prostituierte kümmert, weiß von Ängsten, die Männer bewegen. Sie stellt in der Sendung *Nova* fest, als von der Dominanz der Frau gesprochen wird, Männer haben Angst, »vor 'ner starken Frau sowieso«.

Wenn sich Männer mit gewaltigen Frauen einlassen, brauchen sie offensichtlich wenigstens den Schulterschluß, die männliche Rückendeckung eben. Nur sie garantiert ihnen, daß der Mann Mann bleibt, auch wenn er mit einer Frau aus der oberen Chefetage zusammenlebt. Immer haben sich Männer in Zeiten des Umbruchs hinter den Schutzwall Männerbund zurückgezogen, haben sie ihre Privilegien und ihr Mannsein in Männerbanden und Männerbünden zu schützen und zu verteidigen gesucht. Als Beweis dafür stelle ich Ihnen die Gründung der Dennis-Thatcher-Gesellschaft in den Vereinigten Staaten vor, benannt nach dem Ehemann der zum Zeitpunkt der Gründung noch amtierenden englischen Premierministerin Margret Thatcher.

Unter der Überschrift »Männer mächtiger Frauen blasen zum Sammeln« stand in der Tageszeitung: »Die kaum bekannten Ehemänner einflußreicher Frauen in Washington suchen in einem losen Zusammenschluß Schutz vor der Unbill, die das Leben im Schatten einer prominenten Gemahlin gelegentlich mit sich bringt.« Mitglieder dieser Gesellschaft können nur Männer werden, »deren Frauen entschieden prominenter und einflußreicher sind als sie selbst«. Das Beispiel des Gründers Charles Horner mag das verdeutlichen. Er ist einer von mehreren Subdirektoren des Informationsamtes der US-Regierung; seine Frau Constance Horner dagegen leitet die Personalabteilung der Regierung und ist demnach für über 2,2 Millionen Bundesbedienstete zuständig. Rechtsanwalt James Woolsey, ein Mitbegründer, wird zitiert: »Ausschlaggebend für die Mitgliedschaft ist, daß die Ehefrau in eine Position aufgerückt ist, die man selbst gerne hätte.« So liefert die Karrierefrau ihrerseits nun einen Vorwand, sich zu formieren.

Nicht Penisneid, sondern Postenneid ist hier ausschlaggebend. Der Mann, der von sich selbst sagt, er sei nur als »der Mann von Sue Woolsey« bekannt, ist wenigstens ehrlich. Sein Neid sei grenzenlos gewesen, gibt er zu, als er als Staatsminister versucht habe, etwas Geld für die Marine lockerzumachen. »Meine Frau dagegen kontrollierte 51 Prozent der Mittel des Bundeshaushalts und bewegte Milliarden Dollar.«

Frauen, die Karriere machen wollen, müssen eben auf anderes verzichten, heißt es. Etwa auf Ehefrau sein und Mutter sein.

Müssen sie wirklich? Dieses Müssen ist erschreckend. Denn offensichtlich können Männer Karriere, Ehemann und Vatersein gut vereinbaren. 97% aller Karrieremänner sind Ehemänner und haben sogar überdurchschnittlich viele Kinder. Dagegen haben 40% aller Frauen, die Karriere machen, keine feste Partnerschaft und keine Kinder.

Macht ist erotisch und wirkt auf Frauen. So muß es sein, denn Frauen balzen Männer mit Macht an. Er kann dick sein, Wurstfinger, Specknacken und Falten haben, er kann alt wie Methusalem sein – solange er sein gewaltiges Industrie-Imperium mit sicherer Hand lenkt, ist seinem Einkommen die Aufmerksamkeit vieler Frauen gewiß. Er braucht nicht feinfühlig zu sein, verständnisvoll auf die Partnerin einzugehen, er braucht weder humorvoll noch geistreich zu sein – solange er sich in jenen meist nur Männern möglichen Einkommenshöhen mit dem dazugehörigen Ambiente von Villa, Jacht, Luxuskarosse und vermeintlich elitärer Gesellschaftsschicht bewegt, drängen sich junge, hübsche Frauen in seine Nähe. »Männer betören mit Macht und Geld. Wenn ein Mann genug Macht hat, kann er wie Aristoteles Onassis aussehen und jede kriegen, die er haben möchte.«

Jede? Wenn auch nicht ganz so pessimistisch hinsichtlich der Frauen wie die Leiterin des Kinsey-Instituts an der Universität von Indiana June Reinisch in einem Interview der *Cosmopolitan*, muß ich sagen, das Erscheinungsbild gibt ihr Recht: Industrielle, Politiker, Stars führen uns das vor, wenn sie sich in Zweit- und Drittehen mit immer jüngeren Frauen oder immer jüngeren Freundinnen umgeben.

Wir erfahren davon, weil die Medien, Fernsehen, Zeitungen und vor allem die Regenbogenpresse, dazu beitragen, die Bedeutung dieser oberen Zehntausend zu suggerieren, ihr Wirklichkeit zu verschaffen: Macht zeugt Nimbus und eine Aura besonderer Art. Wer sich im Umkreis des Mannes mit Nimbus bewegt, auf den fällt der Abglanz, der gewinnt seinerseits Nimbus, Prestige und Geltung, die er aus eigener Leistung vielleicht nicht gewinnen kann.

Das Phänomen als solches findet sich beim Mann mit Schöpferkraft vom Schlag Goethes, d'Annunzios oder . . ., aber auch auf jeder Stufe in der gestaffelten Einkommenshierarchie. Selbst ein einfacher Bundestagsabgeordneter hat schon mehr Einkommen und damit erotische Ausstrahlung als ein Facharbeiter.

»Macht ist, was mich anmacht«, sagt Domenika. Sogar wenn er häßlich ist. Elfriede Jelinek bringt das auf den Punkt:

Schön ist dafür die Frau. Durch Schönheit kann sie Kenntnisse und Fähigkeiten ersetzen. Ja, Kenntnisse und Fähigkeiten entwerten die Frau im Hinblick auf ihre sexuelle Brauchbarkeit, wird sie doch aufgrund dieser Fähigkeiten zur Konkurrentin des Mannes. Ihre sexuelle Anziehung muß absterben, das ist der Preis für ihre Anmaßung.

Erotisch düster sieht es deshalb für Frauen aus. Frauenmacht macht nicht an. Und offensichtlich ist das schon immer so gewesen. Der Mann, der Jeanne d'Arc auf dem Weg zum Dauphin begleitet, sagt: »Jede Nacht schliefen Bertrand und ich neben ihr. Sie lag mir zur Seite in Wams und Hosen. Sie brachte mir solche Achtung bei, daß ich nie gewagt hätte, sie zu begehren. Ich schwöre, daß ich ihr gegenüber nie ein Verlangen oder eine Begierde verspürt habe.«

Oder ist das Legendenbildung? Immerhin hat es doch einen Mann gegeben, der sie heiraten wollte . . . Allerdings war sie da noch nicht die Soldatin Jeanne. Auch der Graf von Dunois stellt fest: »Ähnlich kann ich bezeugen, daß niemand, der mit Johanna zusammen war, nach ihr als Weib verlangt hätte . . .« Möglich ist ja, daß die Jungfräulichkeit Jeanne in die Nähe der Mutter Gottes rückte und damit tabuisierte. Doch scheint Ihnen nicht genauso plausibel, daß Jeanne die Männer verschreckte? Mit ihrem Schwert, mit ihrer Kampfbereitschaft? Daß sie die Grenzen des ihr als Frau zugedachten Bezirks überschritt, daß sie sich mit der unterwürfigen Rolle nicht begnügte, sondern Dominanz, Autorität und Gestaltungsmöglichkeiten forderte und ihre Aggressionen selbst ausleben wollte – das hatte sie nun davon: »Sie war ein junges Mädchen, schön und wohlgestaltet, und manches Mal, wenn ich ihr in die Rüstung half und sonst, habe ich ihre Brüste gesehen und manchmal ihre nackten Beine, wenn ich ihre Wunden verband. Ich war ihr häufig nahe, und ich war jung und stark und voller Manneskraft; und dennoch, gleichviel, wie ich die Jungfrau sah oder wie immer ich sie berührte, nie war ich von einer Begierde nach ihr bedrängt, und gleicherweise kein anderer von meinen Leuten und Knappen, nach allem, was ich sie manchmal habe reden und erzählen hören«, tut einer ihrer ständigen Begleiter kund.

June Reinisch sagt es deutlich: »Dagegen törnen Frauen mit Macht Männer ab. Normalerweise.«

Ein weiblicher Onassis ist nicht greifbar! Doch Filmstars wie Elizabeth Taylor zum Beispiel oder Zsa Zsa Gabor haben uns männliche Begleiter in zahlreichen Freundschaften und Ehen vorgeführt. Das Muster ist dasselbe. Nur daß die Medien hinsichtlich des äußeren Erscheinungsbildes das Objekt ihrer Betrachtung wechseln. Geht es um einen Mann mit Krösus-Aura haben die Medien – im Zeitalter des Mythos Schönheit – die Frau an seiner Seite und ihre Verpackungsqualitäten im Visier: vom Haar über den Mund zu Busen und Beinen. Geht es um eine Frau mit Krösus-Aura, begutachten dieselben Medien die Frau selbst unter diesem Verpackungsaspekt und kommen zu dem Ergebnis: Sie ist dick, alt oder faltig.

Männer bleiben in beiden Fällen – ob als Krösus oder als Betthäschen – außen vor. Sie haben es gut.

Trotzdem – ein positives Körperselbstbild, wie es so heißt, gehört zu einem guten Selbstbewußtsein, das haben wir durch das Buch

Der neue Kinsey Report gelernt. Und Karriere kann man nur machen, wenn man selbstbewußt ist. Männer werden dabei weit weniger dem Berufseignungskriterium Schönheit (Naomi Wolf verkürzt es auf BES) unterworfen als Frauen. Wir sprachen gerade darüber: Wurstfinger, die eine dicke Brieftasche halten, törnen eher an.

Doch selbst Frauen, die es bis zur Spitze geschafft haben, verfolgt das BES. Da betont unser Bundeskanzler Kohl Frau Thatchers Charme, wenn er sich eigentlich auf sie als Autorität für Europafragen beruft, und wir erleben die »eiserne Lady« in der eisernen Jungfrau. Wenn Ministerinnen in ihr Amt eingeführt werden, erfahren wir mit Sicherheit auch, wie sie angezogen sind.

Unter der Überschrift »Den Drachen nicht reizen« berichtet der *Spiegel* in Frauen diffamierender und Männermacht entlarvender Weise über das unabhängige Litauen.

»O ja«, sagt die Ministerpräsidentin von Litauen, »die Lage ist ganz gefährlich. Sie wird jeden Tag gefährlicher.« Sie lächelt besorgt, ihr spitzes Kinn ruht schwer auf ihrer weißen Spitzenbluse, doch ernsthaft besorgt wirkt sie nicht.

Sie empfindet sich als Landesmutter, das Wohl des Volkes in ihren Händen gut aufgehoben. Sie ist ein wenig rundlicher geformt als Mrs. Thatcher, doch bestimmt ist sie genauso überzeugt von sich und ihrer neu erworbenen Herrschaft.

Bevor ihr Name genannt wird – Kazimiera-Danute Prunskiene – oder ihr Titel – Professor und Doktor der Ökonomie –, erfahren Sie, die Leserinnen und Leser, Entscheidendes über die politisch schwierige Situation des Landes: Einer Lösung der Probleme stehen das spitze Kinn und die Rundlichkeit der Ministerpräsidentin, ihr Lächeln und ihre weiße Spitzenbluse entgegen. Und das alles unter der Überschrift »Den Drachen nicht reizen«! Vorsicht, bei der gewünschten Assoziation Drachen – Hausdrachen könnten Sie möglicherweise Gift und Galle spucken!

Es besteht nicht nur ein Defizit an weiblichen Identifikationsfiguren, die offen Macht wollen oder ausüben. Frauen werden solche

Identifikationsfiguren durch die männliche Geschichtsschreibung nicht nur vorenthalten. Wenn Frauen heute politische Machtpositionen innehaben, werden sie häufig genug in der beschriebenen Weise diffamiert, der Lächerlichkeit preisgegeben. Und so wird uns die Identifikation unnötig erschwert, oft unmöglich gemacht.

Kommen wir nun zur subtilsten Art der Diskriminierung der kompetenten Frau.

Stellen Sie sich einen geselligen Abend bei Freunden vor, ein leckeres Essen und ein angeregtes Gespräch über Kunst, Theater, Frauenemanzipation – ja, auch darüber. Der sanfte Wirtschaftsboß fordert mehr Power bei Frauen, mehr Lüscher-Rot, das Phallische. Sympathisch angenähert, verfällt er im Eifer des Gesprächs sogar ins Du. Das Gespräch mündet in eine Diskussion über das auseinanderbrechende Jugoslawien. Eingreifen oder nicht? Die Wellen der Erregung schlagen plötzlich hoch: »Da muß man doch endlich...«, »Wenn wir da einfach...«, »Wir könnten doch...«. Sanfte Einwände, man hätte auch andere Möglichkeiten als draufschlagen, wenn man die genügend einsetzte und eingesetzt hätte, prallen ab. »Aber ich bitte Sie, liebe gnädige Frau!«

Es hätte auch heißen können: Meine liebe Dame! Damen, die durch politische Zeitungsartikel, Feuilleton, Sportberichte spuken, sollten Sie, liebe Leserinnen, höchst aufmerksam betrachten. Wenn sie in Diskussionen und Talk-Show vom Moderator gebraucht werden, ist höchste Aufmerksamkeit geboten. Ich sag es ganz ehrlich, ich mag diese »Dame« nicht. Als Höflichkeitsfloskel ästhetisiert sie das Verhältnis von Männern und Frauen. Sie spiegelt gesellschaftliche Harmonie vor, wo in Wirklichkeit ein Gewaltverhältnis gegeben ist, das auf hierarchischem Ich-oben-du-unten basiert. »Beide Damen stehen momentan noch als Beigeordnete im Dienste der Stadt Bielefeld und gelten dort als überaus tüchtig«, lese ich und bin verstimmt.

Unangebrachte Höflichkeit tut ihre Wirkung!

Bloß keine Regelverstöße

Der Schönheitsmythos gehört zu jenen Regeln, die darauf angelegt sind, den Gestaltungswillen von Frauen zu hemmen. Wer eine Zwangsjacke trägt, kann sich nicht frei bewegen, kann nicht voranschreiten, die Welt erobern und ihr nach seinen Vorstellungen ein Gesicht geben. Insofern unterstützt dieser Mythos die Bilder, die sich der Mann von der Frau macht, hat er wie die Klischees und Frauenmythen Helferfunktion für das patriarchale System. Er ist so einengend wie der Schador, den die islamischen Frauen aufgrund fundamentalistischer Kleidervorschrift tragen müssen. Wie dieser ist auch er ein Instrument, das gegen die Sinnenlust der Frauen gerichtet ist.

Wenn Sie mit aufmerksamem Blick durch die Welt gehen, haben Sie längst erkannt, daß der Schönheitsmythos nicht die einzige Regel dieser Art ist. Dazu gehören die sublim verwendete Anreden »Dame« oder »gnädige Frau«. In dieselbe Kategorie fällt die Geschlechtertopographie, die Männer im Stadtzentrum, der City, in wichtigen Banken und Handelshäusern ansiedelt, Frauen dagegen als grüne Witwen an die Peripherie, den Stadtrand verbannt. Oder die ihnen innerhalb der Wohnung als Arbeitsbereich die Küche zuweist, die es an Größe mit einer Gefängniszelle aufnehmen kann. Oder die in Gotteshäusern allein dem Mann den Platz am Allerheiligsten vorbehält, die Frauen aber auf die Gemeindebänke verweist – in manchen Gegenden noch getrennt nach Geschlechtern, hier die Männer, dort die Frauen – oder die ihnen gar wie im Judentum oder Islam nur versteckte Plätze zubilligt. Eng damit verknüpft ist die Zuweisung in Bereiche, die mit Haus, Küche und Kindern zu tun haben. Sie erlaubt ihnen darüber hinaus, sich in karitativen, literarischen, künstlerischen und sozialen Bereichen zu betätigen, versucht aber, sie aus dem »wichtigen« politischen Bereich herauszuhalten.

Triftige Gründe für diese Regeln, die die Frauengewalt in Zaum halten sollen, gibt es genug: Männergründe.

5. KAPITEL

Die Waffen des Mannes: Blut statt Marmelade

Sie müssen etwas haben, was Männer auch haben, sonst könnten sie nicht Ministerin sein, Wirtschaftsboß oder Professorin, Olympiasiegerin oder Künstlerin, Hooligan oder Boxerin, Mörderin, Patin in der Comorra oder wie Liliana Ferraro Mafiajäger in Roms Justizministerium. Diesem Etwas sind wir jetzt auf der Spur.

Warum sollten Sie, lieber Leser, nicht den *Playboy* lesen? Wir haben ja auch unsere *Brigitte, Cosmopolitan, Für Sie* oder *Petra.*

Sie aber, liebe Leserinnen, sollten den *Playboy* gleichfalls lesen, wenigstens ab und an. Diese Frauenzeitschrift für Männer – thematisch fehlen nur Kochrezepte und Diät – bietet durchaus hilfreiche Beiträge in Sachen Frauenemanzipation. Als gepflegtes Blatt, das ja nicht die unteren Schichten, sondern die gehobene Mittelschicht mit aufstrebenden Yuppies anspricht, bietet *Playboy* aus dem Bereich Wirtschaft und Management einiges. Auf die Frage »Was müssen Frauen lernen, was Männer beherrschen?« antwortet Gerd Gerken, 48 Jahre alt und einer der bestbezahlten Managementberater Deutschlands: »Den kriegerischen Weg. Schauen, was Sache ist. Wo Blut ist, ist Blut – und nicht Marmelade. Wer führen will, muß verletzen.«

Nehmen wir Gerken beim Wort! Der Weg nach oben ist ein Kampf, für Männer wie für Frauen. Nennen wir also das Etwas, das wir suchen, das diese sieghaften Männer und Frauen, diese Krieger haben, Waffen. Glauben Sie nun *Playboy*, so wissen offenbar Männer diese Waffen schon zu gebrauchen; als Neulinge auf dem kriegerischen Weg müssen Frauen dagegen den Umgang damit erst üben. Vor allem müssen wir Frauen diese Waffen erst kennenlernen, das Know-how, die Handhabung, scharfe Waffen, die verletzen, von weniger scharfen unterscheiden lernen.

Oft hat diese Spurensuche etwas Karnevalistisches an sich: Manchmal stellen Sie, liebe Leserinnen und Leser, nur die »verkehrte« Frauenwelt auf die Füße und haben, was für den Weg nach oben in die gewaltigen Regionen nötig ist. Also lassen Sie sich nicht verwirren!

Für Machas: Anleihe aus männlichem Waffenarsenal

Mit den Waffen des Mannes ausgerüstet, haben Frauen gute Chancen: 500 000 Führungskräfte werden im Jahr 2000 fehlen, tut 1992 eine Studie des Prognos-Instituts kund – der richtige Zeitpunkt demnach, um zum Endspurt an die Spitze anzusetzen, sollte man meinen.

Was tut not? Die Geschäftsführerin in einem Personalberatungsunternehmen, die Juristin Frau Willner, äußert in einem Interview: »Die Entscheidung für das Management heißt: sich in Konkurrenz zu Männern begeben. Die Frau muß sich selbst und ihre Umwelt im Griff haben.« Dazu gehört, daß sie, am Markt orientiert, das Richtige studiert, nicht nur Germanistik, die überproportional bei Frauen beliebt ist. Eigentlich unverständlich, denn in dieser Wissenschaft gibt es keineswegs für Frauen mehr Aufstiegschancen. Diese stehen in keinem Verhältnis zu der Anzahl der weiblichen Studierenden. Es gibt mehr Professoren als Professorinnen, auf der Ebene der akademischen Räte und Hilfskräfte mehr Männer als Frauen. So hat etwa die Universität Düsseldorf zwar der germanistischen Abteilung ein Frauenarchiv angegliedert, aber keine einzige Germanistik-Professorin.

Passivität, mangelnde Risikobereitschaft und fehlenden Mut wirft Frau Willner Frauen vor. »Sie warten auf ihre Entdeckung, statt eigene Ziele anzusteuern. Sie scheuen das Risiko.«

Kommen wir aus dem Kopfstand auf die Füße! Es ist eben – und jede Frau, die ein Ziel ansteuert, kann das am eigenen Leib erfahren – ungeheuer schwer, die durch die Sozialisation anerzogenen und von den meisten verinnerlichten Eigenschaften und Verhaltensweisen zu ändern, das Blut plötzlich der Marmelade vorzuziehen: aktiv zu sein, risikobereit und mutig. Auch Frau Willner weiß, was Sozialisation da anrichtet: »Jungen lernen, daß sie für sich selbst sorgen müssen, Mädchen, daß sie ein Ehemann versorgen wird.«

Nun werden Sie – vor allem als Mütter – mir mit Recht entgegenhalten, so eindeutig werde das den Mädchen heute nicht mehr gesagt. Aber Erziehung, Muttervorbild und Gesellschaft spielen eine große Rolle. Immer wird mehr oder minder unterschwellig das tradierte Frauenbild vermittelt. Klischees, Frauenmythen und Reglementierung tun, wie wir gesehen haben, ein übriges. Möglicherweise werden deshalb die Berufswünsche der Mädchen, anders als bei Jungen, in der Pubertät diffuser, statt sich wie bei Jungen deutlicher herauszukristallisieren.

»Wenn wichtige Posten besetzt werden, sucht man doch noch immer einen Macho und höchstens eine Macha«, schreibt eine *Brigitte*-Leserin aus Madrid. Wir kennen das Lied, das sie in ihrem Leserbrief anstimmt: Als Frau muß man nicht gut, sondern besser sein. Als Frau muß man nicht viel, sondern mehr arbeiten. Grundsätzlich gilt als sicher, was Naomi Wolf sagt: »Frauen arbeiten hart, doppelt so hart wie Männer. Dieser Satz stimmt für die ganze Welt und den gesamten Zeitraum der geschichtlichen Überlieferung.«

Wir wissen auch, daß Kindergärten und Krippen und Ganztagsschulen fehlen, die der Frau uneingeschränkte Berufstätigkeit ermöglichen. Wir wissen auch, daß Frauen oft noch nicht als gleichberechtigt angesehen und im beruflichen Alltag erniedrigt werden. Denken Sie etwa an den Niedriglohn für Frauen. Machas sind eben eine Minderheit.

Die Waffen des Mannes im Visier, sollten wir »Macha« als Schimpfwort vorerst aus unserem Sprachgebrauch verbannen!

Als Spanien die Blicke der Welt auf sich zog mit Weltausstellung, Olympischen Spielen und Kolumbusjahr, sollten sich Frauenblicke für etwas anderes schärfen: Die spanischen Frauen sind nicht mehr die fünf Töchter Bernarda Albas in Garcia Lorcas *Frauentragödie in spanischen Dörfern*. Sie sind nicht mehr in ein Haus mit vernagelten Fenstern und Türen eingesperrt. Spaniens starke Frauen – wie sie Ingrit Seibert in der *Brigitte* vorstellte – präsentieren sich zunehmend in der spanischen Öffentlichkeit: Sie übernehmen bei Gerichtsverfahren den Vorsitz; Fernseh-Nachrichten werden von Moderatorinnen »auffallend häufig« gesprochen; nicht Männer kommentieren die Ereignisse, sondern Kolumnistinnen. Und Frauen schreiben erfolgreiche Bücher. Was bei uns schon längst Sache ist, gilt nun auch für Spanien: Über fünfzig Prozent aller Studierenden sind weiblich. »... die jungen Spanierinnen seien gewöhnlich disziplinierter, interessierter, erwachsener als die verwöhnten Nachwuchs-Machos, erklärt der Rektor der Universität Madrid.«

Hat *Brigitte* nicht recht, wenn sie das Fazit zieht: »Wer sich als Mann diesen Frauen gegenüber nicht lächerlich machen will, muß sie achten – und gewähren lassen.«

Es ist leider so, daß Lächerlichkeit Männern in diesem Zusammenhang durchaus gut zu Gesicht zu stehen scheint. Wir denken an Schopenhauer, Nietzsche oder Strindberg und wissen, sie scheuten nicht einmal vor, wenn auch griffig formulierter, ausgemachter Dummheit zurück. Doch täuschen wir uns nicht selbst. In Spanien wird es trotz dieser positiven Beispiele nicht besser sein als in der Bundesrepublik.

Hier stellt die Bundesanstalt für Arbeit das Ergebnis einer Umfrage bei 19 000 Betrieben im Westen vor. Es ist – für Frauen – niederschmetternd. Weniger Chancen auf dem Arbeitsmarkt werden da prognostiziert, ein Ausbau der weiblichen Belegschaft wird von weniger Betrieben erwartet als in den letzten fünf Jahren, mehr Frauen in die Führungsspitze zu lassen ist erst recht aussichtslos, nicht einmal jeder fünfte Betrieb sieht sich dazu in der Lage. Eine Leserbriefschreiberin kommentiert das: »Eine Neuigkeit? Kaum. Sie haben eben noch weniger Chancen als bisher – und die waren schon gering genug, da die fast immer männlichen Betriebsleitungen eben lieber Männer nehmen: kein Mutterschaftsurlaub, keine freien Tage bei Krankheit der Kinder. Bei Arbeitsengpässen, bei Hochkonjunktur Frauen rein – später als erste Frauen raus.«

Daß gerade Frauen sich für diese Art der Bedarfsdeckung auf dem Arbeitsmarkt gut eignen, ist offenbar Frauen eher einsichtig. »Die Qualitäten eines solchen Arbeitskräftereservoirs, die den Arbeitgebern am meisten zustatten kommen, sind: niedriges Selbstwertgefühl, Toleranz gegenüber einförmigen Arbeiten, mangelnder Ehrgeiz, ausgeprägter Konformismus, größerer Respekt vor Männern (die ihre Vorgesetzten sind) als vor Frauen (den Kolleginnen) und ein schwach entwickeltes Gefühl der Selbstbestimmung«, stellt Naomi Wolf heraus. »Eine Etage höher, in mittleren Führungspositionen, sind Frauen so lange akzeptabel, wie sie männeridentifiziert sind und nicht zu heftig gegen die »gläserne Decke« aufbegehren, die ihren Bewegungsraum nach oben hin begrenzt. Ganz oben sind Alibi-Frauen nützlich, denen alle weiblichen Traditionen bereits ausgetrieben wurde.«

Wenn Chancenlosigkeit, wie von der Bundesanstalt für Arbeit festgestellt, für Frauen gegeben ist, kann die Schuld dafür nur bei den Frauen selbst liegen, sagen Männer. Ein Zeitungskommentator hat den Grund des Übels gefunden: »An der mangelnden Qualifikation liegt es nicht, das zeigt die Befragung eindeutig. Auch die Vermutung, Frauen arbeiteten schlechter, trifft nicht zu. Denn viele Frauen erhalten erst gar nicht die Chance, ihre Fähigkeiten zu zeigen. Die zahlreichen Frauenbeauftragten sollten endlich von ihrem Lieblingsthema »Frauen in Führungspositionen« wieder auf den Boden der Tatsachen zurückkommen und sich öffentlich ebenso stark für die breite Masse der berufstätigen Frauen einsetzen.«

Sie merken es selbst: Jetzt hat der Kommentator es ihnen aber gegeben. Wie dumm und uneinsichtig aber auch von den Frauenbeauftragten, daß sie sich nicht für die Einstellung von Fabrikarbeiterinnen stark machen. Oder für die 80 Prozent teilzeitbeschäftigter Frauen, die nach den Berechnungen der Deutschen Industrie- und Handelskammer weniger als 1000 Mark netto im Monat verdienen.

Ist es nicht ein Hohn, daß sie sich bei soviel Elend da drunten in die schwindelnden, Männer vorbehaltenden Höhen wagen und dort ein Plätzchen für Frauen fordern? Haben wir nämlich erst mal genügend Frauen in den unteren Stellen, werden wir auch welche in Führungspositionen bekommen, sagt der Kommentator.

So nämlich funktioniert es und nicht etwa umgekehrt.

Macho, Macho, lächerlich! Demnach wäre alles überflüssig, das Erwerben hoher Qualifikation, die Unternehmungsberatung für Frauen, Seminare für Frauen über Führungsstil, Karriereberatung für Frauen, Managementtraining. Unsinnig wäre auch, was die Leserin denkt, die fortfährt: »Es wird Zeit, daß die breite Masse der WAZ-Reporter und der Politiker zu erkennen beginnt, daß Verständnis für notwendige Berufschancen für Frauen und Solidarität mit ihnen erst in den Betriebsleitungen und Ämtern wachsen können, wenn auch Frauen leitend mitentscheiden. Daher brauchen wir immer dringender Frauen in Führungspositionen – und eben auch als Gleichstellungsbeauftragte.«

Sich lächerlich zu machen sollten Zeitungen verhindern, mit weiblichen Kommentatorinnen vielleicht – wie in Spanien.

Politikerinnen: Vor allem Brüder

Doch warum in die Ferne schweifen? *Frauen in Bonn* – so auch der Titel eines Buches – stellt uns in zwanzig Portraits die starken Frauen von Bonn vor: Politikerinnen, aber auch Diplomatin, Sekretärin, Dolmetscherin und eine Theaterleiterin. Eine Auswahl gewiß – ich bin sicher, daß es dort noch mehr gewaltige Frauen gibt.

Trotzdem habe ich selten mit soviel Neugier gelesen. Der Familienstand läßt offenbar Stärke zu, egal, wie er geartet ist: die starke Frau gibt es in Bonn als Single; mit Ehemann, aber ohne Kinder; verheiratet mit Kindern; als Alleinerziehende mit oder ohne Lebensgefährten. Die Ehemänner und Lebensgefährten dürfen einen Beruf ausüben oder Hausmann sein, alles ist möglich. An der Kinderbetreuung scheitern starke Frauen nicht; selbst im Bundeshaus ist das Stillen der Kinder möglich: »Die Vorsitzende ließ die Pausenglocke erklingen oder übergab an ihren Stellvertreter, eilte in einen stillen Nebenraum und legte ihr Baby an die Brust. Minuten der Zärtlichkeit, der Stille, des In-sich-Kehrens in einer vor Geschäftigkeit berstenden Umwelt«, beschreibt Sigrid Latka-Jöhring die Situation.

Storch, du dummes Luder,
bring mir einen Bruder,

haben wir als Kinder gesungen. Wir Frauen sollten den Storch nicht schelten. Denn was sofort ins Auge fällt, ist, daß diese Frauen überraschend viele Brüder haben. Sozialisation zu gewaltigen Mädchen und später noch gewaltigeren Frauen wird sichtlich durch Brüder begünstigt. Ein Bruder ist gut, besser sind zwei, drei oder auch vier. Oder wenigstens Spielkameraden. So sagt der Hooligan Jenny: »Ich komm mit Frauen nicht klar, das war schon so, als ich klein war. Ich habe nur mit Jungens gespielt.«

Waffenbrüder haben! Den Wolfspelz tragen wie Max bei Sendaks wilden Kerlen, Krach machen, kein halber, sondern ein ganzer Kerl werden und sein – das hilft. Schon die Konquistadorin Dona Catalina de Erauso, der »beste Fechter Amerikas«, schreibt an ihre Eltern: »Warum habt Ihr mich wie meine Brüder aufgezogen? Warum ließt Ihr mich an ihrem Spiel und ihrer Arbeit teilnehmen? Warum habt Ihr mich männlich und stark gemacht ...« Und erinnern Sie sich bitte! Der irische Feuerteufel Anne Boney wurde in Jungenkleidung gesteckt und als Sohn ausgegeben.

Neben Brüdern sind es oft einfache Verhältnisse, die eine Karriere nicht per se begünstigen, aus denen man sich aber hocharbeiten muß, die Frauen zu gewaltigen Frauen werden lassen. Aufsteigermentalität gegen widrige Umstände, doch, da lernt man sich durchzusetzen.

Nur wenige Mütter scheinen für die Karriere der Bonner Frauen förderlich gewesen zu sein. Da spielen bei den Frauen in Bonn offenbar Väter die größere Rolle.

»An Bub'm hätt' ma halt braucht«, sagten die Eltern einer Freundin in Bayern immer. Sie kann machen, was sie will, gute Schulleistungen bringen, im Betrieb der Eltern bis zum Umfallen arbeiten, das Dolmetscherexamen machen und herausragende Bilder malen. Es nützt nichts. Sie ist kein Bub, und den hätten die Eltern halt gebraucht. Auch das kann Antrieb sein, das Bedürfnis nach Anerkennung, die man – von den Eltern jedenfalls – nie bekommen wird.

Viele starke Frauen sind Söhne ihrer Väter. Wenn Sie der Ausdruck stört, kann ich nur sagen: Na und? Was ist schlimm dabei? Ich habe gut Skat spielen gelernt, weil mein Vater den zweiten und dritten Mann brauchte, aber »nur« zwei Töchter hatte. Eines Tages, wenn es genügend starke Frauen gibt und sich Stärke auch im öffentlichen Bewußtsein mit Frauen verbindet, heißt es vielleicht: Töchter ihrer Mütter. Bis dahin können wir aber auf die weiblichen Söhne der Väter nicht verzichten. Leichter hat man es natürlich, wenn der Vater so einprägsame Aussprüche parat hat, wie der Vater der Bremer Gesundheitssenatorin Vera Rüdiger: »Du bist gleichberechtigt, aber das wissen nicht alle.«

Die Frau, die bescheiden im Hintergrund bleibt, entwickelt sich selten zur starken Frau. Wichtig ist, die Initiative zu ergreifen. Annemarie Renger sagt in *Frauen in Bonn*: »Ich habe mich immer um Einfluß bemüht, um etwas bewirken zu können. Und ich habe mich auch selbst ins Gespräch gebracht, um dieses Ziel zu erreichen.« – Das hat mir imponiert. Diesen Satz sollte man allen Mädchen ins Poesiealbum schreiben und nicht: »Sei wie das Veilchen im Moose, bescheiden, sittsam und rein . . .«

Endlich weg mit der falschen Bescheidenheit von Frauen! Das ist der Satz, den wir Frauen uns merken und nach dem wir handeln sollten. Das ist der karrierefördernde Satz überhaupt: sich ins Gespräch bringen. Warten Sie nicht erst ab, bis der Abteilungsleiter, der Chef Sie anspricht und Ihnen Vorschläge macht. Nein, machen Sie selbst welche, bewerben Sie sich um den höher dotierten Posten, melden Sie Ihre Ansprüche an!

Wenn Sie dann noch neben Wissen und Können Mut, Disziplin,

Arbeitseinsatz zeigen, kann eigentlich nichts schiefgehen. Dann werden Sie Krieger.

Meine Frage nach der Triebfeder hinter dem Wunsch, Karriere zu machen, beantworten zwei Politikerinnen, Eleonore Güllenstern, Oberbürgermeisterin der Stadt Mülheim an der Ruhr, und die Präsidentin des Deutschen Bundestages Rita Süssmuth.

Die Position Oberbürgermeister ist eher erwachsen als erstrebt. Der Wunsch besteht in jedem Fall, den größeren Spielraum zu nutzen, um zu gestalten, eigene Vorstellungen besser umzusetzen und auch den Stil des Umgangs miteinander zu bestimmen. Triebfedern sind Gestaltungsfreude, politisches Engagement, persönliche Vorstellung, wie eine Gesellschaft funktionieren soll und in welche Richtung Ansätze für mehr demokratische Kultur zu leisten sind. (Eleonore Güllenstern)

Die Triebfeder für mein persönliches Engagement ist die gleiche wie bei allen Menschen, die etwas bewegen wollen. Mein beruflicher Werdegang »zwischen Hörsaal und Plenarsaal« läßt sich durch den Wunsch kennzeichnen, fachliche Kompetenz und Möglichkeit der Einflußnahme zu verbinden. In der Überzeugung, daß Frauen anders an die Themen herangehen als Männer und wir auf diese Bereicherung nicht verzichten dürfen, ist wesentlicher Teil meiner Motivation auch, den Anteil der Politikerinnen, die aktiv mitgestalten, zu erhöhen. (Rita Süssmuth)

Weibliche Solidarität – das klingt an – kann Karriere oder die Rechte der Frauen insgesamt fördern.

Doch mit einer Form von weiblicher Solidarität bin ich nicht einverstanden. Sie steht zu sehr in dem Geruch, daß es den starken Frauen doch nicht gelingt, die Verhältnisse zu ändern, daß letztlich alles beim alten bleiben soll. Die Frau, die dem Bundeskanzler widerspricht, wird es mir hoffentlich nicht übelnehmen, wenn ich ihr widerspreche. In dem Buch *Frauen in Bonn* sagt Rita Süssmuth: »Wie meine Tochter, die sehr berufsorientiert ist, das Problem Beruf und Familie einmal lösen wird – ich weiß es nicht. Für mich als Mutter ist es wichtig, ihr dann soviel Unterstützung wie möglich zu geben. Denn neben den gesellschaftlichen Hilfen finde ich es wichtig, daß junge Leute wissen, daß sie auch aufs Elternhaus zurückgreifen können. Mit diesem Gefühl können sie dann unbelasteter an ihre Zukunftsplanung herangehen. Ich würde meiner Tochter immer sagen, hör mal, ich habe meine Zeit gehabt, jetzt bist du dran. Ich habe Zeit für dein Kind.«

Unterstützung? Sicher! Vorbild sein, Rücken stärken, Mut zu sprechen? Nicht männlicher, sondern weiblicher Schulternschluß? Aber ja!

Rückgriff aufs Elternhaus zur Kinderbetreuung? Nein! Nein und noch mal nein! Denn das ist eine Last, die in der Regel nur Frauen tragen werden, und geht von einem Oma-Bild aus, das eines Tages sicher überwunden ist. Großmütter werden jünger, stehen selbst oft noch voll im Berufsleben. Nein! Es setzt die Doppelbelastung von Frauen unzulässig bis ins hohe Alter fort. Muß das sein? Kann das gewünscht werden?

Wieso fällt mir gerade jetzt wieder ein Leserbrief aus einer Frauenzeitschrift ein? Eine Frau begründet, warum sie als Mutter nicht berufstätig ist: »Ich möchte meinem Kind nah sein. Ich möchte mit ihm auf Bäume klettern.« Was für ein romantisches Bild! Sehen Sie diese Frau auch in den Ästen der alten Weide? Wie sie den Fuß in eine Astgabel setzt? Sich immer höher hangelt? Ist das der Part, Frau Süssmuth, den die Großmutter dann übernehmen soll?

Oh, nicht, daß sie das nicht könnte. Da jünger, wird sie notfalls noch klettern können. Ich möchte weder Sie, die Mütter, noch Sie, die Großmütter, kränken. Doch um eine Beobachtung kommen wir nicht herum: Selbst ein sechs Monate alter Säugling zieht stundenweise Gesellschaft anderer Säuglinge der seiner Mutter oder Großmutter vor. Und wenn überhaupt braucht ein Kind, das abenteuerlustig auf Bäume klettert, keine mütterliche Begleitung, sondern die Gesellschaft von Kindern.

Ich behaupte: Mütter und Großmütter haben da oben in den Ästen nichts zu suchen.

Daß Brüder der Sozialisation weiblicher Krieger günstig sind, daß diese auch die männlichen Waffen hochhalten, daß diese von ihren männlichen Politikerkollegen kaum zu unterscheiden sind, zeigt deutlich, wie perfekt oft die Nachahmung gelingt. Ob Frauen im Bundestag Reden halten und uns mit Floskeln abspeisen, Loyalität der eigenen Partei gegenüber zeigen oder sich dem Fraktionszwang beugen, häufig genug überzeugen sie so wenig wie ihre männlichen Vorbilder.

Wissenschaftlerinnen: Ein offenes Wort

Neben seinen bedeutendsten Waffen, Geist, Scharfsinn, Logik und Denkvermögen, besitzt der Mann seine zweitschärfsten Waffen, Öffentlichkeit und Ansehen. Schauen wir uns also jetzt an, wie es mit diesen Männerwaffen bei gewaltigen Frauen aussieht.

Sie, meine Leser, mögen zu den rühmlichen Ausnahmen gehören. Damit ich Sie, den lobenswerten Ausnahmemann, nun nicht verärgere, bitte ich Sie, die folgenden vierzehn Abschnitte einfach zu überschlagen. Da auf das, was nun kommt, nicht verzichtet werden kann, treffen wir uns später wieder.

Aus der Sicht des Mannes steht seit Jahrhunderten fest, was von fraulichen Geistesgaben zu halten ist: Frauen sind dumm, unlogisch, schwachsinnig. Dafür gibt es sogar »wissenschaftliche«, sowohl philosophische wie psychologische und medizinische Beweise.

In zahlreichen Aussagen, in Romanen und sich als wissenschaftlich verstehenden Dissertationen haben sich bekannte Männer in Vergangenheit und Gegenwart über die charakterlichen Schwächen der Frau, ihren geistigen Schwachsinn und über die Frage ausgelassen, ob Frauen überhaupt als Menschen angesehen werden können. Von Aristoteles über Paulus und Thomas von Aquin bis zu Möbius, Weininger und Montherlant ist der Frauenhaß und die Frauenverachtung der Männer ohne jede Hemmung gepredigt worden.

Diese Namensliste, die Margarete Mitscherlich in *Die friedfertige Frau* aufführt, könnte beliebig verlängert werden. Das sparen wir uns und halten ein Wort von Marie von Ebner-Eschenbach dagegen: »Eine gescheite Frau hat Millionen geborener Feinde – alle dummen Männer.«

Wenn Sie, liebe Leserin, der »geistige Schwachsinn« zu sehr empört, denken Sie wie Miss Marple alias Margaret Rutherford in *Vier Frauen und ein Mord*: »Es mag Sie irritieren, Herr Inspektor, daß weibliche Gehirne den männlichen überlegen sind, aber damit müssen Sie sich abfinden.« Ihre Empörung ist verständlich. Doch wir Frauen wollen den Spieß nicht umdrehen. Wir behaupten und beanspruchen ja nicht überlegenen Geist, sondern gleichen Geist ohne Überlegenheit bei Frauen wie bei Männern.

Liegt es doch auf der Hand: Die Frau als Dummchen war (und ist?) bei Männern bedeutend beliebter, weil einfacher zu handhaben. Sie bleibt auf Kingkongs Handteller.

Dagegen steht, was *Clara S.* in Elfriede Jelineks gleichnamigem Theaterstück sagt: »Wenn sich die Fähigkeiten der Frau über die Norm der Zeit hinaus entwickeln, dann entsteht eine Monstrosität.« So haben sich die klugen Jungfrauen, schon biblisch belegt, zu allen Zeiten gegen Diffamierungen und jede Form geistiger Beschneidung wehren müssen: Blaustrümpfe waren sie, und als Blaustrümpfe werden sie heute noch häufig genug diffamiert. Nicht einmal diesen Namen können sie als Eigenleistung rekrutieren: Es waren die blauen Socken eines Mannes, die diesen Spottnamen für Frauen initiierten. Genauer gesagt die Socken eines Botanikers, dessen Namen unwichtig ist, weil er offensichtlich nur als Träger blauer Wollsocken bei einem schöngeistigen Zirkel in London um die Mitte des 18. Jahrhunderts eine Rolle spielte. Seitdem nennt man so – laut *Duden* – die »gelehrt wirkende oder wirken wollende Frau, die zugunsten der geistigen Arbeit die typisch weiblichen Eigenschaften verdrängt hat«.

Das »wirken« macht stutzig und wirft Fragen auf. Gibt es nur die gelehrt wirkende, nicht aber die gelehrte Frau? Oder bezeichnete man die wirklich gelehrte Frau nicht als Blaustrumpf? Und dann, was sind die »typisch weiblichen« Eigenschaften, Herr Duden?

Wie dem auch sei, in dem Maße, wie Frauen endlich vergleichbare männliche Bildung zuteil wurde, sie mehr als Schreiben lernten (eine früher als weibisch verachtete Tätigkeit), Schulen und Universitäten besuchen durften, konnten sie auf wissenschaftlichem Gebiet durchaus mithalten. An der Ein- und Wertschätzung der klugen Jungfrau änderte das noch lange nichts. Miss Marple weiß auch das: »Eine Frau wird nicht nur in Wissenschaft und Kunst unterschätzt. Wenn sie hinreichend intelligent ist, kann sie auch einen kaltblütigen Mord begehen.«

Es gibt die Wissenschaftlerin nicht erst seit Beginn des 20. Jahrhunderts. Frauen wie Hebammenärztinnen Trotula, Rebecca Guerna, Abella sind Ihnen im Gedächtnis geblieben, aber Sie kennen auch die Benediktineräbtissin Hildegard von Bingen, die erste deutsche Mystikerin, die Herausragendes auf medizinischem und naturwissenschaftlichem Gebiet leistete. In Florenz promoviert 1877 eine Italienerin zur Chirurgin. Die Chemikerin und Nobelpreisträgerin Marie Curie brauche ich Ihnen nicht vorzustellen. Es wird gemunkelt, daß die Physikkenntnisse Frau Einsteins so gut wie die Herrn Einsteins gewesen seien; das Ehepaar habe sich nur relativ schnell geeinigt: für sie das Geld, für ihn der Ruhm.

In seiner »Studie zu einer neuen Lysistrate« (1973) mit dem Titel *Frauen und Mütter Bachofen und Germaine Greer* bläst Rolf Hochhuth mächtig zum Angriff und macht den Frauen zum Vorwurf, daß sie sich sogar vom Mann befreien ließen. »Denn nicht einmal die Pille erfanden weibliche Mediziner«, tönt er, auf dem männlichen Auge blind. Was er nicht sieht oder sehen will, ist die andere Seite der Medaille, daß eben diese sexuelle Befreiung durch die Pille die Frauen für den Mann auch sexuell beliebig verfügbar macht, daß die Pille sehr eindeutig die Verantwortung für Verhütung den Frauen zuschiebt und daß Frauen darüber hinaus das gesundheitliche Risiko tragen, das durch die Pille gegeben ist – erhöhte Emboliegefahr, zerstörte Darmflora und als Folge davon Pilzinfektionen wie etwa Candida Albicans. Vielleicht waren die Frauen deshalb zurückhaltend damit und Männer so scharf auf derartige Erfindungen. Der in Indien 1992 gefundene Stoff zur Anti-Baby-Impfung für Frauen zeigt das deutlich; er darf eingesetzt werden. Der fruchtbarkeitshemmende Impfstoff für Männer wird noch erprobt, weil es Probleme mit der Wiederherstellung der Zeugungsfähigkeit gibt. Sucht, prüft und erprobt man bei Männern vielleicht gründlicher, mit mehr Sorgfalt? Greift man in den weiblichen Organismus wieder einmal leichter ein als in den männlichen?

Vielleicht ist das auch der Grund, warum Frauen dem medizinischen »Fortschritt« hinsichtlich Reproduktionstechnik, künstlicher Besamung und Superovulation und Klonen skeptischer gegenüberstehen als Männer. Marilyn French beschreibt in ihrem Buch *Der Krieg gegen die Frauen* die möglichen Zukunftsaussichten, daß einem die Haare zu Berge stehen.

Was du schwarz auf weiß besitzt und nach Hause trägst, liebe Studentin, lieber Student – muß noch lange nicht stimmen!

Vor allem Frauen steht eine überwältigende Erkenntnis bevor – selten in der Schule, häufiger in der Hochschule. Diese Erkenntnis gilt es zu verkraften: Wissenschaften sind nicht objektiv und verkünden nicht die großen Wahrheiten; sie sind abhängig von der Geschlechterbrille, die der Wissenschaftler trägt. Was du schwarz auf weiß besitzt, solltest du nicht getrost glauben.

Es ist doch ihr erklärtes Ziel, zum besseren Verstehen geschichtlicher, gesellschaftlicher und gruppendynamischer Prozesse beizutragen. Dennoch stimmen gerade neuere Wissenschaften wie Politologie, Sozialwissenschaften, Ethnologie oder Soziobiologie in den Kanon ein, den Philosophie, Religion, Medizin, Literatur- oder alte und neuere Naturwissenschaften teils schon seit Jahrhunderten singen: Der Mann als besseres Schöpfungsprodukt dominiert die Welt – die Frau als niedriges Abfallprodukt ist geschaffen, ihm zu dienen.

Auch überwältigende Erkenntnisse haben etwas mit Gewalt zu tun! Natürlich will ich nicht leugnen, daß das für Sie, den Leser – sofern Sie ein denkender Mensch sind –, ebenso zum großen Aha-Erlebnis werden kann. Wenn Sie erst einmal den inneren Schweinehund und alle Ihnen eingebleuten Vorurteile überwunden haben, wenn Sie Vorlesungen von Frauen so selbstverständlich besuchen, wie Sie wissenschaftliche Arbeiten von Frauen lesen, und wenn Sie beide für so wichtig halten wie die von Männern, dann werden Sie staunen und manches in Ihrem Kopf zurechtrücken müssen.

Wie Frauen auch! Es geht nicht darum, die Verhältnisse umzukehren. Nicht jede wissenschaftliche Arbeit von Frauen ist per se besser oder jede ihrer wissenschaftlichen Erkenntnis richtig, wenn sie mit der Geschlechterbrille gewonnen worden ist. Und nicht jede schlechte Note im Examen oder der Doktorarbeit hat ihre Ursache in uneinsichtigen Männern, die Frauen benachteiligen wollen. Manche Frau schafft den Karrieresprung nicht, weil sie nicht gut genug ist.

Eine Geschichte des Geschlechterverhältnisses ist bisher nicht geschrieben worden. Bücher aber wie das von Ann Jones *Frauen, die töten*, Marilyn French *Der Krieg gegen die Frauen* oder von Cheryl Benard/Edit Schlaffer *Die ganz gewöhnliche Gewalt in der Ehe* und die vielen anderen, die hier leider nicht alle aufgelistet werden können, sind spannend, einfach spannend.

Eine gewaltige Aufgabe, die selbst gewaltige Frauen mit gewaltigem Kräfteeinsatz kaum zu leisten vermögen, wären wissenschaftliche Neuforschung, Neuinterpretation und Neuschreibung der Geschichte, Literaturwissenschaft und Kunstgeschichte und und und . . . Es wird Jahrhunderte dauern.

Freud ade! sollte es heißen. Jedenfalls, wenn es um die Weiblichkeit geht. Doch Margarete Mitscherlich moniert 1985, daß männliche wie weibliche Psychologen neuere Untersuchungen dazu nicht zur Kenntnis nehmen. »Doch kann man sich des Eindrucks nicht erwehren, daß diese Diskussionen an unseren männlichen und weiblichen Kollegen mehr oder weniger vorbeigegangen sind. Sie reden mit gleicher Unbefangenheit wie früher von Penisneid, von phallischer Frau, von »wahrer Weiblichkeit«, von Kinderwunsch als Penisersatz etc. Die Hypothesen Freuds über die weibliche Sexualität scheinen für viele Analytiker eine gesicherte Theorie darzustellen.« Zum Glück weiß Margarete Mitscherlich als Psychoanalytikerin den

Grund für dieses männliche Beharren auf weiblichem Penisneid und phallischer Frau. »Diese Haltung ist als Abwehr zu verstehen. Wer die Macht hat, stellt sich nicht gern in Frage.«

Auch wir wissen inzwischen, daß sich hier Berührungsängste vor dem Weiblichen zeigen, die uns Frauen ins Klischee und in den Mythos zwingen, um die Machtverhältnisse zu stabilisieren.

Oder das Ding an sich, das hartnäckig die Menschheit als Mit-Glieder definiert. Ziehen wir doch einmal folgendes in Betracht: Die Geschichte der Homosexualität zeigt, daß lange Zeit weibliche Homosexualität geleugnet wurde. Da hatte der Mann nun sein schönes Glied! Mußte es nicht über sein Fassungsvermögen gehen, daß es Menschen gab, Frauen, die sich auch ohne das leidenschaftlich vergnügten? Ein Ding der Unmöglichkeit! – Vielleicht ist ja das Beharren auf dem Penisneid einfach Ausdruck nur dafür, daß Männer sich gewaltige Taten, die männliche Waffen fordern wie Mut oder Risikobereitschaft, Geist, letztlich nur vom Ding an sich verursacht vorstellen können.

Puh, Sie sehen schon, das ist ein weites Feld. Cheryl Benard und Edit Schlaffer nehmen die Sozialwissenschaften aufs Korn:

Innerhalb der orthodoxen Wissenschaft lassen sich in bezug auf ihre Behandlung von Frauen zunächst drei Richtungen unterscheiden. Den Autoren der ersten Richtung blieb die wissenschaftliche Erkenntnis, daß die Menschheit und auch die Gesellschaft aus zwei Geschlechtern besteht, bislang verschlossen; die Nachricht über die Existenz von Frauen konnte sie in ihrer intellektuell-erhabenen Abgeschiedenheit noch nicht ereilen. In ihren Beschreibungen und Analysen historischer Ereignisse und sozialer Prozesse schildern sie eine Welt, die ausschließlich von Männern bevölkert ist. Gruppe II bilden die Restaurationstexte: Texte, die sich an einem Goldenen Zeitalter orientieren, in dem Frauen noch ihren rechtmäßigen Platz einnahmen (unten); ein Platz, der ihnen wieder zugewiesen werden soll. Die dritte Schule schließlich geht von einem Fortschrittsmodell aus und ist voll Zuversicht, daß die Situation der Frau ständig besser wird und bald – wenn man es nur nicht überstürzt – vollends der des Mannes angeglichen sein wird ... In ihren Texten findet sich ein reichhaltiges Angebot von Anekdoten darüber, wie entsetzlich es den Frauen früher ging / woanders geht und wie zufrieden sie im Vergleich dazu hier und jetzt sein sollten, wo man ihnen nicht mehr die Füße bindet, wo man sie nicht mehr als Hexen verbrennt, wo man sie nicht seinem Eskimofreund borgt.

Als Musterbeispiel eines Wissenschaftlers führen sie Nathan Ackermann, einen Verfasser familientherapeutischer Schriften vor. Uns interessiert hier nur seine Meinung zur gewaltigen Frau: »Auch die Frau, die äußerlich aggressiv, selbständig und dominant scheint, mit dem Mann konkurriert und mißtrauisch ist, ist in ihrer weiblichen Entwicklung entgleist, sie hat nicht gelernt, was es bedeutet, eine Frau zu sein.«

Habe ich Ihnen empfohlen, manchmal die Verneinung einfach umzukehren, die »verkehrte« Welt auf die Füße zu stellen, um die Männerwaffen zu erkennen? Das war leichtsinnig von mir. In welcher Stellung Sie die »in ihrer weiblichen Entwicklung entgleiste« Frau auch betrachten, Sie werden vermutlich genau wie ich zu keinem Ergebnis kommen. Bleiben wir bei »aggressiv«, »selbständig« und »dominant« – das scheinen gute Waffen für Krieger zu sein.

Hokuspokus: Kluge Jungfrauen

Hokuspokus fidibus, dreimal schwarzer Kater! Was die Zauberkunst der Varietés und Kabaretts als höchsten Zaubertrick vorführt, müssen sie der Wirklichkeit abgelauscht haben: Die kluge Jungfrau wird in den Bereich der Illusionen verwiesen und zum Verschwinden gebracht.

Es ist nun einmal so, für alle geistigen Großtaten braucht es Öffentlichkeit, ein Publikum, das sie zur Kenntnis nimmt, Applaus spendet, kritisiert und zu Ansehen und Renommée verhilft. Das gilt für alle Geistesgewalt, ob sie sich nun in Wissenschaft oder Kunst niederschlägt.

Denk ich an Fanny Mendelssohn, Clara Schumann, Gabriele Münter oder etwa Carola Schlegel in der Nacht, bin ich zwar nicht um den Verstand gebracht, doch Trauer kommt auf. Ihre Musik, ihre Bilder und ihre Literatur zeigen ja, was Frauen vermögen. Aber sie stehen auch für die Frauen, die Gedichte oder Romane schrieben, die sich mit Astronomie, Medizin oder Physik beschäftigten, philosophische Abhandlungen schrieben, ihre Visionen in Bildern oder Musik ausdrückten.

Lauschen Sie diesen Liedern, »Heimweh«, »Suleika«, »Sehnsucht« oder »Verlust«! Eine neue Ausgabe von Mendelssohns Jugendwerk: Ja, das ist groß. Die Lieder sind von seiner Schwester Fanny – das steht nicht auf der Platte.

An geistigen Waffen hat es Frauen nie gefehlt. An den Möglichkeiten, damit an die Öffentlichkeit zu treten, schon. Weibliche Entgleisungen dieser Art schätzte die Gesellschaft nicht. Der Zaubertrick – wie bringe ich eine kluge Jungfrau zum Verschwinden – war einfach, jedoch wirksam: 1. Frauen durften, was sie geschaffen hatten, nicht veröffentlichen, höchstens unter dem Namen des Mannes, des Bruders, manchmal unter Pseudonym. 2. Frauentaten wurden nicht beachtet oder hemmungslos kritisiert, weil die Kritiker die Geschlechterbrille aufhatten und die Kriterien entsprechend einseitig waren. Sie hatten die »Nachfragemacht«, wie Elfriede Jelinek das nennt. 3. Lebten Frauen an der Seite eines »großen« Mannes, mußten die eigenen Bedürfnisse völlig zurücktreten; die Schöpfergewalt des Mannes hatte Vorrang. Kaum ein besseres Beispiel als Clara Schumann gibt es dafür. Die große Pianistin, die komponieren wollte, durfte nicht einmal das zweite Klavier benutzen, weil es den Ehemann bei seinen genialen Schöpfungen gestört hätte.

Wenn wir uns die Waffen der Frau näher ansehen, werden wir an diesen Zaubertrick zurückdenken! Klaus Theweleit führt ihn in seinem Buch *Männerphantasien* wundervoll vor. In den Autobiographien männerbündisch orientierter Männer, vorwiegend Männer des 20. Jahrhunderts, die sich vermeintlich männlichen Großtaten wie Kriegen hingegeben haben, tauchen die Ehefrauen wenn überhaupt am Rande auf. Nicht einmal ihre Namen werden genannt.

Das erinnert fatal an die Heldensagen aus germanischen Urzeiten. Ingrimmig nehmen sicher auch Sie, die Leserin, zur Kenntnis, wenn Jakob Grimm schreibt: »Das Verhältnis der Frauen und Männer zu den Göttern ist sehr verschieden, weil nur Männer berühmte Geschlechter bilden, mit Frauen das Geschlecht stirbt. Die Stammsage enthält nichts als Heldennamen; alle Königstöchter bleiben darin ungenannt oder verschwinden wieder, sobald sie als Gemahlinnen aufgeführt worden sind.«

Mit ihnen die Töchter, versteht sich! Grimm fährt fort: ». . . eben deshalb erscheinen vergötterte Söhne, nicht vergötterte Töchter, ja aus der Ehe Unsterblicher mit Sterblichen wurden fast immer Söhne geboren.«

Hokuspokus fidibus! Alle Zaubertricks sind angewendet worden, um die kluge Jungfrau, die Ehefrau, die Tochter, die Schwester verschwinden zu lassen. Das allein ist schlimm. Infam wird es jedoch, wenn Männer den Frauen vorhalten, sie könnten weder ihre Triebe in hoher Kunst sublimieren, noch seien sie schöpferisch. Sie seien zur Mythenbildung nicht fähig und könnten nicht einmal berühmte Geschlechter bilden. Zumindest, was letzteres betrifft, scheint mir das neue Namensrecht ein gewaltiger Schritt nach vorn zu sein. Wenn Frauen nun ihren eigenen Namen behalten, wenn sie heiraten, wollen wir uns doch die Geschlechter nach hundert, zweihundert Jahren einmal ansehen!

Immerhin arbeiten Wissenschaftlerinnen und wenige Wissenschaftler daran, zu neuen geschlechtsneutralen Erkenntnissen vorzudringen. Künstlerinnen bewegen sich schöpferisch-kreativ in den Bereichen Musik, bildende Kunst und Dichtung. Inwieweit das zur Kenntnis genommen wird, Anerkennung erfährt und ins öffentliche Bewußtsein dringt – sich etwa in Schulbüchern, Doktorarbeiten, wissenschaftlichen Abhandlungen oder in Büchern, Ausstellungen, Katalogen und den Medien Zeitungen und Fernsehen niederschlägt – liegt weitgehend nicht in ihrer Gewalt. Denn noch sind Schulwesen und Hochschulwesen, alle Bereiche der Kunst sowie die Medien vorrangig in Männerhand. Als Folge davon werden Männerinteressen vorrangig behandelt und dargestellt – der Showmaster als Mediengott und Liebling des Publikums macht das deutlich. Solange aber gleichgewichtige quantitative und qualitative Öffentlichkeit und Bewußtmachung von Fraueninteressen nicht stattfindet, wird sich daran nichts ändern.

Jede Frau, die per se das Männerwort über das Frauenwort stellt, trägt dazu bei, es zu verhindern, wird Mittäterin.

Ich hasse übrigens das Wort »Frauenforschung«.

Stellen Sie sich bitte folgenden Dialog zwischen uns vor!

»Die Häuptlingstochter Matoaka hat sich im 16. Jahrhundert um die Verständigung zwischen den roten und weißen Bewohnern Nordamerikas verdient gemacht«, sage ich.

»Matoaka?« Sie überlegen angestrengt, nachdenkliche Falten auf der Stirn. »Aber war das nicht Pocahonta?«

»Donnerwetter, Sie müssen in der Schule gut aufgepaßt haben!« rufe ich in meiner ersten Begeisterung. In der nächsten Sekunde berichtige ich mich: »Aus dem Schulbuch haben Sie das nicht.«

Matoaka alias Pocahonta hat nicht nur John Smith, dem Gründer von Jamestown/Virginia, das Leben gerettet, obwohl das dramatisch genug vor sich gegangen sein wird: Sein Kopf lag schon auf dem Opferstein, als sie ihren Häuptlingsvater bat, sein Leben zu verschonen.

Nachdem Smith nach England zurückgekehrt war, verschlechterten sich die Beziehungen zwischen Indianern und Kolonisten. Pocahonta wurde entführt. Ihr Vater kaufte sie zwar frei, aber vor ihrer Rückkehr verliebte sie sich in einen Weißen und erhielt die Erlaubnis des Vaters und des Gouverneurs von Virginia, diesen zu heiraten. »Und der Frieden hielt an, so lange wie Pocahontas lebte«. Das jedenfalls teilt die *Encyclopaedia Britannica* mit. Dort wird auch festgestellt: »Behandelt mit großem Respekt und Höflichkeit (*courtesy*) während ihrer Gefangenschaft, konvertierte Pocahontas zum Christentum und wurde Lady Rebecca getauft.«

Ein ungeeignetes Beispiel dafür, daß Frauen, die geschichtlich gewirkt haben, von der Geschichtswissenschaft vernachlässigt oder gar übergangen werden, so werden Sie jetzt einwenden. Sie halten mir die *Encyclopaedia* vor die Nase: Immerhin hat sie es auf drei Biographien gebracht, Stimmt. 1887 kommt ein Buch heraus: *Pocahonta, alias Matoata, und ihre Nachkommen*. Es wird 1968 neu gedruckt. Die anderen beiden Bücher kamen – laut *Encyclopaedia* – 1956 und 1969 heraus.

Und doch ein gutes Beispiel für den Zaubertrick VERSCHWUNDENE JUNGFRAU! In der *American History* für amerikanische Oberstufenschüler wird auf zwei Seiten über die erste Kolonie Jamestown berichtet. John Smith darf da natürlich nicht fehlen, ein Mann, der »den Mut hatte, das Kommando zu übernehmen«, ein »Glücksritter, der bereit war, sein Schwert jedem zu verkaufen, der dafür bezahlen würde«. Von Matoaka findet sich in diesem Buch kein Wort, vermutlich steht es einem solchen Mann nicht gut zu Gesicht, daß er sich sein Leben von einer Frau retten lassen mußte.

Sehen Sie, das ist gemeint. Was nutzen die größten weiblichen Heldentaten, wenn sie – aufgrund der patriarchalen Kultur, die Schulwesen und Medien in Männerhände legt – nicht ins Bewußtsein der Öffentlichkeit dringen dürfen und können. Frauen jedenfalls gehen damit jeder Identifikationsfigur verlustig. Was ihnen bleibt, ist die vom Mann imaginierte, nicht existente Weiblichkeit.

Matoaka ist die Fremde, die andere in zweifacher Hinsicht: als Indianerin und als Frau. Das Frausein konnte man ihr offenbar nicht austreiben, das Indianerin-Sein schon. Daß sie zum Christentum konvertierte (weil sie mit Respekt und Höflichkeit behandelt wurde, doch wohl kaum), ist nicht nur äußeres Zeichen dafür, sondern sicher auch durch ihren Mann und durch die Frauen Jamestowns gefördert worden. Als Christin und mit europäischem Namen war sie dann der englischen Gesellschaft willkommen und konnte sogar bei Hofe empfangen werden. Ihr Portrait jedoch, das ein unbekannter Künstler 1616 gemalt hat und das sie in der damals üblichen Kleidung mit riesigem Spitzenkragen zeigt, stellt mehr als alles andere die Frau als Fremde vor, der man nur begegnen kann, indem man sie sich unterwirft: als Christin, mit anderem Namen und in europäischer Kleidung.

Soldatinnen: Die Busenlosen

»Also waren wir so weit, daß ein jeder, der den Kampf sucht, Mann oder Weib, bei uns willkommen ist?« Mit diesen Worten kritisiert Kassandra in Christa Wolfs Roman den Krieg um jeden Preis.

Wir müssen diese Kassandrafrage heute mit Ja beantworten. In Kriegszeiten sind selbst Frauen stets willkommen, ob beim Fronteinsatz oder bei der Sicherung des Nachschubs. Wenn und wo es an Männern fehlt, dürfen sie als Lückenbüßerin eine Rolle übernehmen, die sonst Männern vorbehalten bleibt. Notfalls wird ihnen das schmackhaft gemacht, indem Kriegsdienst als ein weiterer Schritt in Sachen Gleichberechtigung deklariert wird. Der Krieg macht möglich, sämtliche Klischees, in die man Frauen in Friedenszeiten zwängt, zu vergessen, die Frauenmythen entsprechend abzuwandeln und der Situation gemäß zurechtzuschneidern.

Nicht alle Frauen scheint der Krieg zu schrecken. Soldatinnen kämpfen mit realen Männerwaffen. Computerkrieg und von Computern gesteuerte Raketen lassen denkbar erscheinen: die Frau als Schlachtenlenkerin, Minerva. Wir sind nicht erst jetzt so weit, wir sind es immer gewesen. Wieder und wieder müssen wir es betonen: Frauengewalt hat ihre mörderische Seite. Wo es Krieg und Kampf gibt und damit Tod und Vernichtung, sind Frauen beteiligt – nicht nur als Opfer. Das war in der Antike so wie im Mittelalter, in der frühen Neuzeit so wie heute. Wie schön, wenn wir mit Matthias Claudius wünschen könnten: »'s ist leider Krieg – und ich begehre, nicht schuld daran zu sein.«

Der Golfkrieg hat uns High-tech-Möglichkeiten von der präzisen Laserwaffe bis zur Chemiekeule vor Augen geführt, die erschrekken machen: Flächenbombardement und Zerstörung von Menschenleben, Städten und ganzen Landstrichen, biologischer Holocaust, leichtfertige Waffenentwicklung und bedenkenlos am Gewinn orientierter Waffenhandel. Mit gezielt eingesetzter Nachrichtensperre, die uns nicht die Kriegsopfer, sondern die präzise Kriegsmaschinerie vorführte, wurden wir bewußt getäuscht. Die Tausende von getöteten Frauen und Kinder, die getöteten Soldaten auf beiden Seiten spielten in diesem Kriegsstück so wenig eine Rolle wie die vergewaltigte Frau. Doch nicht erst durch Theo Sommers Hinweis auf Eunuchen-Diplomatie wissen wir: Im Krieg drückt sich das Verhältnis der Geschlechter zueinander aus. Immer sind die Männer die Eroberer, die Frauen die Besiegten, die vergewaltigt werden müssen. Wenn Männer Krieg führen, läßt sich das offenbar nur mit einer kreativen Großtat vergleichen, die wir Frauen ihnen von Natur aus voraus haben: der Fähigkeit zu gebären. Deshalb wurde die Wasserstoffbombe »Oppenheimers Baby« genannt. Deshalb wünscht man bei Versuchsbomben: »Hoffentlich wird das Baby ein Junge und kein Mädchen – das heißt, kein Blindgänger.« Deshalb werden Tätigkeiten und Eigenschaften von Frauen im Umfeld der Waffenentwicklung, der Bomben, Raketen als sprachliches Bild benutzt, wenn es gilt, etwas abzuwerten oder ein Versagen der Technik zu beschreiben. Diesen sprachlichen Krieg gegen Frauen beschreibt Marilyn French in einem Kapitel ihres Buches: »Der militärische Krieg gegen die Frauen und sein sprachliches Äquivalent«. Ob sich die waffentragenden Frauen damit je auseinandersetzen, ich weiß es nicht. Ob sie, falls sie es täten, die Hände von diesen Waffen ließen? Ich kann es nicht sagen. Wir leben in einer Zeit, in der es nach all den längst geführten Diskussionen, was Krieg überhaupt rechtfertigt und legitimiert, überhaupt keinen Krieg mehr geben dürfte.

Nicht schuld sein – demnach nur der fromme Wunsch des frommen Mannes Matthias Claudius? Zumindest ein Begehren, das sich für uns Frauen dadurch nicht schon erfüllt, daß wir Krieg zur Männersache erklären und uns selbst aus der Verantwortung stehlen. Sind Frauen nur Opfer und Dulderinnen kriegerischer männlicher Machtausübung? Sind sie friedfertiger? Ich habe jedenfalls habe da meine Zweifel. Angesichts von Soldatinnen müssen wir die friedfertige Frau als Erlösungsphantasie, von Männern erdacht und von friedensbewegten Frauen wie Margarete Mitscherlich propagiert, verneinen. Innerhalb dieses Systems kann sie gar nicht friedfertig sein. Die kriegerische Frau ist kein Hirngespinst, sondern Realität. Angesichts dieser Tatsachen stellt sich die Frage nach der Mitverantwortung für alle Frauen neu.

Die kriegerische Frau als Kopfgeburt männlicher Phantasie – dafür stehen Pallas Athene wie Minerva. Ursprünglich waren beide mächtige Naturgöttinnen, deren Jungfräulichkeit Unabhängigkeit und Stärke bedeutete. Jungfräulichkeit galt als stärkste Manifestation weiblicher Potenz: Jungfrauen gebären Leben aus eigener Kraft. Im Patriarchat wandeln Pallas Athene und Minerva sich zu Kriegsgöttinnen, Schlachtenlenkerinnen. Der spätere Mythos ihrer mutterlosen Geburt, sie seien dem Kopf des Zeus entsprungen, unterwirft die vordem autarken Jungfrauen endgültig der patriarchalischen Wertordnung; er trägt dazu bei, diese Ordnung zu festigen und zu legalisieren.

Schon bei den kriegerischen Frauenvölkern der Antike steht die Jungfräulichkeit in engem Zusammenhang mit Kriegsführung. Glauben wir Dichtern und Philosophen, Sängern und Historikern, waren die Amazonen, die Busenlosen, entschlossene Kämpferinnen. Um den Bogen, die der männlichen Konstitution angepaßte Waffe, führen zu können, brannten sie sich eine Brust ab. Nach ihnen werden kriegführende Frauen von allen männlichen Berichterstattern Amazonen genannt.

Noch eins haben alle Amazonen der Vergangenheit gemeinsam: Die Frauen kämpfen nur, solange sie den sozialen Status der Junggesellin haben. Nur in diesem männerlosen Stadium betreiben sie ihr kriegerisches Geschäft. »Nicht eher darf eine Jungfrau (*parthenos*) heiraten, bevor sie nicht einen Feind getötet hat. Manche werden alt und sterben, ohne sich zu vermählen, weil sie das Gesetz nicht erfüllen können«, schreibt schon Herodot. Kampf und Ehe erscheinen als gegenseitig bedingt; das Ziel des Kampfes ist oft die Ehe. In den Sagen und Geschichten über Amazonen äußert sich immer auch eine der Sexphantasien des Mannes: die der bewaffneten Frau, die zu bezwingen sexuell stimulierend ist.

Nun wehr dich! Achilles!
Ich will dich erschlagen!
(Elisabeth Paulsen)

Können sich Männer kriegerische Frauen in der Realität nicht vorstellen? Weichen sie deshalb in den Bereich der Phantasie und Unwirklichkeit?

Das fängt ganz lieb und harmlos um Christi Geburt an, wenn der griechische Geograph Strabon – sicher kopfschüttelnd – feststellt:

Wer mag schon glauben, daß ein Heer (stratos) *oder eine Stadt* (polis) *oder ein Volk* (ethnos) *jemals ohne Männer nur von Frauen organisiert sein könnte, und nicht allein organisiert, sondern auch Ausfälle gegen andere machen könnte, und nicht allein über benachbarte Völker herrschen, so daß sie bis zum heutigen Ionien vordrangen, sondern auch ein Heer über das Meer bis nach Attika senden könnten?*

Eben! Können Sie, lieber Leser, sich das vorstellen? Welcher Mann mag das schon glauben? Der Naturforscher Alexander von Humboldt, der sich in Südamerika mit bewaffneten Indianerfrauen konfrontiert sieht und sofort Vergleiche mit den antiken Amazonen anstellt, jedenfalls nicht. Er hält sie für ein Traumbild. Der Schweizer Rechts- und Religionshistoriker Johann Jakob Bachofen sieht in der durch Achilles besiegten Amazone Penthesilea eine Frau, die »in die Schranken der Weiblichkeit zurückgekehrt« ist und nicht in »Kampf und Mord«, sondern in »Liebe und Ehe« ihrer natürlichen Bestimmung entspricht.

Na gut, werden Sie jetzt vermutlich einwerfen, das war in der Antike und im 19. Jahrhundert, in einer männerbündisch verdunkelten Zeit. Da haben die meisten bedeutenden und unbedeutenden Männer – egal, ob sie Philosophen, Politiker, Dichter oder einfach nur Ehemänner waren – daran gewirkt, Frauen mit allen Tricks bis hin zum religiösen, philosophischen Überbau eines Schopenhauer oder Nietzsches in den häuslichen Bereich zu verweisen und vor allem dort zu halten.

Ob Traumbild oder Haßtraum – kämpfende Frauen hat es weltweit und zu jeder Zeit gegeben. Wie die Griechinnen gelegentlich ihren Männern im Kampf zur Seite standen, jagten die Germaninnen dem Feind Angst und Schrecken ein, wenn sie dem Feind gegenüber die Brust entblößten. Die bewaffneten Indianerfrauen am Amazonas haben gekämpft wie die Kriegerinnen in Dahomey. Letztere mußten jungfräulich sein, wurden von der Gesellschaft nicht als Frauen angesehen, gehörten in der Machthierarchie zum Fußvolk und stellten sich – wie Jeanne d'Arc – in den Dienst eines männlichen Königs. Relikt solcher kriegerischen Ambitionen sind die Ringkämpfe der Kamajurafrauen am Zingu, einem Nebenfluß des Amazonas noch heute.

Der kriegerischen Frau mit den männlichen Waffen begegnen wir überraschend häufig in der europäischen Literatur des 16. Jahrhunderts. Die kämpfenden Frauen in Ariostos *Orlando furioso* oder Castigliones *Il Cortegiano* haben einen durchaus realen historischen Hintergrund. In den zahlreichen Stadtstaaten Italiens gab es viele Herrscherinnen. Das Elisabethanische Zeitalter bringt in England kämpfende Frauen auf die Bühne, nicht nur weil eine Frau – Elisabeth I – an oberster Stelle des britischen Imperiums steht. Doch auch in dieser frauenfreundlichen Zeit muß man – wie eine Stecknadel im Heuhaufen – einen Zeitgenossen suchen, der wie der Schriftsteller Sir John Harington zu dem Schluß kommt: »Wir können sehen, dieses Geschlecht ist fähig zu Regierung und Herrschaft und ist nicht vom höchsten Grad auszuschließen.« Anders als seine antiken Geschlechtsgenossen kann er sich Frauen, die einem Staat vorstehen und ihn politisch führen, vorstellen.

Doch Vorsicht Falle! Bei Spensers oder Shakespeares Zeitgenossen spielt die Sexphantasie mit. Die englische Amazone besitzt außer der nötigen Aggression auch Schönheit. (Harington: *»As fair in face as she was fierce in fight«.*) Als Waffenträgerin soll sie sich benehmen wie ein Mann, aber aussehen und fühlen muß sie wie eine Frau. Der Literaturwissenschaftler Simon Shepherd sagt: »Die Krieger-Frau wird geschaffen, um eine Mission zu erfüllen.« Eine schwere zweifache Mission: Rettung der Zivilisation durch Krieg, Rettung des Mannes durch Sex!

Männer, die ihrem König treu sind, ihm mit ihren Waffen und ihrer Aggressionslust dienen, werden mit Orden oder Ländereien belohnt. Doch wieder einmal müssen wir feststellen: Wenn zwei das gleiche tun, ist es noch lange nicht dasselbe. Was bringt der Kampf für König und Vaterland den Frauen ein?

Bei Jeanne d'Arc ist die Antwort klar: den Scheiterhaufen. Nicht weniger klar ist die Antwort für die Frauen, die in der Französischen Revolution eine Rolle spielen: Die Frauen, die auf die Barrikaden gehen, enden unter der Guillotine wie Olymp de Gouges.

Barrikaden: Der beste Platz für Damen

Was ist schlimm daran, wenn Frauen die großen Ideen von Freiheit und Gleichheit und Brüderlichkeit ernstnehmen, die Männer verkünden? Nichts. Aber daß sie das Wort Brüderlichkeit nicht als das genommen haben, was es heißt – nämlich das Miteinander von Mann und Mann, bei dem Frauen ausgeschlossen sind –, müssen wir unseren Schwestern zur Zeit der Französischen Revolution zum Vorwurf machen.

Wie forderten Frauen ihre Rechte in der Französischen Revolution ein? Psychologen würden sagen: aggressiv, männlich, phallisch! Viele starben dafür wie Marie-Jeanne Roland, die die 1801 geborene Schriftstellerin Kathinka Zitz-Halein preist, unter der Guillotine:

Du warst ein Mann in Frauenröcken,
Ein edler, kühner, freier Mann...
Du gingest stolz – dein Auge strahlte
Und deine Wangen waren roth,
Du hattest wie ein Mann gehandelt,
Und wie ein Mann gingst du zum Tod.

Edelmut, Kühnheit, Stolz – keine Männerwaffe, die nicht schon in Frauenhand gelegen hätte! Diese Frauen haben sich in die Politik eingemischt und mit allen Mitteln gekämpft. Sie zogen bewaffnet nach Versailles und verlangten Brot. Sie gingen mit der Waffe in der

Hand auf die Barrikade, einen recht unsicheren Platz für Frauen. Sie forderten erstmals das Wahlrecht auch für Frauen, wollten endlich Bürgerinnen sein.

Nur gestaltete sich der Ausgang des Klingenkreuzens für Frauen anders als für Männer. Die Revolutionäre, die unter der Guillotine starben, konnten in der Gewißheit, wenigstens etwas erreicht zu haben, den Kopf verlieren. Mit den Frauen verschwanden auch ihre Werte und ihre revolutionären Ideen.

Bürger sein war für Jahrtausende eine ungemein wirksame Männerwaffe. Was macht das deutlicher als das folgende Beispiel: In der noch heute im Geschichtsunterricht als Ursprung der Demokratie gefeierten und attischen Polis wurden nur Söhne in die Bürgerlisten aufgenommen; Mädchen waren politisch nicht existent. Welcher Lehrer sagt das seinen Schülerinnen?

Kampf und Tod haben den Frauen der Französischen Revolution nichts genützt. Lange Zeit vergaß die männliche Geschichtsschreibung, die Revolutionärinnen überhaupt zu erwähnen. Und erst hundertfünfzig Jahre später – 1946 – durften die Französinnen zum erstenmal wählen.

Klar, die deutschen Frauen hätten »nein« sagen können, als Hindenburg und Ludendorff 1916 durch die planmäßige Wirtschaftsrüstung zum erstenmal Frauen mobilisierten. Sie hatten ja nicht einmal das Wahlrecht! Warum sollten sie dann jetzt die Männer in der Landwirtschaft ersetzen und dadurch die Versorgung von Armee, Wirtschaft und Verwaltung gewährleisten?

Sie hatten nicht einmal das Wahlrecht! Und trotzdem diskutierten Männer seit 1913 eifrig über weibliche Waffenhilfe in Form einer Dienstpflicht von Frauen. Sie wünschten die organisierte Mithilfe der Frauen im Krieg, aber gleichzeitig daß Frauen »Volksgesundheit« und »Volkswohlfahrt« heben sollten.

Sie hatten noch nicht einmal das Wahlrecht, waren noch keine gleichberechtigten Bürgerinnen! Trotzdem forderten 1915 die Führerinnen der Frauenbewegung wie Helene Lange »einen Dienst um des Staates willen«. Sie wollten, daß junge Mädchen »das Bewußtsein der Verantwortung gegenüber dem Volk, dem Staat« entwickeln,

»dessen Teil« sie sind. Mit Bravour setzten sich diese Frauen für eine männerbündische Staatsideologie ein, die darauf angelegt war, ihnen in diesem Staat die Gleichberechtigung vorzuenthalten.

Keine Lysistrate weit und breit während des Ersten Weltkriegs! Kein Aufruf, diesem Wahnsinn ein Ende zu setzen, kein Aufruf zur Verweigerung? Zum Widerstand? Doch, aber Bertha von Suttner und ihre Schwestern riefen vergeblich: »Die Waffen nieder!«

Bei der britischen Luftwaffe wurden Frauen im Zweiten Weltkrieg als Pilotinnen eingesetzt. Dagegen sollten die deutschen Frauen sich an der Heimatfront bewähren. Als Kinderlose wurden sie mit Steuererhöhungen bestraft. Ab 1938 erhielten sie vom vierten Kind an das Ehrenkreuz für die deutsche Mutter. Das gab es dann auch noch in Silber und Gold. Unter dem Motto *Mutterliebe*, so auch der Titel eines Films der damaligen Zeit, deckten sie den Bedarf an Soldaten von morgen, neuen Waffenträgern.

Andere Frauen wollen es nach dem Zweiten Weltkrieg dem Mann gleich tun und vor allem die guten Ausbildungschancen, die das Militär bietet, nutzen. In den USA dringen sie in die Männerdomäne Westpoint vor und stellen sich dem harten Nahkampftraining. Die junge Frau, die zur Bundeswehr geht, äußert in dem Film *Bombenstimmung*: »Ich bin stolz, daß ich dazu gehöre.« Man sieht sie beim Gelöbnis, mit der Waffe in der Hand, beim Schießen.

Fast zehn Prozent Frauen waren am Golfkrieg beteiligt. Soldatinnen gibt es nicht nur in Israel und den USA. Bis auf Italien haben alle Nato-Armeen 1989 weibliche Offiziere in unterschiedlichen Funktionen. In den USA sollen künftig Kampfeinsätze für Frauen nicht mehr verboten sein. Heute spricht man in der Bundeswehr (in anderen NATO-Ländern ebenfalls) im Zusammenhang mit Bedarfsdeckung der Streitkräfte davon, mehr Frauen den Zugang zur Bundeswehr zu ermöglichen. Das alte Lied! Frauen sind in dieser Männerwelt wie Besen: Bei Bedarf werden sie hervorgeholt: »Und nun komm, du alter Besen . . .«

Gegen Willkür und Unterdrückung wehren sich Männer wie Frauen überall auf der Welt mit Worten und Waffen. So kämpften Anfang der siebziger Jahre Guerillas für die Unabhängigkeit Dhofars am Persischen Golf. So kämpfen seit dreißig Jahren Frauen in der EPLF, der Befreiungsfront in Eritrea, gegen Äthiopien. In einem Interview in *Cosmopolitan* sagt Meaza, die mit 16 Jahren Kämpferin wurde: »Wir wollten beweisen, daß wir genauso gut wie die Männer sind. Es hat gedauert, aber schließlich wurden wir akzeptiert.«

Akzeptiert zu werden heißt noch lange nicht, gleichberechtigt zu sein. Nachahmung hat ihren Preis. Denn um überhaupt akzeptiert zu werden, müssen Frauen zunächst die Männerwelt und ihre Werte bestätigen, müssen sie sich wie Männer geben. Sie können nicht sagen: »Wißt ihr was? Eure Welt gefällt uns nicht. Wir wollen dies oder jenes anders haben.« Sie können sich nicht daranmachen, die Dinge zu ändern. Das aber wäre Weltgestaltung, daß Frauen ihre eigenen Ideen einbringen und sie durchsetzen können. Erst wenn wir eine Welt haben, die uns allen gemäß ist, Männern wie Frauen, haben wir möglicherweise eine gute Welt.

Wie sich nicht nur die Bilder, sondern auch die Worte gleichen. In einem Filmbericht Roshan Dhunghiboys über die Unabhängigkeitskämpfe in Dhofar sehen wir Frauen und Männer nicht nur beim Exerzieren Seite an Seite. Hier wie dort geht es zumindest den Frauen bei diesem Kampf auch um die eigene Befreiung. Immerhin hat man in Eritrea inzwischen schmerzhafte Beschneidungspraktiken von Mädchen verboten. Den neuen Ehegesetzen entsprechend dürfen Mädchen nicht mehr gegen ihren Willen verheiratet werden, darf für sie kein Brautpreis mehr bezahlt werden, haben sie ein Recht auf eigenen Besitz und auf Scheidung.

»Als wir noch unter dem Sultan lebten, hatten wir Frauen keine Rechte, die einfachsten Menschenrechte fehlten. Jetzt, wo ich in der Befreiungsarmee bin, sehe ich, daß ich die gleichen Rechte habe wie die Männer und daß es einen großen Unterschied zu meinem früheren Leben gibt, wo ich als Frau alles machen mußte.« Was die ehemalige Sklavin aus Dhofar sagt, bestätigt die 38jährige Negisti aus Eritrea: »In meinem Dorf war ich eine Sklavin. Ich bin verheiratet worden, als ich zwölf war, mit einem Mann, den ich vorher nicht kannte. Ich durfte nur im Haus arbeiten und war sehr scheu. Hier habe ich erst zu leben angefangen. Wir organisieren alles selbst. Und Männer und Frauen sind Freunde.«

Sicher nicht Freunde fürs Leben, aber für den Kampf! Als Kämpfer ist jede willkommen. Doch hier wie dort verschwinden Frauen aus dem öffentlichen Blickfeld, wenn Freiheit und Frieden errungen sind.

Mit der Waffe in der Hand, dem Gewehr, der Pistole, dem Schaltknopf für Raketen und Bomben, fühlt man sich anders und verändert man sich: Überlegen, stark und todbringend zu sein, berauscht – ist Potenzgehabe. Das gilt nicht nur für die Soldaten, sondern auch für die Journalisten und Reporter, die über Krieg berichten. Roshan Dhunghiboy, die sich in Dophar als Kriegsberichterstatterin unter Männern wiederfand, gibt ehrlich zu: »Diese ganze Kriegsberichterstattung, das wird langsam zu einem Rausch. Es ist sehr beängstigend. Ich merkte, daß ich anders wurde, daß ich sehr unangenehm wurde. Und da habe ich gesagt, nee, das kann ich nicht mehr, und habe das eigentlich sehr bewußt aufgegeben. Und inzwischen habe ich meine Meinung auch geändert. Damals wollte ich nicht nur beweisen, daß ich so gut wie ein Mann war. Ich wollte auch Leute überzeugen, daß dieser Befreiungskrieg notwendig war, und zwar auch in einem politischen Sinn. Heute habe ich einen anderen politischen Sinn: Ich glaube, nichts ist einen Krieg wert, nichts.«

Soldatin: Mit Teddybär und Stahlhelm

Das indische Sprichwort »Töte einen, und du bist ein Mörder. Töte Tausende, und du bist ein Held!« gilt wohl nicht für Frauen.

Glauben Sie auch bitte nicht, daß diese Waffenträgerinnen etwas an der Machthierarchie zwischen Mann und Frau geändert haben. Männerwaffen tragend, unterstehen Frauen männlicher Disziplin. Sie werden als Kämpferin zwar umworben oder geduldet, wenn Not an Männern ist. Zugleich aber regen sie offensichtlich als eben diese Kämpferin die männliche Phantasie an. Deshalb wurde die

Soldatin am Golf Medienereignis. Fotos von den Soldatinnen und Soldaten während dieses Krieges spiegeln die Rollenbilder, geben ihnen scharfe Konturen.

»Wofür kämpfen Frauen an der Front?« – »Dürfen junge Mütter in den Krieg?« – »Müssen Frauen töten?« Können Sie sich noch an die schreienden Zeitungsüberschriften erinnern? Oder an die Fotos wie dieses? Der Captain der US-Army Joan Conley, die am Stahlhelm das Foto ihrer dreijährigen Tochter Stephanie trägt; die Soldatin Amy Stuart, die mit Teddybär im Arm schläft; die verwundete Soldatin Tina R. Garrett; Beverly Clark, Adrienne Mitchell und Christine Mayes, junge Frauen zwischen zwanzig und dreiundzwanzig Jahre alt, die zu den zwölf Soldaten gehörten, die noch kurz vor dem Waffenstillstand bei einem Raketenangriff auf Dharhan ums Leben kamen. Haben Sie sich gewundert? Besonders bei dem letzten Foto, das von den zwölf Toten nur drei Frauen im Bild zeigte? Was haben Sie gedacht, empfunden, als Sie im *Spiegel* drei hübsche Frauen mit Stahlhelm zu der Unterschrift »Ein Recht darauf, schwanger zu sein« sahen? Oder bei den endlosen Diskussionen über »Schwanger oder nicht« und schließlich der triumphalen Gewißheit einer Menge Golfbabys?

Zeitungsfotos und Artikel hatten offenbar nur den Zweck, den Alptraum des Mannes von der kämpfenden Frau zu mildern. Sie suggerieren die mütterliche Frau, die kindliche Frau, die verletzliche Frau, die Frau als Sexualobjekt, nur eins zeigen sie nicht: die Frau als Soldatin, die den Gehorsamsstrukturen beim Militär wie der Mann unterworfen ist. Oder die Frau als Heldin – vielleicht zu der Unterschrift: Gefallen auf dem Ölfeld der Ehre!

Wir können nur feststellen: So wie Krieg die wahren Probleme nur aufdeckt und nicht löst, entlarvt er die weibliche Friedfertigkeit und des Mannes Einschätzung der kämpfenden Frau als Mythos.

Was bewegt Frauen, zur Kämpferin zu werden, selbst die Waffe in die Hand zu nehmen? Der gewaltige Wunsch nach Macht, Einfluß, Abenteuerlust oder gar der Wunsch nach Freiheit und Frieden? Es wäre zu schön, wenn man sagen könnte: Diese Frauen machen das, weil sie sonst keine Möglichkeit haben, ohne Chancen sind. Erklärungsversuche, die sagen »Sie haben etwas nicht, und deshalb üben sie Gewalt aus« – Defizittheorien –, werden vor allem von Männern propagiert. Zeigen wir, daß wir mutiger sind, der Selbsterkenntnis fähig! Schauen wir in den Spiegel und gestehen wir ruhig die Lust am Kampf, die Aggressionslust von Frauen!

Frauen sind genauso aggressiv wie Männer. Aber als Waffenträgerinnen und Kämpferinnen, Soldatinnen oder Partisaninnen bekennen sie sich zu ihrer Aggression vielleicht nur offener als ihre Geschlechtsgenossinnen ohne Uniform. Sie üben Gewalt unmittelbar und ohne Wenn und Aber aus.

Sagen wir es geradeheraus, Soldatinnen verhalten sich dem System entsprechend, in dem wir leben und dessen Regeln Männer vorgeben. Schlagworte wie patriarchal und kapitalistisch meidend, müssen wir zugeben, daß wir in einem gewalttätigen System leben, das rücksichtslos den Menschen gegenüber ist, das Sachzwänge höher bewertet als Zwänge der Menschlichkeit, das die Natur ausbeutet und zerstört. Sein wesentliches Strukturprinzip ist hierarchisch und damit starr und unlebendig, und sein gängigstes Mittel, etwas durchzusetzen, der Krieg mit seinen Mechanismen von Eroberung und Unterwerfung, ist tödlich.

Um diesem tödlichen Spiel zu entgehen, das auch die Soldatinnen nachahmen, müssen wir endlich ein anderes Spiel mit anderen lebendigen Regeln erfinden. Es wird höchste Zeit.

Friedensengel mit gewaltigen Worten

Wie selbst die Frau ohne Waffen Soldatin sein und werden kann, zeigt der Brief eines Vaters an seine Tochter: »Du mußt recht froh und stolz sein, daß dein Vati auch ein deutscher Soldat ist und du selbst auch schon ein bißchen ein Soldat, weil du dem Vaterland und dem Führer ein so großes Opfer bringst und deinen Vati hergibst, daß er an deinem Geburtstag nicht bei dir, sondern an der Front ist. Denn wer seinem Vaterland Opfer bringt, der ist ein Soldat, auch wenn er ein kleines Mädchen ist.«

So hat Mann sich das gedacht. Doch die kleine Soldatin wächst zu einer Kämpferin anderer Art und mit anderen Zielen heran: Christina Thürmer-Rohr wird Friedenskämpferin. Denn gerade die Beschäftigung der Nachkriegsgeneration mit dem Krieg wird zum Motor der Friedensbewegung. Die Frauen der Friedensbewegung zeigen eine andere Form des Engagements und Kampfes, plädieren für eine gewaltlose Verteidigung. Trotzdem werden sie in der männlichen Berichterstattung zu Megären.

Friedensbewegung: Frauen für den Frieden! Da haben wir sie endlich, die friedfertigen, aggressionslosen Frauen, die gewaltfrei handeln!

Sie sind die reinsten Friedensengel! Sie sangen:

Wir sagen nee, wir sagen nee,
wir wollen nicht in die Armee
Da hat der Apel sich verguckt,
auch wenn's ihm in den Fingern juckt...
Wir wollen nicht in die Armee.

Sie forderten: »Wir wollen die skandinavischen Länder als eine atomwaffenfreie Zone haben und auch Westeuropa von Polen nach Puttgarden.« Wie die Männer für den Krieg, marschierten sie – vierzig Frauen – im Juni 1981 für den Frieden von Schweden, Dänemark, Norwegen und Finnland aus nach Paris. Sie veranstalteten im November 1990 eine Konferenz über Sicherheit und Zusammenarbeit in Europa, kurz KSZE der Frauen.

Doch für uns sieht es so aus: Was Frauenfüße in Bewegung setzen, halten Männerhände zurück. Frauenmärsche überwinden die uns gesetzten Grenzen nicht. Die während des kalten Krieges entstandene Friedensforschung findet hauptsächlich in Männerhirnen statt. Da erforschen, analysieren, suchen und finden Männer nur Kriegsursachen und Gefahren, Konflikte, Konstellationen und gewaltfreie Lösungen, die das Mannsein, seine Phantasien und Potenzvorstellungen nicht in Frage stellen.

Machen wir uns nichts vor! Wer Frieden wirklich will, muß bei sich selbst anfangen. Er muß sich fragen und fragen lassen, wie er mit dem Fremden, dem anderen, dem Mann, der Frau umgeht. Und er muß andere zur Rede stellen, die das nicht machen. »Die bisherige Friedensforschung hat einige Machtverhältnisse und Herrschaftsverhältnisse ausgeblendet. Sie hat ausgeblendet das Machtverhältnis unter den Geschlechtern. Sie hat ausgeblendet, daß der weiße Mann für viele Friedlosigkeit in der Welt verantwortlich ist. Sie hat weitgehend ausgeblendet auch den Umgang des Menschen mit der Natur als ein gewalttätiges Phänomen, an der patriarchale Denkprozesse mitbeteiligt sind«, stellt Professorin Albrecht-Heide in einem Interview fest. Was hätten die Friedensfrauen daran ändern wollen?

Ganz einfach! Sie wollen, daß das Machtverhältnis unter den Geschlechtern endlich ein Thema der Friedensforschung wird! Sie wollen, daß die Dominanz der weißen Rasse endlich in die Betrachtungen einbezogen wird.

Während des Golfkriegs stellen die Frauen der amerikanischen Friedensbewegung ihre Forderungen laut und deutlich: »Der Präsident, der diesen Krieg demokratischer Prinzipien wegen führt, hat kürzlich Gesetze für Rassengleichheit abgelehnt. Erst teilt er diese Nation in schwarze und weiße Bürger, und dann verlangt er, daß wir gemeinsam unter dem Sternenbanner dieses Land verteidigen, welch eine Heuchelei!«

Mann, haben diese Frauen Power! Das müßten Sie sehen und nicht nur lesen – Frauen, die Männerwaffen wie Mut, Aggressivität, Temperament für den Frieden einsetzen!

Frauen für den Frieden – haben sie die männlichen Erlösungsphantasien übernommen? Bleibt die Botschaft dieser Friedensengel deshalb unwirksam?

Es muß mehr sein als eine Erlösungsphantasie. Nicht umsonst sagt man Frauen integrierende Kraft nach. Stärker auf zwischenmenschliche Beziehungen hin orientiert, sollte es ihnen leichter fallen, hierarchische Strukturen, wie sie unser Verhältnis zu anderen Völkern kennzeichnen, zu durchbrechen und den Verlockungen, dominant zu sein, Macht auszuüben, zu widerstehen. Ist es Mütterlichkeit, die uns prägt, dann sollte sie endlich auch dort Platz greifen, wo der Schwächere, der andere unsere Hilfe fordert. Nicht mehr das Beherrschen des anderen, sondern das gleichberechtigte Miteinander der Völker wäre dann opportun. Diese weiblichen Fähigkeiten gemäß der uns daraus erwachsenen Verantwortung bei der Weltgestaltung einzubringen, ist Frauenpflicht.

Ist aber für den Frieden kämpfen nicht in sich schon ein Widerspruch? Es gibt Menschen, die das sogar mit der Waffe in der Hand tun. Von denen ist hier nicht die Rede. Wir sprechen über Friedensfrauen. Nein, es geht nicht darum, all die großartigen Versuche von Frauen, etwas für den Frieden zu tun, aufzulisten. Für den Frieden wurden und werden Frauen aktiv in Wort und Tat. Aufrufe und Plakate, Demonstrationen, Kongresse und Umzüge, Informationsstände und Bücher, Streitschriften, Pamphlete und gewaltige Fußmärsche zeugen davon.

Sie haben sich im wahrsten Sinne des Wortes die Füße wund gelaufen für den Frieden. Doch was für kriegerische Töne aus friedfertigem, zartem Mund! Falls Sie, meine Leserinnen und Leser, sich in der Szene nicht auskennen, lesen Sie einfach in einem Buch mit dem vielversprechenden Titel *Nicht friedlich und nicht still* nach.

Da hab' ich überlegt . . . wie nietet man so einen Mann um, oder wie bringt man ihn ins Irrenhaus? *(Peggy Parnass)*

Frauen bringen in solchen Situationen zu wenig offensive Militanz auf. *(Luc Jochimsen)*

Fragen Sie jetzt überrascht: also doch Waffenträgerinnen? Frauen, die für den Frieden kämpfen, so sollte man doch vermuten, sind besonders friedfertig und gehen besonders friedlich miteinander um. Denn der Frieden fängt bei uns selbst und unserem Umgang mit anderen an.

Denkste!

»Ich hab' erfahren, jetzt gerade während der großen Frauen-Friedenswoche, daß in Kopenhagen Ordnerinnen eingesetzt waren. Die haben Friedens-Frauen niedergeknüppelt«, sagt Peggy Parnass, die in Schweden geborene Kämpferin gegen den Faschismus, in einem Streitgespräch zu der Autorin Luc Jochimsen. »Wenn Frauen in Uniform andere Frauen niederknüppeln auf Befehl, verstehst du, dann ist mir der Geschlechterunterschied egal.«

Die Filmemacherin Helke Sander, ebenfalls in der Friedensbewegung aktiv, kommt in einem Referat auf dem Frauenkongreß gegen Atom und Militär 1979 in Köln – auf Frauen bezogen! – zu der Einsicht: »Für andere wiederum scheint die eigene Befreiung doch noch viel mit der Unterwerfung anderer zu tun zu haben.« Sie stellt die Frage: »Wie verhindern wir, weiter Opfer zu sein, ohne andere dazu zu machen?«

Durch Hierarchisierung (Ich oben – du unten) Probleme zu bewältigen, so sind wir, Frauen wie Männer, erzogen worden. Das spielt sogar unmittelbar in das Miteinander der Friedensfrauen hinein. Sie handeln nach den Mustern von Dominanz und Unterwerfung, die uns eine patriarchale Welt seit Jahrtausenden vorschreibt, selbst wenn sie unter sich sind.

Schauen wir uns die Realität an! Die Frau, die für Gleichberechtigung oder Frieden und damit gegen eine männliche Phalanx kämpft, kann sich einem Zwiespalt nicht entziehen: Sie agiert gegen Männer und hat vielleicht selbst Mann und Sohn. Sie liebt beide. Doch in der Frauenbewegung ist für diese Liebe kein Raum. Es kann nicht sein, was nicht sein darf: ein liebenswerter und liebenswürdiger, das heißt der Liebe würdiger Mann. Solche Männer werden totgeschwiegen, wie Frauen von Männern totgeschwiegen werden – Nachahmungsdrang, der nicht nachahmenswert ist. Damit ist der Mann nicht existent und ein Ungeheuer, gegen das mit allen Mitteln vorgegangen werden muß.

In der Frauenbewegung gibt es die ideologischen Männerhasserinnen. Geben sie den Ton an, wird die Frau mit Mann und Sohn mundtot gemacht. Sie darf nicht einfach ihrem Herzen und ihrem Verstand folgen und zu ihrer Liebe stehen. Wenigstens muß sie sich in einem Dilemma fühlen, hin und her gerissen sein. Welche Strategien sie wählt, um diesem Dilemma zu entgehen, beschreibt Helke Sander: Sie macht die Augen zu und betrachtet den eigenen Mann und die eigenen Söhne als Ausnahme. Sie ist bigott: »Oder es gibt Frauen, die so tun, als seien ihnen Männer absolut gleichgültig, was anderen Frauen gegenüber demonstriert wird, die andrerseits aber sagen, daß, wenn *ihr* Mann Gewalt anwende, er schon einen *Grund* dafür haben werde.«

Schweigen, Unterwerfung, Nicht-Widersprechen gegenüber denen, die den Ton angeben, als altbekanntes Frauenverhalten taucht auf. Auch die Friedens- und Frauenbewegungs-Frau befreit sich, indem sie andere Frauen unterwirft – der alte Mechanismus von Dominanz und Unterwerfung tut seine Wirkung. Die Männer-sind-Schweine-Ideologie fordert wie alle Ideologien die absolute Gefolgschaft und ihre Opfer. Dem Druck der Gruppe beugen sich viele Frauen. »Auch Frauen können es als vergewaltigend empfinden, wenn sie vor Frauen öffentlich ihr Desinteresse an Männern bekunden müssen, um ihre rechte Gesinnung zu zeigen.«

Es wäre viel gewonnen, wenn Menschen lernten, in menschlichen und nicht in ideologischen Kategorien zu denken. Egal, wie andere Frauen, ob friedensbewegt oder nicht, es halten: Für mich, auch Mutter einer Tochter, sind mein Mann und meine zwei Söhne Menschen mit Eigenschaften, die mir mehr oder weniger gefallen. Wenn sie »typisch« männliche Verhaltensweisen zeigten oder zeigen, brachte und bringe ich das zur Sprache. Gegen Hierarchisierung in jeder Form versuche ich bei ihnen anzugehen, wehre ich mich, wie sie sich hoffentlich wehren, wenn ich geneigt bin, sie mir zu unterwerfen. Unsere männlich verstrickte Welt jedoch laste ich Mann und Söhnen nicht an.

Denn ich weiß, solange wir nicht gelernt haben, unsere Probleme und Konflikte anders als durch »Oben und Unten« zu lösen, ändert sich nichts an der proklamierten und immer wieder zutagetretenden Ungleichwertigkeit von Frauen und Männern – der Nicht-Gleichberechtigung eben.

Thai-Boxerin: Ballett für zwei Frauen

Die gewaltigen sportlichen Leistungen der Tennisspielerin Steffi Graf, der Hochspringerin Heike Henkel oder der Dressurreiterin Nicole Uphoff brauche ich Ihnen nicht vorzustellen. Sie sprechen für sich. Zwar nicht unbedingt mit männlichen Muskeln, dafür mit Disziplin, Einsatzbereitschaft, Kraft, Mut, Nerven und der notwendigen Aggression begegnen uns die sportlichen Waffenträgerinnen. Muß ich betonen, daß wir Frauen stolz auf sie sind, daß wir uns gern mit ihnen identifizieren? Bewundernd schauen wir auf Weltumseglerinnen und Gipfelstürmerinnen, auf Fallschirmspringerin und Tiefseeforscherin, bekannte Frauen und namenslose.

Boxsport scheint ein Männersport. Doch der Schein trügt, selbst in einer der härtesten Abarten, dem Thai-Boxen, kämpfen Frauen. Ursprünglich aus dem Tai-Chi entwickelt, deuten die religiösen Wurzeln dieses Sportes auf den Mann: Damit der Körper über dem stundenlangen Meditieren nicht Schaden nahm, trainierten die Mönche mit dieser Mischung aus Kraftsport und Tanz, aus der die Thais dann Muai-thai entwickelten, das Thai-Boxen. Aus der Religion als Männersache müssen Frauen sich heraushalten: »Frauen ist das Kämpfen in Thailand deshalb verboten.«

Ein brutaler, Kraft fordernder und martialischer Sport, bei dem so ziemlich alles erlaubt ist, der Boxer in manchen Ländern auch Knie und Ellenbogen benutzen darf, um den Gegner außer Gefecht zu setzen. Das Foto zeigt eine junge Frau im Sportdreß mit erhobenen Fäusten: die 24jährige Niederländerin Lucia Rijker. Der konzentrierte Blick, die geöffneten Lippen – aber ja, wir glauben ihr, daß sie zuschlagen kann. Der seit Beginn der achtziger Jahre in Europa populäre Sport schloß Frauen nicht aus. Viele Frauen aber haben offenbar nicht das Bedürfnis, genauso hart zuzuschlagen wie Männer.

»Es macht einfach Spaß«, hält Lucia Rijker in einem Interview dagegen. »Ich schlage gerne zu.« Und offensichtlich mit Erfolg: Keinen ihrer 27 Kämpfe hat sie bisher verloren, 18 Kämpfe durch K. o. gewonnen. Zusätzlich gibt sie Boxunterricht. Ihre Gage –

10 000 Mark pro Auftritt – kann sich zwar sehen lassen; doch im Kassieren sind ihr die männlichen Kollegen deutlich voraus. Trotzdem sagt Lucia stolz: »Ich bin der bestbezahlte weibliche Boxprofi der Welt.« Kein Wunder also, daß sie sich verändert hat. Sie erinnert sich, mit vierzehn ein schüchternes kleines Mädchen gewesen zu sein. Da hatte sie Angst zu reden und kam mit sich und der Welt nicht zurecht.

Sich die Welt zu erobern ist ein durchaus legitimes Ansinnen – auch für Frauen. Nicht anders als Männer wollen sie die Grenzen ihres Selbst erfahren und selber abstecken. Das ist bei Lucia Rijker nicht anders als bei dem Hooligan Jenny, wie Sie sehen werden. »Wenn du im Ring stehst, ist da sofort die Konfrontation. Du hast Angst und mußt zeigen, was du kannst. Du lernst deine Grenzen kennen und den Schmerz.« Durch Thai-Boxen hat sie außer Narben offensichtlich gewonnen, was Frauen bitter nötig haben: Selbstvertrauen und Selbstachtung, ein ungebrochenes Selbstwertgefühl. Sie ist nicht mehr schüchtern und kommt mit der Welt zurecht: eine Frau, die ihre Ellbogen gebrauchen kann oder, wenn's sein muß, die Knie – vor allem aber eine Frau, die ihre Fäuste einsetzt.

»Wenn Lucia Rijker im Ring steht, ist das für sie wie Krieg – mit Publikum. Sie braucht das Raunen der Menge, das Licht der Scheinwerfer, die Nervosität vor dem ersten Schlag. Sieg ist ihr einziger Gedanke. Dann rammt sie der Gegnerin die Faust an den Kopf, das Knie in den Bauch, denn Ellbogen ins Gesicht. Mitleid empfindet sie als Schwäche.« So die *Zeit*.

Wie alle großen Frauen des Sports ist Lucia abhängig von einem Mann, ihrem Manager, der sie proklamiert als »Symbol einer neuen Weiblichkeit: Eleganz, Stärke, Selbstvertrauen.« Dagegen ist nichts einzuwenden, obwohl wir – Freud im Sinn – etwas mißtrauisch bleiben, wenn Männer sich über Weibliches auslassen. Sie lasten Frauen an, wenn die Frau in Wirklichkeit anders ist, als sie sich vorstellen. Lucia ist aber offenbar bereit, »den entscheidenden Beweis« für das für sie entworfene Frauenbild zu liefern: »Ich will gegen einen Mann kämpfen und ihn k. o. schlagen. Ich weiß, daß ich das kann.«

Wehr dich, Achilles,
Ich will dich erschlagen . . .

»Begegnet man ihr außerhalb des Rings, dann wirkt sie fast zierlich. Eine eher schmale Person in grasgrünem Blazer, tief dekolltiertem Body und hautengen Leggins. Auf der braunen Haut glänzt eine breite Goldkette, an den Ohren funkeln runde Clips. Die schwarzen Haare sind zentimeterkurz geschnitten. Um die braunen Augen ist sie sorgfältig geschminkt.«

Eine martialische Frau?! Das sollte man nicht in Frage stellen! Da sollte die Journalistin auch nicht durch detaillierte, dem Schönheitsmythos verpflichtete und männerfreundliche Beschreibung der Figur, der Kleidung, Aufmachung und des Make-ups relativieren und suggerieren, ganz so schlimm ist Lucia gar nicht. Das haben wir schon bei Zeitungsberichten über Soldatinnen gefunden, und das erkennen wir – gewieft, wie wir inzwischen sind – als Muster wieder.

Während Sie, die Leser, vielleicht aufseufzen: Gott sei Dank, doch eine richtige Frau, stellen wir Frauen uns die Frage: Wer hat je soviel über das Äußere eines Boxers erfahren? Signalisieren uns die Socken von Cassius Clay oder die gestylte Frisur von Rocky Graziano, daß sie gar nicht so böse Schlägertypen sind?

Torera – wußten Sie, daß es zu dem spanischen Wort Torero eine weibliche Form gibt, eben Torera? Die Grammatik hätte es uns ahnen lassen können. Daß die Wirklichkeit so etwas zu bieten hat, ist schon erstaunlicher.

Für junge Mädchen, die den Kampf gegen den Stier wagen wollen, gibt es mehr als ein Vorbild. Die Peruanerin Conchita Cintrón, die in den vierziger und fünfziger Jahren bekannte Torera war, oder die Französin Maria Sara Bourseiller, 28 Jahre alt.

Die Tierschützer unter Ihnen lehnen Stierkampf als überkommenes atavistisch-grausames Spektakel ab. Andere sehen darin nur ein der Tradition verhaftetes tödliches Kampfspiel zwischen Mensch und Tier, das nicht nur der *Spiegel* im Stile Hemingways mit schönen verschleiernden Worten beschreibt: »Ballett für zwei Tiere und eine Frau – die Corrida beginnt, der tödliche Tanz. Und jeder hier kennt den Pakt der Toreros mit dem Stier: Du kämpfst, toro bravo, du blutest und stirbst, und ich sorge dafür, daß du in Schönheit stirbst.«

Die Frau als Totentänzerin, hier finden wir sie unerwartet: in einem tödlichen, in Schönheit inszenierten Tanz, um den Tod zu besiegen, das häßliche Sterben! Ein Widerspruch in sich – aber daran stört sich niemand. In Schönheit sterben, das zieht sich geradezu leitmotivisch durch alle Männerphantasien. Ist es zugleich eine Frauenphantasie? Das Stierohr als Orden an der Brust hat sich jedenfalls die Frau verdient, die Mut hat und die »Kühnheit, sich mit dem Stier und den Männern zu messen – in der Arena, dort, wo in Spanien die Helden zu Hause sind«, heißt es in einem *Spiegel*-Artikel.

Natürlich hat Maria Sara Bourseiller Erfolg. Die Zuschauer strömen zu Tausenden in die spanischen und französischen Stadien, das Fernsehen berichtet live. Doch das Weibliche hat seinen Preis – auch in dieser Männerdomäne, die im Torero durchaus das Weibliche des Mannes herausstellt. Wenn zwei dasselbe tun – kommt es noch lange nicht gleich gut an! Darf der Mann ohne weiteres mit Glitzerhöschen und eleganter zarter Gestik weibliche Verlockung mit männlicher Härte paaren, darf umgekehrt die Frau nicht männliche Härte demonstrieren. Weibmann ist erlaubt, so lernen wir, Mannweib noch lange nicht. Und sie ist beileibe kein Mannweib.

»Feminin« will die Torera sein, »anmutig, graziös« und doch mit Männern konkurrieren; deshalb kämpft sie zu Pferd. Das Reittier verkörpert die Kraft, »das maskuline Element«, wie sie sagt, und ist außerdem ein Schutz für den Körper der Frau. Und den verlangt das Publikum. Denn es liebt zwar das Spiel mit dem Risiko und dem Tod. Aber es will keine Frau sehen, die blutend im Sand liegt, von den Hörnern der Bestie durchbohrt. Für den Mann kann eine »cornada« eine Heldentat sein. Dem Körper der Frau aber, so denken

sie in den Stierkampfländern darf nichts geschehen: »Der Bauch einer Frau ist heilig.«

Der Bauch einer Frau gehört ihr nicht, solange der Mann ihn in seinen Frauenmythen heilig spricht. Trotz gewaltiger Kräfte, die Frauen als Sportlerinnen oder Soldatinnen, als Politikerinnen, Wissenschaftlerinnen oder Künstlerinnen entfalten, scheitern Gleichwertigkeit und Gleichberechtigung im patriarchalen System an eben dieser männlichen Vorstellungskraft und ihrem Ergebnis: Heiligsprechung ja, Heldentod nein. Ob Maria Sara Bourseiller oder Jeanne d'Arc, ob partiell heilig gesprochen oder als ganzes Weib, – immer endet die Gewalt von Frauen an der letztlich uneinnehmbaren Männerbastion: der Frau als Kopfgeburt des Mannes.

Trotzdem – finden wir auf allen Gebieten die Nachahmerin, die es den Männern gleichtun will? Es sieht so aus. Frauen wie die Thai-Boxerin Lucia oder die Torera Maria Sara haben sich eine extreme Sportart ausgewählt. Sie betreiben einen Sport, in dem sie sich in echte Gefahr für Leib und Leben begeben, zusammengeschlagen oder getötet werden können. Sie gehen bis an die Grenzen, womöglich darüber hinaus: Titaninnen. Doch dieses Titanentum unterstützt die von Männern gesetzten Regeln und das System, in dem wir leben. Insofern haben die Journalistinnen recht: So schlimm für Männer sind Lucia und Maria Sara gar nicht.

Frauenträume: Blutig und mörderisch

Eine Runde am Familientisch. Eltern, mehrere erwachsene Kinder, es wird diskutiert und lamentiert, Ärger kommt auf, der Ehemann gibt Widerworte, die Kinder auch, alle haben recht, nur die Mutter nicht – Sie, meine Leserinnen, kennen das. In diesem Fall bekommt Mutter einen Gallenstau. Während sie im Bett liegt, träumt sie. Und was sie träumt, erzählt Hella mir: »Ich habe mir vorgestellt, wie ich mit der Axt Stück für Stück unsere Möbel zerhacke, alle die teuren Antiquitäten, die er – Günther – so liebt.«

In diesem Fall hat Günther Glück. Die Axt könnte zu ganz anderen Zwecken verwendet werden – im Traum, versteht sich. Wenn eine Frau gedemütigt wird, in ihrem Selbstwertgefühl verletzt ist, entlädt sich die angestaute Aggression in gewalttätigen Träumen. Deshalb malen sich Frauen Gewalttätigkeiten aus wie Jenny, das ausgebeutete und erniedrigte Küchenmädchen in Bert Brechts *Dreigroschenoper*, das sich vorstellt, wie sie alle ihre Peiniger töten läßt. Ähnlich wie sie träumt die von Professor Higgins zur Dame gemachte Eliza Doolittle in dem Musical *My fair Lady* davon, daß ihr der König einen mörderischen Wunsch erfüllt:

»Mein Wunsch ist nur:
Schieß Henry Higgins tot.«
»Gut«, sagt der King, »wird jemacht.
Her mit dem Kerl und noch heut nacht.«
Und sie stell'n dich, Henry Higgins an die Wand
Und der King sagt höflich: »Liza, heb die Hand!«
Dann zielt alles aufs Gemäuer,
ich ruf: »Achtung, fertig, Feuer!«
Dann haha, Henry Higgings, hahaha, Henry Higgins,
wart's nur ab.

Wie sich die Traumbilder gleichen! Sie sind der dichterische Ausdruck für unterdrückte Aggressionsenergien, die im Unterbewußtsein irrational und destruktiv weiterwirken. Scheinbar gefühllos geben sowohl Jenny als auch Eliza Männern den Tod – die Frau imaginiert gewalttätiges Weibliches.

Was Wunder also, daß sich verletztes Selbstwertgefühl auch zunehmend in mörderischen Geschichten Bahn bricht, wie sie uns etwa Sabine Seitmer in *Bye-bye, Bruno* oder *Auch brave Mädchen tun's* oder Christine Grän in *Ein mörderischer Urlaub* vorstellen, wo Ehemänner oder Liebhaber gleichermaßen leichtherzig aufgegeben werden und dran glauben müssen. Gefahr für die Männerwelt – da braucht sich der sprachlose Mann nicht zu ängstigen – ist nicht gegeben. Selbst Sara Paretsky und ihre Detektivin V.I. Warshawski geben keine Gebrauchsanleitung; nach männlichem Muster gestrickt, gehört V.I. wohl eher in das Genre *Meine ungehörigen Träume*, wie Helga Königsdorf bezeichnenderweise ihre Mordgeschichten betitelt.

Doch die gewalttätige Frau, Ehefrau und Mutter, findet sich nicht nur in der Literatur. Offene und versteckte Gewalt sind Realität bei vielen Frauen. Davor schützen auch die Eigenschaften nicht, die man Frauen per se nachsagt: Frauen sind mütterlich, sie haben die Fähigkeit und Bereitschaft, sich in die Einstellungen anderer einzufühlen, sie orientieren sich an bestehenden Beziehungen. Aber die Psychologieprofessorin Birgit Rommelspacher, die uns noch öfter mit psychologischem Rat zur Seite stehen wird, stellt fest: »Je nach Situation können diese Kompetenzen im Dienst von Diskriminierung, Ausbeutung und Gewalt stehen.«

In Berlin-Kreuzberg gibt es Mädchenbanden, in Bremen die türkische Mädchenbande mit dem Namen »Killerbande« und in Köln den Hooligan namens Jenny, in einem Interview der Zeitschrift *Brigitte* als »einzige Frau in dieser Gewalt-Szene« tituliert. Da ich mich da nicht auskenne, lasse ich Jenny sprechen. Sie bekennt freimütig: »Aber das ist wie so eine Sucht: Ich wache samstags morgens auf – freitags nehme ich mir fest vor, nicht hinzugehen –, und dann krieg ich so ein Kribbeln im Bauch wie andere Leute am Weihnachtsmorgen. Und dann muß ich hin, egal wie.« In der Nordkurve, mitten unter den feindlichen Hooligans, sitzt sie dann und guckt sich schon während des Spiels ihr Opfer aus. »Ja, und nach dem Spiel geht's dann los: Er ist größer als ich oder stärker, je nachdem. Und wenn ich ihn umgehauen habe – so heißt das in unserem Jargon –, dann bin ich gut.«

Dieses Spiel mit der Gefahr geht nicht ohne Blessuren ab. »Ich habe bestimmt schon fünfmal allein wegen Fußball im Krankenhaus gelegen: einmal mit einem Bauchtrauma, dann Rippenprellungen, eine Leberquetschung, Gehirnerschütterung, so Kleinkram halt.« Jenny steckt ein und teilt aus. »Mal ein Zähnchen raus oder ein blaues Auge, das kommt schon vor.«

Was viele Frauen und Männer zurückschrecken ließe, eine Prügelei, in der es deftig zur Sache geht, zieht Jenny offensichtlich magisch an. Ja, die Möglichkeit, den kürzeren zu ziehen, eins auf die Nase zu kriegen, törnt sie an und fasziniert sie. »Was uns reizt, ist ja gerade, daß es nicht kalkulierbar ist, daß es schiefgehen kann, man verletzt oder von der Polizei geschnappt werden kann. Es ist eine gefährliche, aufregende Art der Freizeitgestaltung: Es geht darum, das Risiko zu suchen, die Angst zu besiegen. Das ist irgendwie ein Ausgleich zum langweiligen Alltagsleben.«

Sie trägt Designer-Klamotten, einen superkurzen Haarschnitt und hat ausgerechnet das Einhorn, Symbol der Jungfräulichkeit (ja!), auf den Oberarm tätowiert. »Es ist ernster Kampfsport, Abwechslung, Risikofreude, Nervenkitzel. Es ist der Adrenalinschock, die Gefahr zu verlieren, aber immer mit der Möglichkeit zu siegen. Das ist es, was mich reizt.«

Die Frauenhand gegen den Angetrauten zu erheben verstieß schon immer gegen die geltende Norm. Ein solcher Verstoß mußte geahndet werden, wenn nicht durch bestehende Gesetze, so wenigstens durch Gerichtsspiele, wie sie zur Fastnachtszeit vielerorts Brauch waren, »indem sie durch die Personen des Anklägers und des Richters, oft auch durch die Anwälte und Schöffen, Verstöße gegen die rechte Ordnung aufdeckten und so zum Fortbestand dieser Ordnung« beitrugen.

Sie wissen es nun schon, Karneval – Fastnacht stellt die Welt auf den Kopf, plädiert jedoch nicht für eine Veränderung, geschweige denn für die Umkehrung der Machtverhältnisse. Im Gegenteil, gerade weil die verkehrte Welt als Ventil für Volkes Ärger und Zorn diente, bestätigte sie mit ihrem auf einen festgelegten Zeitraum begrenzten Kopfstand die bestehenden Macht- und Gewaltverhältnisse.

Den Mann, der seine Frau schlug – jahrhundertelang kraft des Gesetzes geübte und damit rechtskräftige Praxis –, zerrte man nicht vor ein Fastnachtstribunal, dafür den Mann, der sich von seiner Frau schlagen ließ. »Ein typisches Beispiel solcher Verstöße betraf beispielsweise die Verkehrung der innerehelichen Rangordnung, die den Primat des Mannes als das »Haupt« seiner Ehefrau festlegte, etwa dadurch, daß eine Frau ihren Ehemann schlug und er sich diese schimpfliche Behandlung gefallen ließ.« Krause nennt in seinem Buch *Fastnacht-Fasching-Karneval* das Bubenheimer »Gekkengericht« als Beispiel für ein solches Gerichtsverfahren und zitiert den Gießener Historiker und Juristen Immanuel Weber (1659–1726), der einen detaillierten Bericht liefert. Darin heißt es: »Nichts aber ist so scharf gestraffet worden, als wann ein Mann sich von seiner Frau schlagen lassen . . .«

Schauen wir uns die Strafen der Fastnachtgerichte an! Für »unerlaubte Entjungferung« etwa, was wohl gleichbedeutend für Vergewaltigung ist, mußte der Übeltäter 2 Wecken als Buße zahlen. Wie aber sieht die Strafe für den Mann aus, der Männermacht und Männerwelt gefährdet, indem er sich Frauen gegenüber als körperlich unterlegen, als Schwächling erweist? Er kann vier Ohm Wein als Abstand zahlen, was ihm zweimal vor seinem Haus angetragen wird. Weigert er sich noch immer, wird der First seines Hauses ruiniert, die drei obersten Latten samt Ziegel heruntergerissen. Nur wenn seine Frau bereit war, nackend »auf den Gipfel« seines Hauses zu steigen, ein Glas Wein zu trinken und es anschließend in die Tiefe zu werfen, konnte sie als »heroisches Weib« Wein und Haus retten.

Noch 1787 wird das Bubenheimer »Geckengericht« und sein Brauch – allerdings unter Auslassung der Sühnemöglichkeiten durch die Frau – im »Journal von und für Deutschland« erwähnt. Heroische Frauen hat es immer und zu allen Zeiten gegeben. Auch von ihnen handelt dieses Buch. Um Familie und sein Haus zu schützen, haben sie . . .

»Das teilweise Abdecken des Hauses, die ›Partialwüstung‹, als alter Rechtsbrauch gegen Geächtete, konnte nur durch die Selbsterniedrigung der Frau verhindert werden, durch die die rechte hierarchische Ordnung wiederhergestellt wurde«, sagt Krause. Dem ist nichts hinzuzufügen. Bestätigen doch solche und ähnliche Bräuche nicht nur in Deutschland, sondern auch in Großbritannien und Frankreich, daß das Schlagen des Mannes durch die Frau überall in

Europa eine öffentliche Angelegenheit war, Gewalt gegen Frauen dagegen zur Privatsache deklariert wurde. Die männliche Öffentlichkeit als »Mannschaft« mußte dafür sorgen, daß die weibliche Unterordnung gewährleistet blieb und Verstöße dagegen bestraft wurden. »Die Gemeinschaft, die empfindlich gegenüber jeder unbefugten Anmaßung der Ehemannsautorität (durch die Frau) reagierte, war besonders schnell bei der Hand, öffentliche Demonstrationen weiblicher Stärke im Keim zu ersticken«, stellt Edward Shorter in seinem Buch *Die Geburt der modernen Familie* fest.

Auch wir stellten es bereits fest: Wenn zwei dasselbe tun, ist es noch lange nicht dasselbe. »Da das Verhältnis zwischen den Geschlechtern ein Herrschaftsverhältnis war, war auch die Aufrechterhaltung des Machtverhältnisses in der Ehe keine private Angelegenheit, sondern Gegenstand allgemeiner Aufmerksamkeit«, sagen Benard und Schlaffer. »In diesem Sinn könnte man polemisch sagen, die Ehe sei die Keimzelle des Patriarchats.«

Lustvoll: Mord und Totschlag

Frauen beschäftigen sich mit Gewalt, mit ihrer Frauengewalt, in Filmen, Symposien, Workshops, Festivals und Büchern. Sie leugnen diese Gewalt nicht, immer haben sie Vergleichbares bei Männern im Blick – zu Recht.

Frauen drehen Filme wie die in Köln lebende Regisseurin Birgit Hein. Das *Film Journal* kündigte ihre fraulichen Gewaltvisionen so an: »Von Anfang der Geschichte an sind Frauen auch Täterinnen, genau wie die Männer. Der Film zeigt Soldatinnen, Aufseherinnen, betrunkene, gebärende, onanierende Frauen, starke Frauen, ebenso wie die Frauen-Opfer, gefordert von den Ängsten der Männer. Szenen aus Dokumentar- und Trivialfilmen sowie eigene Sequenzen hat die ehemalige Performance-Künstlerin zu einer Bildcollage montiert.«

Filmfrauen veranstalten in Wien ein vierzehntägiges Frauenfilmfestival unter dem aufreizenden Titel *Mörderinnen*. Lassen wir die

Veranstalterinnen selbst zu Wort kommen: »Mord steht dabei als Metapher, die Figur der Mörderin als Symbol für den Bruch mit den Traditionen von Friedfertigkeit und Unterwerfung. Mord als absichtsvolle todbringende Gewalthandlung ist eine letzte grenzüberschreitende Verweigerung in einer Gesellschaft, die Frauen auf die Rolle des Opfers beschränkt, oder aber lüstern/angstvolle Phantasien dämonischer Weiblichkeit zelebriert.«

Da werden Filme gezeigt wie der Stummfilm *Grausame Ehe, Abgründe* mit Asta Nielsen und *Der Kuß* mit Greta Garbo oder *The Little Foxes* mit der habgierig mordenden Bette Davies. Dagegen stehen die tötenden Gewalttäterinnen aus Margit Czenkis *Komplizinnen* oder *Die unheimlichen Frauen* Birgit Heins.

Bunt treiben sie's! Und das international. In Filmen wie *Die Mörderinnen* der ägyptischen Regisseurin Inas Deghedy (Ägypt. '91) oder *L'histoire d'Orocia* (Togo '85) präsentiert sich der Widerstand von Frauen gegen Herrschaftsverhältnisse.

Mörderinnen, Mittäterinnen, wohin Sie in den Filmen blicken: »Den Einzeltäterinnen, die ihre aggressiven Akte gegen Kinder, Eltern, Ehegatten oder Vorgesetzte als radikalen Befreiungsschnitt verstanden wissen wollen, folgen die Frauenbanden. In Lizzie Bordens *Born In Flames* (USA '83) bilden Frauen revolutionäre Gruppen und in *Camorra* (I '85) von Lina Wertmüller folgen sie dem ›Vorbild‹ der Männer. Sie stellen das organisierte Verbrechen der Mütter dem Treiben der Mafia entgegen. Im japanischen Film wiederum kämpfen die Töterinnen (J '65) gegen die Samurai.«

Vielleicht hätte Sie, die Sie nun schon recht gewitzt sind, was Frauengewalt betrifft, eines der Symposien interessiert mit so aufregenden Themen wie »Toter Zar – Russische Revolutionärinnen und politischer Mord« oder »Judith – Mörderin zwischen Mythos und Moderne« oder »Alptraum und Verwandlung. Über die Monstrosität des Weiblichen«.

Oder ein Workshop wie »Wen DO oder Wieder lernen, die Doppelaxt zu schwingen«, »Misch dir deine eigene mörderische Musik« oder »Mit den Waffen einer Frau. Schießkunde für Faustfeuerwaffen«.

Übermannt von soviel Frauengewalt, hätten Sie dann in der »langen Nacht des Grauens außergewöhnliche Horrorspezialitäten wie *Teuflische Brüste* (USA '73) oder *Cat People* (USA '42)« genießen können.

Frauen schreiben eine Biographie wie Marianne Bachmeier, die sechs Jahre Freiheitsstrafe dafür bekam, daß sie den Mann, der ihre sieben Jahre alte Tochter sexuell mißbrauchte und erdrosselte, im Gerichtssaal erschoß.

Sie schreiben Bücher wie dieses hier, das Sie, die Leserinnen und Leser, hoffentlich bisher mit Spannung, Freude, Ärger und Wut gelesen haben.

»In welchem Ausmaß Frauen schon vor Gericht ungleich härter behandelt werden als Männer, die ähnliche Taten begehen, ist mir in meiner 30jährigen Tätigkeit als Gerichtsmedizinerin und Gutachterin immer klarer geworden.« Das sagt Elisabeth Trude-Becker in ihrem Buch *Frauen als Mörder*. Sie beklagt die »Männerjustiz«, die mit zweierlei Maß mißt.

Die Amerikanerin Ann Jones kritisiert in ihrem Buch *Frauen, die töten* eine Gerechtigkeit, die manchmal Frauen bei Gewaltverbrechen freisprach, um sie zu beschützen, sie zu anderen Zeiten aber besonders hart wegen desselben Delikts bestrafte, um nicht »unangemessen nachsichtig« zu sein.

Als sich die feministischen Forderungen und die durch sie hervorgerufenen Ängste mehrten, stolperten die Hüter des Gesetzes – Richter, Geschworene, Volksvertreter und Politiker – über die fundamentale Widersprüchlichkeit (um nicht zu sagen Unsittlichkeit) ihrer Position. Hin und her gerissen zwischen Beschützen und Bestrafen – und mitunter uneinig über die geeignete Strategie zur Machterhaltung –, interpretierten sie Recht und Gesetz nach Belieben und lernten, mitten im Satz kehrtzumachen.

Wenn Sie beide Bücher gelesen haben, werden Sie zu einem überraschenden Schluß kommen: Justitia ist ganz offensichtlich ein Mann.

Anklageschriften und Verteidigungsstrategien, Gutachten, Strafmaß und sogar der Strafvollzug sind Männersache. Ein Beispiel? Von den zur Zeit 52 000 Strafgefangenen in Deutschland sind nur 2350 weiblichen Geschlechts. Im offenen Strafvollzug sind nur knapp 10,5 Prozent der Frauen, dagegen immerhin knapp 14,5 Prozent der Männer. An beruflichen Aus- und Fortbildungsmaßnahmen wie etwa Textverarbeitung nehmen sie nicht teil, weil es zuwenig Plätze gibt und weil es sich nicht *lohnt* – der geringen Haftstrafen wegen.

Alles in allem gilt wohl auch für deutsche Verhältnisse, was Ann Jones für Amerika resümiert: Gerechtigkeit ist auch eine Frage des Geschlechts. Tateinschätzung und Strafmaß sind abhängig von dem Frauenbild, das durch die Köpfe der Richter, Staatsanwälte, Verteidiger und öffentlichen Medien geistert.

Gewalttätige Träume zu haben ist eine Sache. Eine andere, gewalttätig zu werden. Die Zahlen aus unserem Beispiel sprechen eine deutliche Sprache. In der Realität ist es mit der Gewalttätigkeit von Frauen nicht weit her. Frauen sitzen darüber hinaus selten wegen Gewaltverbrechen ein, eher für kriminelle Handlungen, vorwiegend begehen sie Rauschgift- und Eigentumsdelikte.

Kommen Sie mir jetzt nicht mit der Dunkelziffer. Unentdeckte und unaufgeklärte Morde gibt es sicher bei Männern und Frauen. Doch ich habe es bei einer Freundin, Mutter von vier Kindern, erlebt: Als ihr kleiner Sohn aus dem Parterrefenster des Bungalows fiel, hat die Kripo ermittelt, ob es ein Unfall oder mütterliche Absicht war.

Es würde Ihnen vermutlich schwerfallen, ein weibliches Pendant zu dem Berliner Massenmörder Hamann, zu Jack The Ripper oder zu dem Nürnberger Mittagsmörder Klaus Gosmann zu finden. Die Massenmörderin kommt wie die Amokläuferin selten vor. Mord, Raubmord, Banküberfälle mit tödlichem Ausgang, Bandenkriminalität, wo Mord und Totschlag an der Tagesordnung ist, sind nicht die Delikte, die man Frauen nachsagt, obwohl wir Frauen durchaus an diesen Verbrechen beteiligt sein können. Frauen entwickeln Tötungsphantasien, aber sie setzen sie nicht in die Tat um wie der 36 Jahre alte Essener Ulrich Schmidt, der vier Frauen ermordete, zwei lebensgefährlich verletzte und vier andere vergewaltigte. Er habe klischeehafte Vorstellungen von Frauen entwickelt, heißt es. Richtig, wir haben bereits herausgefunden, daß Klischees tödlich sein können. Plädiert seine Verteidigerin deshalb auf Schuldunfähigkeit?

Wir wollen nicht leugnen, daß es die Frau gab und gibt, die Menschen tötet, ausgerechnet in jenem Bereich, wo man das am wenigsten erwartet: dem Bereich der berufsmäßigen Helferinnen. Die extremste Seite des Helferinnensyndroms, über dessen Gewaltcharakter Sie in diesem Buch unter dem Stichwort *Hilf dir selbst – dann...* einiges hören werden, präsentiert sich. Wo Macht- und Größenphantasien sprießen, weil das Gegenüber, der andere situationsbedingt durch Alter oder Krankheit unterlegen ist, kann sich der Wunsch, dominant zu sein, ins Unermeßliche steigern, auch bis dahin, Frau über Leben und Tod zu sein. Wer sonst keine Chance sieht, Selbstbestätigung zu bekommen, seinen Beitrag zur Weltgestaltung zu liefern, lebt seine Größenphantasien für andere tödlich aus. Das haben die Krankenschwestern von Wien-Lainz gezeigt oder die Krankenschwester Michaela Roeder in Wuppertal, die 1989 angeklagt wurde, innerhalb von zwei Jahren 17 Menschen getötet zu haben.

Nachahmenswert: Das Chaos ist weiblich

Halten wir einen Augenblick inne und resümieren wir: Wir haben Frauen entdeckt, die Männern ähnlich Aggressionslust besitzen, aus ihrem Gewaltpotential schöpfen, die Geltungsdrang und Machtphantasien haben, Anerkennung wollen. Wir haben Frauen entdeckt, die wie Männer bestimmte Waffen einsetzen: Kraft, Kühnheit, Können, Risikobereitschaft, Einsatzfreude, Disziplin, den Wunsch, etwas zu leisten, zu gestalten. Darunter waren Frauen, die den Tod nicht fürchten, die bereit sind, bis an die eigenen Grenzen zu gehen.

Zu Recht runzeln Sie die Stirn. Ja, einige von Ihnen schütteln sicher den Kopf; andere wiederum, Frauen, sind erbost darüber, daß ich diese Eigenschaften und Handlungsmuster als »Männerwaffen« bezeichnet habe, obwohl doch ganz offensichtlich und nachweislich Frauen diese Eigenschaften auch haben.

Doch ich bleibe dabei: Männerwaffen. Das Wort »Krieger« hätte uns von Anfang an stutzig machen sollen. Es ist ein männliches Über-Ich, vormals nur Männern vorbehalten, dem Frauen folgen, die lernen, Krieger zu sein. Dieses Über-Ich gibt Eigenschaften und Regeln vor, erzieht und trainiert sie uns mittels Sozialisation an. Es treibt uns Eigenschaften aus und verstellt den Weg zu anderen Regeln. So werden wir zu Nachahmerinnen, die das patriarchale System mit seinen systemimmanenten Gewaltstrukturen fördern, statt daraufhin zu arbeiten und zu leben, daß dieses System sich zu einem gewaltfreieren menschlicheren wandelt. So tragen wir dazu bei, daß die dem System dienlichen und machterhaltenden Frauenklischees und -mythen erhalten bleiben.

Solange wir Frauen nur darauf aus sind, in dieser Männerwelt akzeptiert zu werden, gehen wir von einem falschen Begriff »Gleichberechtigung« aus. Wahrhaft gleichberechtigt und gleichwertig wären wir aber erst, wenn wir unseren Beitrag zur Weltgestaltung nach unseren eigenen Vorstellungen und Regeln einbringen könnten. Gerade das aber gelingt nicht. Nichts macht das deutlicher als weibliches Titanentum.

Prometheus lehnte sich gegen die Götter auf, brachte den Menschen das verbotene Feuer, setzte seinen Weltentwurf gegen die starren Göttergesetze. Er wurde zum Inbegriff der Auflehnung. Doch gerade die Auflehnung gegen Bestehendes ist in weiblichem Titanentum nur partiell enthalten; diese Riesinnen wollen zeigen, daß Frauen genauso gut wie Männer die Angst besiegen, dem Tod ins Auge sehen können. Ihre Auflehnung beschränkt sich darauf, gegen die Regeln zu rebellieren, die ihnen verwehren, wie Männer zu sein. Sie wollen die Männerwelt mit ihren hierarchischen starren Regeln. Ein eigener Weltentwurf, ein Gegenentwurf zum patriarchalen System fehlt ganz.

Ein Gegenentwurf muß her. Und damit wir uns recht verstehen: Ich meine nicht die andere Seite der Medaille, eine matriarchale Welt. Ich meine eine lebendige Welt, die Männern wie Frauen aller Länder und aller Völker ermöglicht, miteinander in Frieden und möglichst gewaltfrei zu leben.

Was bringen Frauen mit für diese gewaltfreiere Welt?

Wie alle weiblichen Krieger, die das Blut der Marmelade vorziehen, gezeigt haben: Stärke. Frauen besitzen genügend Kraft, Kühnheit, Können, Risikobereitschaft, Einsatzfreude, Disziplin und Gestaltungswillen, um der Welt und dem Miteinander von Mann und Frau und aller Menschen das nötige Gepräge zu geben.

Anders als Männern ist Frauen integrierende Kraft eigen, Kraft, die erst ein anderes System, ein Spiel mit anderen Regeln möglich macht. Nicht die Polarisation, das Auseinanderdividieren der Geschlechter kann ihr Anliegen sein. Selbst wenn der Schein manchmal dagegen spricht und streitbare Femninistinnen mit Wort und Tat diese Polarisation vertiefen, zumindest nicht vermeiden.

Doch es gibt auch Frauenbünde. Wenn sie vorkommen – als Frauenlogen, weibliche Korporationen, Serviceclubs wie Zonta oder Soroptomists, Innerwheel bei Rotary, Lionessen bei Lions oder als Frauengesangverein –, haben sie sich nach männlichen Regeln formiert und dienen eher dem Mann als den weiblichen Mitgliedern. Denn ihr eigentlicher Hauptzweck ist derselbe, den auch Männerbünde haben, egal welche offiziellen Ziele sie vorgeben. Rituale, Embleme, Abzeichen und Devisen sprechen auch bei den Frauenbünden eine deutliche Sprache: Sie wollen das bestehende hierarchische Geschlechterverhältnis und damit die Polarisation betreiben und festschreiben; letztlich geht es um Exklusivität, und das kommt von *excludere* gleich »ausschließen«. Daß es wenige Frauenbünde gibt, die vorhandenen nur die Ausnahmen sind, die die Regeln bestätigen, ist Beweis für die integrierende Kraft.

Auf Beziehungen ausgerichtet und mit Mütterlichkeit ausgestattet, ist Frauen wenig an Hierarchie gelegen. Mit diesem starren unlebendigen Ordnungs- und Machtmechanismus ist unsere Mänerwelt in einen Zustand geraten, der keineswegs erstrebenswert ist und der von Umweltzerstörung, Krieg, Ausbeutung von Mensch und Natur geprägt wird. Es sollte uns zu denken geben, daß in den Naturwissenschaften, der Wirtschaft, der Medizin ein Paradigmawechsel stattfindet. Galt früher als oberstes Gebot für das Funktionieren dieser Welt die starke Kausalität der vermeintlichen Naturgesetzlichkeit und die Hierarchie, ist heute allenthalben vom »deterministischen Chaos« die Rede. Das bedeutet nichts anderes, als daß sich komplexe Systeme unter bestimmten Umständen anders verhalten, als vorhersehbar ist. Sie funktionieren, obwohl ihr Zustand sowohl vom Zufall als auch von einer bestimmten Ordnung abhängig ist. In der Wirtschaft und Technik wie in der Medizin ist dieses lebendig chaotische Moment bereits in die Praxis eingeflossen: Teamarbeit statt Hierarchie in Konzernen, Fuzzylogic-Fotokameras und Ganzheitsmedizin zeugen davon. Auch unsere Welt ist ein komplexes System. Wir können uns also eine Welt vorstellen, deren Grundstruktur nicht hierarchisch auf Dominanz und Unterwerfung, sondern deterministisch-chaotisch ausgerichtet und damit wendiger und lebendiger ist: Das Chaos ist weiblich.

In einer solchen Welt wäre es sicher auch Männern möglich, den Verlockungen der Macht zu widerstehen. Ein solches System böte Spielraum genug für persönliche Integrität und Verantwortlichkeit. Wir alle, Männer wie Frauen, die wir politisch gestaltend wirken wollen, könnten uns selber treu bleiben – so wie Bildungsministerin Marianne Birthler es uns vorgemacht hat. Innerhalb eines nicht schon durch die hierarchischen Strukturen gewalttätigen Systems, eines chaotischen Systems, das geordnet, aber auch für zufällige Entwicklung offen ist, könnte zum Tragen kommen, daß Frauen weniger gewalttätig und möglicherweise dadurch friedfertiger sind. Eine insgesamt friedliche Welt ohne Krieg rückte in greifbare Nähe.

6. KAPITEL

Blitzableiter für Ehefrauen und Mütter

Advokata diabola spielend, möchte ich noch einen Schritt weitergehen und behaupten: Aggressionslust und Gewaltpotential besitzen Frauen genauso wie Männer. Keine Frau ist davon ausgenommen, weder die Frau, die ihre Fäuste gebraucht noch die Frau, die mit weiblichen Waffen kämpft, weder die Prostituierte noch die Hausfrau und Mutter, weder die Dame der Gesellschaft noch die selbstaufopfernde Helferin. Viele Frauen gebrauchen Männerwaffen, doch sie nehmen sie nicht selbst in die Hand; sie lassen Krieg führen. Als Trabantinnen sonnen sie sich im Erfolg anderer; als Kostgängerin schaffen sie Helden, und als Ballonfahrerin nutzen sie die Schwäche anderer für ihre Größe. Deshalb schauen wir uns diese Frauen an, bevor wir uns mit jenen befassen, die mit weiblichen Waffen kämpfen.

Wir haben mit Spannung aus Klischees und Mythen, aus Worten und Bildern Frauen heraustreten, Gestalt annnehmen sehen. Wir haben mit der Wimper gezuckt und keine Einäugigkeit und keine Ausrede gelten lassen. Egal, was an gewaltigen Frauen auf uns zukommt, wollten wir alle ins Auge fassen, ohne Wenn und Aber.

Versteckt unter Schneiderkostüm oder Nerzstola, sind Aggressionslust und Gewaltpotential nicht weniger gefährlich als unter Schwesternhaube und Küchenschürze. Oft werden sie nur mühsam von einer Fassade der Höflichkeit, Freundlichkeit, Mütterlichkeit oder Wohltätigkeit zugedeckt. Doch sie finden einen Weg nach außen, schaffen sich Bahn. Es gibt viele Möglichkeiten für Frauen – wenn sie nicht selbst tätig werden wollen –, ihr Geltungsbedürfnis, ihre Aggressionslust, ihren Drang nach Gestaltung, ihr Gewaltpotential zu befriedigen. Skurrilitäten, aber auch Abgründe erwarten uns, wenn Frauen ihr Bedürfnis nach Gewalt nicht selbst ausleben, ihr Bedürfnis nach Gewalt aber befriedigen, indem sie die Gewaltbereitschaft des Mannes ausnutzen. Mut zeigt selbst die Marmeladenfrau!

Sein Schloß, ihre Höhle

Da tut sie nun alles Erdenkliche vom Mann Erdachte, läßt sich ihren angestammten, natürlichen und von Gott gewollten Platz anweisen, wird Hüterin seines heimischen Herdes und seiner Kinder. Sie verleugnet sich selbst bis zur Selbstaufgabe, stellt die eigenen Wünsche und Bedürfnisse zurück, ist nur für andere da nach dem Motto: Nicht der brave Mann, sondern die brave Ehefrau und Mutter denkt an sich selbst zuletzt. Sie lebt ein Leben der Selbstaufopferung, katapultiert sich sozusagen selbst in Kingkongs Handteller.

Was bringt es ihr ein? Wie, glauben Sie, lieber Leser, wird das von Ihren Geschlechtsgenossen honoriert?

Endlich – so hoffen wir – gewinnt und empfängt sie das, was sie am meisten begehrt: die Anerkennung und Wertschätzung des Mannes, der Gesellschaft und ein gestärktes Ich-Gefühl.

Von wegen! Nichts als schöne, die Realität kaschierende und verschleiernde Worte sind es, wenn es da heißt: »Drinnen im Haus waltet die züchtige Hausfrau.« Sicher waltet sie – aber wie! Von Schiller besungen und im Namen von Millionen Männern gewünscht, macht die Frau im Haus, zuständig für Küche und Kinder, saubere Socken und Seelenfrieden, eine Metamorphose durch: Das Heimchen am Herd entpuppt sich als Hausdrachen.

»My home is my castle«, sagt ein englisches Sprichwort. Der Mann, der das sagt, lügt. Witze, Sprichwörter, Satiren, Büttenreden, Karnevalsumzüge und -bräuche, aber auch Lustspiele, Boulevardkomödien und Dramen sprechen eine andere Sprache: »His home is her dragon-hole.«

In dieser Drachenhöhle hockt sie, übt Gewalt aus über Mann und Kinder wie Nachbarinnen gleichermaßen, wird zum gewalttätigen Ungeheuer.

Die Drachenhöhle meiner Großmutter war stets das Badezimmer. Ein kleiner, stiller, höchst friedfertiger Mann begleitete die imponierende Frauengestalt dorthin. Er wurde solange aufgestachelt, bis ihm die Zornesader schwoll, er herauskam und zwei widersetzliche Enkeltöchter zur Räson brachte. Das hatte mit Vernunft wenig zu tun und hieß nichts anderes, als daß sie endlich das taten, was die Großmutter wünschte. Einfach war es nicht mit ihr.

Großmutter muß auch keine einfache Mutter gewesen sein. O doch, sie tat ihr Bestes! Sie schickte ihr einziges Kind, ein Mädchen, auf die höhere Schule. »Unsere Familie hat immer aufwärts gestrebt.« Das Kind, Jahrgang 1914, durfte sogar bis zu ihrer Heirat einen Beruf ausüben, in einem Büro bei der Lufthansa. Doch als die junge Ehefrau die Hochzeitsreise mit dem Flugzeug machen will (der Freiflug ist bei der Firma in solchem Fall obligatorisch), greift Großmutter zu dem Mittel, mit dem sie stets alles – gute Schulleistungen und gutes Benehmen, sozialen Aufstieg, Mann und Tochter an ihrer Seite – unter ihre Fuchtel kriegte: Herzanfall. Da mußte Großvater ein Machtwort sprechen. Natürlich wurde die Hochzeitsreise mit der Bahn gemacht; durch langjährige Erfahrung und kurzweilige Herzanfälle war die Tochter längst zu einem angepaßten und gehorsamen Geschöpf geworden. Flügellahm!

Großmutter muß keine einfache Ehefrau gewesen sein. Sicher, sie legte ihrem Otto Abend für Abend die sauberen Socken und das saubere Hemd hin. Sie hielt ihren labilen und zum Alkohol neigenden Otto vom Trinken ab und zur Arbeit an. Sie teilte ihm seine Zigarren wie seine Freunde zu, was heißt, er hatte eine Zigarre pro Tag und keine Freunde. Trotzdem durfte er seine Männlichkeit ausleben. Bei Großmutters Auseinandersetzungen mit Nachbarn, Kaufleuten, Versicherungen oder seiner Schwester Berta wurde Otto an die vorderste Front geschickt; Großmutter blieb mit drohendem Herzanfall im Hintergrund.

Dieser großmütterlicher Hausdrachen wurde 72 Jahre; mein Großvater, ohne jemanden, der ihm die Socken herauslegte, nicht mehr lebensfähig, starb knapp ein Jahr später.

Eine andere Großmutter-Drachengeschichte erzählt Helene, die in einem Geschäftshaushalt aufgewachsen ist.

Die Eltern betreiben zusammen mit der Großmutter eine Bäckerei. Hinter dem Laden liegt die Küche als Reich der Großmutter, anschließend das Wohnzimmer, wo die Zehnjährige Schularbeiten machen darf, während die Mutter vorn im Laden bedient.

Wenn Helene etwas möchte – die Antwort auf eine Frage, eine Leckerei oder einfach eine kurze Umarmung der Mutter –, schlüpft sie regelmäßig durch die Küche an der Großmutter vorbei zur Mutter hinter der Theke. Die Großmutter findet das nicht richtig und versucht es ebenso regelmäßig zu verhindern. Gelingt ihr das nicht, geht die Großmutter zu Helenes Vater in die Backstube. Sie macht ihrem Sohn klar, was Sache ist, stichelt und stachelt, bis er seine Tochter aus dem Laden holt.

Erlebnisse dieser Art brennen sich ins Gedächtnis ein. Helene kommt, wenn Erdbeeren reifen oder junge Möhrchen wachsen, hinten durch den Garten nach Hause. Da legt sich die Großmutter auf die Lauer, um das Kind beim »Stehlen« zu erwischen und vor das väterliche Tribunal zu zerren.

»Gegen diese fette, alte Frau habe ich immer gekämpft«, gesteht Helene heute.

Feuerspeiend: Der Vater

Küche, Garten oder Badezimmer als Drachenhöhle – die Gewaltmuster sind dieselben. Frauen, ob Großmütter, Mütter, Ehefrauen, Geliebte wollen ein Anliegen durchsetzen. Stoßen sie auf Widerstand, ärgern sie sich, weil sie die eigene Machtposition gefährdet sehen. Doch statt ihre Aggressionen selbst auszuleben, leiten sie diese über andere Menschen ab – den Ehemann, den Sohn, den Partner.

Das fängt schon früh an – wenn das kleine Mädchen, das in Bedrängnis gerät, sagt: »Das sag' ich meinem Papi!« oder »Warte bloß, bis mein großer Bruder kommt, der verhaut dich!«

Abwesende Menschen werden zum Gewaltpotential, Mann, Vater, Bruder werden zum Waffenarsenal, über das man verfügen kann: Sie sprechen das Machtwort, bringen zur Räson, sie teilen die Hiebe aus, die man selbst nicht geben kann oder die zu geben man sich fürchtet, weil es gefährlich werden könnte.

Das hört später, wenn das kleine Mädchen erwachsen ist, nicht auf. Als Mutter wird es das eigene Kind mit der Drohung in Schach halten: »Warte, bis Vati nach Hause kommt!« Und damit ist das kleine Mädchen zu einer Frau geworden, wie sie sein soll. Sie hat in der Familie, auf dem »Übungsplatz für Autorität schlechthin«, wie Horkheimer es nennt, ihre per Hierarchisierung erworbene Rolle nicht nur gelernt, sondern auch verinnerlicht und spielt sie mit Bravour.

Mit »Warte, bis Vati nach Hause kommt!« erkennt sie an, daß der Vater ihres Kindes stärker ist und mehr Autorität als sie besitzt. Sie erkennt nicht nur seine Dominanz an und ordnet sich ihr auch unter. Hand in Hand damit geht, daß sie seine Gewalt akzeptiert. Kommt also der Vater abends nach Hause, wird sie ihm die Untaten der Sprößlinge berichten und zusehen, wie er sie verdrischt. Denn »Herr im Haus« ist er.

Leider stellt sich der »Herr im Haus« nicht immer so ironisiert vor wie in dem Musical »Mary Poppins«. Da singt der heimkehrende George:

Welch ein Glück, wenn man als Gentleman heut leben kann; denn 1910, da regiert der Mann. Ich bin Herr in meinem Hause voll Ansehen und Prestige. Ich führe meine Untergebenen, Diener, Kinder, Frau, mit leichter, aber milder Hand, Noblesse oblige.

Kein Wunder, daß diesem Monarchen, der »sich vom Streitroß schwingt, vom Kampf ums Dasein heimgekehrt zu Weib und Herd«

eine Frau gegenübersteht, die sich im Schulterschluß mit den Sufragetten weiß.

Herr im Haus bin ich ist nicht nur der Titel einer Komödie. Das ist auch heute noch – manchmal bittere und gewalttätige – Realität. Es gibt sie noch, die Männer, die zu Hause mit der Peitsche auf den Tisch schlagen, um das zu dokumentieren.

Dabei hat sich im Laufe der Jahrhunderte soviel geändert. Waren die Väter früher autonome Individuen, die selbständig handelten und disponierten, sind sie heute selbst abhängig von einem vielschichtigen Herrschafts- und Gesellschaftsgefüge, die meisten von ihnen sind wirtschaftlich nicht mehr autonom, befinden sich in einer Arbeitssituation, die sowohl anonym als auch abhängig bezeichnet werden muß. Woher gewinnt der *pater familiae* heute seine Autorität? Vielleicht geben Männer uns, auch Ihnen, dem Leser, bald eine Antwort darauf. Denn nur Tradition, das reicht uns nicht!

Mütter: Mit Schwert und Schlittschuhen

Das Erziehungsgeschäft liegt heute weitgehend in Frauenhänden – der Mutter, der Kindergärtnerin, der Erzieherin, der Grundschullehrerin. Selbst in den weiterführenden Schulen . . .

Was Wunder also, daß frustrierte Frauen, die gezwungen sind, ihre eigenen Aggressionen und Machtbedürfnisse zu unterdrücken, diese über ihre Söhne, ihre Schüler ableiten, Mädchen dagegen zu Wesen gleicher Art erziehen.

Das fängt im Mutterleib an und hört nach der Geburt noch lange nicht auf. Strampelt das Kind im Mutterleib, dann ist das nicht Zeichen für ein lebhaftes, gesundes Kind, dann muß das ein Junge sein. Im Kindergarten, wenn Mädchen und Jungen den ersten Schritt hinaus ins feindliche Leben tun, wird dieser Unterschied noch deutlicher.

Kindergartenszenen in Köln am Rhein: Auf dem Spielplatz treffen sich fast jeden Nachmittag vier Jungen einer Kindergartengruppe auf dem Spielplatz. Alle sind vier Jahre alt, haben ein Fahrrad und ein Schwert. Das Turtle-Fieber hat sie gepackt. Die gewalttätigen Schildkröten-Monster mit so schönen Namen wie Michelangelo und Donatello, die samstags mittags auf dem Bildschirm kämpfen und zerstören, halten diese Jungen in ihren Bann.

Klar, die Mädchen auch. Nathalie zum Beispiel ist turtle-infiziert. Doch die Mutter macht ihr klar: »Du bist ja ein Mädchen, du brauchst ja keinen Turtle.« Die Mutter sagt auch: »Ich finde es schön, wenn Mädchen noch richtige Mädchen sind.« Und das heißt kein Schwert für Nathalie! Das heißt kein Fahrrad für Kathrin. Gleichaltrig wie ihr kleiner Freund Moritz, fährt sie gern auf seinem Fahrrad herum. Doch die Mutter sagt: »Sie ist noch zu klein.« Zum Ausgleich bekommt Kathrin einen Roller.

Doch rollern will Kathrin nicht. Das kleine Mädchen fährt auf dem Fahrrad von Moritz und bekniet dessen Mutter: »Du sollst der Mama sagen, wie toll ich schon radfahren kann.« Denn Rollern ist Mädchenpipikram, wie die Jungen das nennen, und mit Mädchenpipikram will auch ein Mädchen nichts zu tun haben.

Mädchenpipikram ist bei diesen Vierjährigen alles, was kleine Mädchen machen – ist nicht gottgefälliges, aber müttergefälliges Tun!

Mit Mädchenpipikram aber fängt der Geschlechterkampf an. Sein Mittel ist Hierarchisierung. In der verbalen Abwertung lernt der Junge, durch das Verhalten der Mütter in seinem Verhalten bestärkt, sich selbst zu behaupten. Dem Mädchen bleibt dagegen nur die Einsicht, daß das, was es macht, nichts wert ist, jedenfalls weniger als Jungenpipikram.

Die Mütter auf dem Spielplatz, die sich da in so aufopferungsvoller Weise ganze Nachmittag um die Ohren schlagen, bestärken ihre Töchter zu Mädchenpipikram, zu Spielen, die sie für richtig halten, die ihre Töchter vorsichtig, ängstlich und mutlos machen. Bloß keinen Kampfgeist zeigen! Um Himmels willen nicht in einer Rauferei mitmischen!

Solche Mütter unterscheiden Spielzeug für Jungen von denen für Mädchen. Das heißt: keine Autos für Mädchen – obwohl das Auto sicher faszinierend ins Auge fällt. Und später: kein Computer für Mädchen, obwohl Mädchen den Jungen beim Umgang mit technischen Geräten mindestens ebenbürtig sind. Eine Beobachtung, die Frauen meiner Generation verzweifeln läßt, weil sich wenig zu ändern scheint. Das Auto zum Aufziehen – wie hat Elke es sich gewünscht! Und den Stabilbaukasten. Doch beide Wünsche wurden nicht erfüllt. Das einzige Zugeständnis an das Kind damals – in der Nachkriegszeit – war ein Puppenjunge.

Wenn aber die Jungen mit ihren Turtle-Schwertern aufeinandereinschlagen, heißt es auf dem Kölner Spielplatz und nicht nur da dann mit einem verschämt-stolzen Mütterlächeln: »Diese Turtle – schrecklich! Aber es sind halt Jungen!«

Sie, meine Begleiterinnen und Begleiter, finden, daß Gewaltverherrlichung nicht mehr opportun ist, weil sie zu Gewalt führt. Ach, und zuviel Fernsehen schadet auch. Sie wissen das; die meisten Mütter wissen es ebenfalls. Aber ein bißchen stolz dürfen sie doch wohl sein auf den kleinen Turtle-Kämpfer, den Raufbold.

Müttergewalt tut ihre Wirkung. Moritz, vier Jahre und dick Freund mit der gleichaltrigen Anna aus dem zweiten Stock, sagt eines Tages: »Ich spiel nur noch mit Anna, wenn meine Freunde nicht da sind.«

Müttergewalt tut auch ihre Wirkung bei Mädchen. Sie steckt die kleinen Menschen in die Zwangsjacke ihres Mädchenseins, für die seit Jahren die Mädchenkindermode steht, ob *Oilily* oder *sigikid,* Mädchen werden zu Püppchen, die sich kaum noch bewegen können, die ihre stoffreichen Kleider nahezu bewegungsunfähig machen. Die uns schon bekannte Mutter, die mit ihren Kindern auf Bäume klettern will, muß ihre Söhne gemeint haben!

Trotzdem kommt Kathrin zu Besuch – die mit ihrem kurzen braunen Kraushaar aussieht wie ein Junge und zu dieser Gelegenheit ein neues Kleid anhat, das sie auf keinen Fall schmutzig machen will und darf. Zum Mittag gibt es Salat und Brot, doch Kathrin bringt kaum einen Bissen hinunter.

Da fordert die Jungenmutter sie auf: »Iß, Kathrin! Du willst doch auch groß und stark werden!«

Kathrin schüttelt den Kopf. »Nein, ich möchte ganz leicht und schön werden.«

Dabei erziehen Frauen offensichtlich die Männer, die sie haben wollen. Das fängt nicht erst im Kindergartenalter an, obwohl es da besonders kraß ins Auge fällt.

»Aus egozentrischem Geltungsdrang kann man beispielsweise die Rolle des »Helden« spielen und für dieses Idol sogar Besitz und Leben opfern«, klärt uns der Psychologe Max Lüscher auf. Frauen können noch mehr; sie können eben diesen egozentrischen Geltungsdrang, den sie selbst nicht ausleben können, befriedigen, indem sie den Sohn – auf den Mann kommen wir sofort zu sprechen! – in die »Heldenrolle« drängen.

»Die sind stolz, daß ihre Kinder richtige Jungen sind«, sagt eine junge Jungenmutter. Wenn es um den Buggy der Mädchen geht, den ein Junge schieben will, heißt es: »Du bist doch ein Junge, den brauchst du nicht zu nehmen.«

Das wird durch die Erziehung verstärkt. Und das endet bei den Müttern gegen den Krieg, die ihre Söhne in die heimischen Kasernen zurückholen.

Notfalls tut es auch ein Mädchen – für Eislaufmütter jedenfalls. Vermutlich kennen Sie diesen Frauentyp nicht nur aus dem Eisstadion; es gibt ihn auf dem Tennisplatz, in der Ballettschule und besonders oft in Reithallen. Dort sitzen sie – plaudernd und Kaffee trinkend – mit anderen Müttern oben auf der Tribüne, während die Tochter A- oder L-Dressur reitet. Ein Turnier steht bevor, nichts besonders, nichts Großes. Doch sie lassen weder das eigen Fleisch und Blut noch die Konkurrenz aus dem mütterlichen Auge. »Die schlägst du, dieses Mal bestimmt«, sagen sie.

Oder sie träumen wie Claudias Mutter: einmal im Fernsehen sein, ach! Claudia hat ein hübsches Gesicht, Grübchen und einen reizenden Schmollmund. Manchmal stellt sie sich vor den Spiegel, räkelt sich, singt und spielt Madonna. Ihre Mutter ist hingerissen, von den Möglichkeiten, die sich ihr – der Mutter – da bieten. Ihre kleine Tochter ist bei der Mini-Playback-Show dabei, ohne Frage.

Was sagen Sie, Herr Lüscher, zu diesen mütterlichen Kostgängerinnen, die ihre Machtphantasien über Söhne (und Töchter) ausleben und auf deren Kosten, die selbst das Risiko scheuen? Richtig, »die egozentrische Selbst-Illusionierung verhindert den Zugang zur Wirklichkeit und damit zur Selbstverwirklichung«.

Aber Sie haben Verständnis dafür, daß in einem solchen Buch der Mann nicht immer das letzte Wort haben kann? Danke.

Also Birgit Rommelspacher: »Frauen erziehen häufig ihre Jungen zu Helden, denn in sie projizieren sie all die ihnen versagten Größenphantasien und ein Gutteil ihrer unterdrückten Aggressivität. In die Beziehung der Mutter zu ihrem Sohn gehen eben all die Erfahrungen ein, die die Frau mit der Männerwelt gemacht hat. Und je mehr sie den Ausschluß von den Männern als bedrückend oder ungerecht empfunden hat, desto mehr wird sie unbewußt geneigt sein, ihre unerfüllten Wünsche auf den Sohn zu übertragen.«

An meine Brüste, ihr Mordhelfer!

»Meine beiden Männer«, sagt die Nimm-Zwei-Bonbon-Mutter mit liebevollem Blick auf Sohn und Mann. Richtig, vergessen wir bloß nicht, daß mancher Frau für ihre Größenphantasien zwei Männer zur Verfügung stehen.

Noch sichtbarer als bei der Heldenmutter treten Geltungsbedürfnis und verdrängter Gestaltungswillen bei der Puscherin zutage. Die Puscherin benutzt den Ehemann als Vehikel für ihre Machtgelüste. Da sie als die »Frau von . . .« ihren eigenen Ehrgeiz nicht ausleben darf oder kann, richtet sich ihr Ehrgeiz auf den Mann und seinen beruflichen Erfolg.

Nicht nur in Amerika gibt es die Frau, die den Mann in den Job puscht. Während sie im Hintergrund bleibt, muß er in den Vordergrund, nach draußen gehen ins feindliche Leben, Ellbogen zeigen, sich aggressiv das Stück von dieser Welt erobern, das sie gern hätte. Ohne ein Risiko einzugehen, will sie ihre Größenphantasien ausleben; wenn es nicht klappt, ist er der Versager. Sie entwickelt für ihn, der vielleicht gar nicht will, beruflichen Ehrgeiz. Und der Möglichkeiten sind viele.

Das kann die mitarbeitende Frau sein, die im Betrieb ihres Mannes, dem Steuerberatungsbüro oder der Anwaltskanzlei, dem Kleinbetrieb oder Geschäft die Peitsche schwingt. Sie führt nicht nur die Kundenkartei peinlich genau, sie erinnert ihn an Termine und Anrufe, treibt ihn zu schnellerem Tun an. Sie sorgt dafür, daß er morgens früher aufsteht und abends später zu Bett geht. Die Begründungen sind die gleichen: »Er braucht das.« – »Er ist da ein bißchen nachlässig.« – »Er ist bequem.« Auch die Hausfrau wird häufig genug zur Puscherin. Als Nörglerin, die den Mann quält, er möge den Chef um Gehaltserhöhung angehen, sich um den höheren Posten, die besser bezahlte Stellung bewerben, geistert sie nicht nur durch Witze und Komödien.

Hier trifft zu, was Birgit Rommelspacher sagt: »Männer müssen Frauen vielfach für ihre Zurücksetzungen entschädigen. Diese Delegation der eigenen Machtphantasien auf den Mann hat für die Frau den Vorteil, relativ gefahrlos ihre Machtwünsche indirekt leben zu können – allerdings hat es den Nachteil, daß sie sich um so mehr in die Abhängigkeit vom Mann verstricken.« Was sie selbst nicht erreicht haben und erreichen können, soll er möglich machen. Sie wollen und müssen – selbst jeder Möglichkeit enthoben – ihren Ehrgeiz über den Mann befriedigen, durch ihn ihre Wünsche nach einer gesellschaftlich gehobenen Machtposition, nach Statussymbolen erfüllen.

Frauen als Friedensengeln werden hier gewaltig die Flügel gestutzt. Sie wollen den Helden, das Heldengeschlecht und das Heldenepos – ohne sich selbst in den Kampf zu wagen. Sie schicken andere vor, deren Blessuren sie dann bemitleiden und verbinden. Im Extremfall schicken sie ihn in den Krieg. »Frauen sind nicht per Natur friedfertiger als Männer. Allerdings ist unsere Gesellschaft so arbeitsteilig organisiert, daß die Männer die politische Macht haben und die Kriege führen, und die Frauen sie aufziehen und auch wiederherstellen und pflegen sollen, wenn sie angeschlagen aus dem Kampf des täglichen Lebens in Beruf und

Gesellschaft oder gar aus dem Krieg nach Hause kommen.« (Rommelspacher)

Lady Macbeth geht dabei über Leichen. Aufgestachelt durch die Weissagung dreier Hexen, daß er König werde, überlegt Macbeth, wie er das Königreich usurpieren könne. Doch treibende Kraft ist Lady Macbeth. Schon in der *Chronik von Schottland* Raphael Holinsheds ist zu lesen: »Die Worte der drei Schicksalsschwestern ermunterten ihn dabei sehr, aber vor allem drängte ihn aufs heftigste seine Frau, die Sache zu betreiben, da sie sehr ehrgeizig war und von dem unstillbaren Wunsch besessen, den Namen Königin zu tragen.«

Lady Macbeth scheint von Ehrgeiz zerfressen. Sie ist die »Frau von Macbeth«, in der ihr zugewiesenen Frauenrolle ihm unterworfen und damit ohne Chance, die gewünschte Machtstellung anders als durch ihn zu bekommen. Deshalb möchte sie Königin an seiner Seite werden, durch Macbeth Macht und Gewalt ausüben. Denn das bedeutet Dominanz. Das bedeutet, über allen anderen Frauen zu stehen und selbst Männern befehlen zu können. Um Königin zu werden, ist sie bereit, alles zu opfern, selbst ihre Weiblichkeit:

Kommt, ihr Geister,
Die ihr auf Mordgedanken lauscht, entweibt mich.
An meine Brüste,
Ihr Mordhelfer! Saugt mir Milch zu Galle!

Wurde zu Shakespeares Zeiten den Frauen noch Ehrgeiz, Aggressions-, Gewalt- und Machtbedürfnis abgesprochen und die ehrgeizige und machthungrige Frau als Nicht-Weib und Monstrum vorgeführt, wir führen die gewaltige Frau vor und leugnen ihre Größen- und Machtphantasien nicht.

Der Mann von der Frau Doktor

»Susanne«, sagt die Klassenlehrerin eines Essener Gymnasiums zu einer Schülerin, »ich habe hier noch die Einladung zur Schulkonferenz für deine Mutter.« Frau Ritter übergibt dem Mädchen den entsprechenden Brief.

Susanne liest und stutzt:

Frau
Dr. Jochen Berger
Eichenallee 14
4300 Essen 12

Selbst schüchtern, bespricht sie sich mit ihrer Freundin – nennen wir sie Petra –, und beide Mädchen gehen nach vorn. »Susannes Mutter heißt Annemarie, ganz einfach Annemarie Berger, ohne Doktor«, weist Petra die Lehrerin darauf hin, daß Susannes Mutter und nicht ihr Vater Mitglied der Schulkonferenz sei. »So schreibt man das heute doch nicht mehr. Das ist doch altmodisch.«

Soweit die Situation heute – und nun dürfen Sie raten, wie die Lehrerin reagiert! Ist sie stolz, daß hier ein Mädchen den Mut aufbringt und den Mund aufmacht? Weil damit ein Erziehungsziel, Mädchen und Jungen zu selbständig denkenden und handelnden Menschen zu erziehen, gelungen ist? Ist sie froh, daß ihr jemand einen Denkanstoß gibt, die eigene Handlung zu überdenken? Keineswegs! Schule als Institution ist wie alle Institutionen geprägt von Gewalt und damit von Dominanz und Unterwerfung. Die Schülerin wird nicht gelobt, sondern die Klassenlehrerin weist sie zurecht, sie müsse doch geradezu unmögliche Eltern haben, wenn sie sich etwas Derartiges erlaube.

»Du kannst das ja gar nicht wissen. Bei deiner Mutter, die selbst einen Doktor hat, träfe das nicht zu«, sagt die Lehrerin und stellt fest: »Trotzdem hast du nicht recht. Diese Briefanschrift ist eine Sache der Höflichkeit.«

So sieht es aus: die Höflichkeit für den Mann – für die Frau die Diskriminierung!

Was dieses Beispiel wie viele andere belegt: Es gibt sie also heute noch, die »Frau Doktor« oder »Frau Direktor«. Das Gewaltpotential des Ehemannes, sein Titel, seine berufliche Stellung werden nur zu gern von Frauen ausgenutzt. Was sie selbst nicht erreicht haben, das wird ihnen über den Ehemann zuteil: die herausgehobene gesellschaftliche Position, das Mehr-Sein als andere. Bezahlt wird es mit Persönlichkeitsverlust. Als Personen sind sie nur über den Mann existent oder werden nur über den Mann definiert. Bei der Heirat haben sie nicht nur ihren Namen abgegeben. Wenn Sie so wollen, gehören diese Frauen zur großen Gruppe der verschwundenen Jungfrauen: hokuspokus. Sie sind die »Frau von ...« geworden, werden in der Öffentlichkeit mit seinem Titel oder seiner Berufsbezeichnung geschmückt, zum Ausgleich vermutlich. Eine zählebige Erscheinung! Und eine böse Diskriminierung!

O weh, vielleicht gehören Sie zu den Frauen, die das gar nicht bedauern? Im Gegenteil, Sie sehen die schönen Zeiten schwinden. Ihr Mann ist Arzt, und Sie haben eigentlich nichts dagegen einzuwenden, daß seine Patienten oder Ihre Gäste bei Geselligkeiten »Frau Doktor« zu Ihnen sagen, obwohl Sie nur vier Semester Germanistik studiert haben. Es bringt Ihnen Vorteile, die Sie nicht missen möchten. Beim Gemüsemann kommen Sie manchmal schneller dran als andere Frauen. Und wenn der Schlachter Ihnen das bestellte Filet mit den Worten reicht: »Bitte schön, Frau Doktor!«, dann sind Sie sich Ihres Wertes und Ihrer Überlegenheit den anderen Frauen gegenüber durchaus bewußt.

Nun – während meiner Studienzeit lief ein boshafter Spruch auf den Universitäten um: »Wer keinen Doktor hat, muß ihn selber machen.« Das war in den sechziger Jahren. Daß heute die Dinge noch genauso gehandhabt werden wie zu der Zeit, als ich Studentin war, läßt mich ob soviel Gedankenlosigkeit lachen und zornig werden – beides zugleich.

Die Kehrseite der Medaille sieht so aus: Schreiben Sie als promovierte Frau einen Brief und geben Sie Ihren Vornamen nur als Kürzel an, können Sie sicher sein, daß die Antwort an Herrn Dr. gerichtet wird. Mein lieber Mann dagegen wird häufig genug, wenn die Leute gemerkt haben, daß ich promoviert bin, ebenfalls mit »Dr.« tituliert. Offenbar ist es schwer vorstellbar, daß eine promovierte Frau einen nichtpromovierten Mann haben könnte. Oder haben wir es hier schon mit der Umkehrung des oben vorgestellten Musters zu tun? Statt unterschwelliger Diskriminierung von Frauen nun unterschwellige Diskriminierung des Mannes einer erfolgreichen Frau?

Fortschrittlicher und zeitgemäßer jedenfalls als Susannes und Petras Klassenlehrerin ist unsere Metzgersfrau. Wenn mein Mann im Geschäft bestelltes Fleisch abholen möchte, ruft sie dem Lehrling freundlich zu: »Bring doch mal das Fleisch für den Mann von der Frau Doktor!«

Von wegen Diskriminierung!

Meine Damen, an dieser Stelle wäre ein Damenprogramm fällig! Doch ich erspare es Ihnen. Sie wissen inzwischen, wie die höfliche Anrede, der Handkuß, die Titulierung, die Damenrede bei Bällen oder Kommers, das Damenprogramm bei Kongressen oder Geschäftsreisen, nicht zu vergessen Komplimente und häufig auch Verehrung und Respekt einzuordnen sind. Wie die Anrede »Frau Doktor« oder »Frau Direktor« gehören sie zu den geselligen, ästhetisierenden Formen, die die wahren Machtverhältnisse und das hierarchische Geschlechterverhältnis verschleiern.

Vielen Frauen ist das nicht bewußt, oder sie wollen es nicht wahrhaben. Durch den Titel des Mannes oder ihre Behandlung als Dame glauben sie eine Aufwertung zu erfahren, die ihre Position innerhalb der Gesellschaft festigt. Damit gewinnen sie gegenüber anderen Frauen gesellschaftliche Geltung. Indem sie das Potential ihres Mannes an Macht, Gewalt und Ansehen ausschöpfen, werden sie zu Nutznießerinnen eben dieses Potentials und zu Trabantinnen seiner gesellschaftlichen Bedeutung. Sie dürfen sich als etwas Besseres fühlen. Gesellschaftliche Anerkennung dieser Art spiegelt ihnen Macht vor – sie können sich Machtphantasien hingeben und der Illusion, sie seien dem Mann ebenbürtig und anderen Frauen überlegen.

»Titel wie Dr. med. und Berufsbezeichnungen wie Minister, Pfarrer, Rentner sind Statusmerkmale. Diese sagen nichts über das Selbstgefühl aus«, sagt Max Lüscher in *Signale der Persönlichkeit*. ». . . sie sagen nichts über die Pflichten und Rechte, meist aber sehr viel über das illusionäre Selbstbewußtsein dieser Menschen« aus.

Eben – Frauen, die sich mit dem Statusmerkmal des Ehemannes schmücken lassen, offenbaren, daß sie ein angeknackstes Selbstbewußtsein haben.

Rhetorische Finesse: Wortgewichte

Es gibt noch weitere versteckte Formen, wo Frauen das Gewaltpotential von Männer ausnutzen, sich über den Mann Ansehen und Geltung verschaffen wollen und ihn damit erheben, sich selbst aber – unbewußt vermutlich – abwerten: Sie lassen ihn ein gewichtiges Wort sprechen.

Wenn schon der siebenjährige Junge seiner Mutter häufiger ins Wort fällt als das siebenjährige Mädchen, zeigt das vor allem eins: das Männerwort hat Autorität.

Hören Sie Frauen, die sich unterhalten, bloß einmal zu!

»Mein Egon sagt auch immer . . .«

»Also, mein Mann meint . . .

»Ja, aber Manfred findet . . .«

Auch die Lehrerin, die durch »höfliche« Briefadressen andere Frauen als Personen vernichtet, sagt übrigens im Unterricht häufig: »Mein Mann hat immer gesagt . . .«

Aha, Sie haben die Sachlage schon erkannt! Richtig, es geht um Unterhaltungen, in denen argumentiert wird. Dabei ist es unerheblich, ob das Gegenüber dieser Frauen ein Mann oder eine Geschlechtsgenossin ist. Sie wollen den anderen überzeugen, daß sie richtig gehandelt haben, die Dinge richtig sehen, die richtigen Maßnahmen ergriffen haben, um ein bestimmtes Ziel zu erreichen. Dabei halten sie sich streng an die Gesetze der Argumentationslehre, der Dialektik, die zu den sieben schönen Künsten gehörte und seit der Antike als Lehrstoff zunächst und vor allem Männern zugute kam. Inzwischen haben viele Frauen zumindest ein rhetorisches Mittel der Argumentation verinnerlicht: den Rückgriff auf Autoritäten. »Man zitiert Aussprüche oder erinnert an Handlungen von Leuten, denen das Publikum Bewunderung oder Vertrauen entgegenbringt«, so steht es in Hermann Schlüters *Grundkurs der Rhetorik*.

Egal, ob Frauen oder Männern gegenüber – Frauen, die ihren Ehemann als Autorität zitieren, wollen sich argumentativ durchsetzen.

Begnügen wir uns mit drei möglichen Varianten: Da sie dem Gewicht ihrer eigenen Argumente nicht trauen, können Frauen ihre Argumente als die des Ehemannes ausgeben. Oder sie benutzen die des Mannes, obwohl sie selbst anderer Meinung sind. Oder sie haben sich seine Argumente zu eigen gemacht. Alles ist möglich und Zeichen dafür, wie sehr Frauen – in ihrem vor allem durch männerbegünstigende Sozialisation geschwächten Selbstbewußtsein – auch hier das Gewaltpotential des Mannes ausnutzen.

Es muß nicht die Autorität des Ehemannes oder Freundes sein, auf die zurückgegriffen wird. Frauen sind auch Töchter wie Mütter von Söhnen und gehen oft bis an die Grenze der Selbstverleugnung. Als Tochter eines liebevollen, wenn auch sehr dominierenden Vaters, gesteht Carola beschämt: »Es hat die Zeit gegeben, wo ich mich als Studentin in einer Diskussion sprechen hörte und plötzlich fragte: Wieso bringst du auf einmal Vatis Argumente, obwohl du doch ganz anderer Meinung bist?« Ein Schlüsselerlebnis, das der Beginn zur Entwicklung einer freien, eigenständigen Person war. Sie hatte Glück.

Im Haushalt ihrer Schwester Karen läuft nichts ab, ohne daß ihr Sohn Jens seinen Senf billigend dazu gibt. Ob ein Gartenteich angelegt wird oder Mutter sich die Haare färbt, ob das Wohnzimmer neu gestrichen, Vater sich den Blinddarm herausnehmen läßt oder morgens Müsli gegessen wird, begründet und gerechtfertigt wird es durch Jens: »Jens sagt...«, »Jens meint...«, »Jens findet...«.

Die Mutter, die nur sein Bestes will, findet nichts dabei, daß sein Wort in ihrer Gehörtrommel lauter spricht als ihr eigenes oder das ihres leiseren Ehemannes.

Ah, ich sehe, Sie haben ihn erkannt, der Gewaltmechanismus ist immer derselbe. Indem die Frau sich den männlichen Argumenten unterwirft, sichert sie ihre Machtposition innerhalb und außerhalb der Familie.

Max Lüscher stellt in seiner Farb-Funktionspsychologie fest, daß der Mensch dann in Harmonie mit sich selbst ist, wenn die vier Grundgefühle – Zufriedenheit, Selbstvertrauen, Selbstachtung und Freiheit – im Gleichgewicht sind. Die Frauen, die hier argumentieren, haben eine gestörte Selbstachtung und ein gestörtes Selbstvertrauen. Sie verlassen sich nicht auf sich selbst; sie glauben, daß die Argumente anderer – der geschlechtsspezifischen Sozialisation entsprechend wird hier dem Mann die größere Autorität zugeschrieben – mehr Überzeugungskraft besitzen als ihren eigenen. Ungenügendes Selbstbewußtsein, nach Lüscher ihr »Angst-Ich«, treibt sie in die Defensiv-Rolle: Sie wehren jeden möglichen Einwand von vornherein, in der Unterwerfung unter männliche Argumente, ab.

Hilf dir selbst – dann ...

»Wenn ich hilflose Personen sehe, dann kriege ich sofort ein Helfersyndrom: Es macht mir Spaß, mich für Hilflose und Schwächere zu engagieren«, sagt Jenny, der Hooligan, die sich zur Rettungsassistentin umschulen läßt. Jenny greift ein, wenn Not am Mann ist. »Wenn ich einen sehe, der Steine schmeißt, der kriegt von mir einen auf die Backe. Das wissen die auch. Im Umkreis von zehn Metern schmeißt neben mir keiner einen Stein.«

Jenny ist eine starke Frau; sie verhindert den Kampf nicht, sie will den Kampf. Aber es muß ein Kampf unter Gleichen sein, ausgewogen das Kräfteverhältnis der Gegner und ausgewogen die Waffen, die sie benutzen.

»So, jetzt nehmen wir diese Tabletten, und dann schlafen wir schön!« klingt es aus holdem Frauenmund. Inklusives Wir und gönnerhafter Ton sind die scharfen Waffen der Helferinnen.

Krankenschwester-Töne – wer kennt sie nicht? Und wenn

jemand unter Ihnen, meinen Leserinnen und Lesern, solche Töne noch nie gehört hat, sollten Sie sich glücklich preisen. Und sich vielleicht an Kindertage erinnern, als Sie abends nicht einschlafen konnten oder Mumps und Scharlach hatten: Auch Mütter haben sie drauf, die Krankenschwestertöne.

Verzeihen Sie, die Sie diesen aufopferungsvollen Beruf haben, mir diesen Ausdruck. Nein, ich will Sie und Ihren Beruf nicht in Mißkredit bringen. Wir haben viel zu wenig Krankenschwestern, und die, die wir haben, werden viel zu schlecht für das, was sie tun, bezahlt. Zudem – was nützt die beste Pflegeversicherung, wenn wir keine Pfleger und Pflegerinnen haben?

Trotzdem – sehen Sie es doch einmal so! Das inklusive Wir suggeriert Gemeinschaft, macht eigentlich aber nur die Hierarchie in dieser Gemeinschaft deutlich: Ich bin oben – du bist unten. Oder, um mit Goethe zu sprechen: »Und bist du nicht willig, so brauch ich Gewalt.«

Da liegen Sie im Bett, krank, geschwächt; Sie fühlen sich matt, körperlich am Ende, durch Schmerzen, medizinische Apparate seelisch lädiert, eingeschüchtert. Und dann kommt sie, der rettende weiße Engel, die Nothelferin, die ihre Überlegenheit aus eben dieser Ihrer Unterlegenheit zieht: »Mund auf!«

Ein Phänomen, das nicht nur bei Krankenschwestern oder Müttern auftaucht, sondern auch bei Frauen, die ihren kranken Mann pflegen, seinen Rollstuhl schieben: Ist er schwach, sind sie stark. Da blasen sie sich zu immenser Größe auf, die sie sonst nicht haben. Einer Ballonfahrerin gleich schweben sie über den anderen, den unterlegenen, schwächeren Menschen dahin.

Neuerdings begegnet das Helfersyndrom in einem Bereich, in dem ich es nicht vermutet habe. Packen wir das heikle Gebiet an! So notwendig die Enttabuisierung des sexuellen Mißbrauchs von Kindern ist, so gefährlich ist die leidenschaftliche Anteilnahme, mit der etwa Kindergärtnerinnen, Lehrerinnen, Sozialhelferinnen oder -pädagoginnen oft bei jeder Verwahrlosung oder Verhaltensstörung eines Kindes, Jugendlichen oder Erwachsenen plötzlich auf sexuellen

Mißbrauch als Ursache schließen. Sie sind für eine professionelle Diagnostik, die mit Tonbandaufnahmen arbeitet und sich vor Suggestivfragen hütet, nicht ausgebildet. Sie haben nicht gelernt, Wahrnehmungen auszuschalten, die sich unbewußt der eigenen Erwartungshaltung oder eigenen Vorstellungen angleichen. Das kann bis zu falscher Interpretation ärztlicher Untersuchungsergebnisse gehen. Sie haben weder das Wissen noch die Erfahrung einer Psychologin, die als Gerichtsgutachterin in solchen Fällen tätig wird. Getrieben von einer falsch verstandenen weiblichen Solidarität und einer Fehleinschätzung der eigenen Kompetenz, kommt es hier zu Gewaltausübung, die dem Kind oder dem Erwachsenen, dem sie eigentlich helfen wollen, wiederum Gewalt antut.

Flieht die Frau, die unter der Aggression und Gewalt eines Mannes leidet, ins Frauenhaus, kommt sie endlich – so sollte man meinen – in eine gewaltfreie Zone. Doch Gewalt im Frauenhaus – auch die läßt sich nicht leugnen. Wo Frauen Hilfe suchen, als Schwache, wird ihnen die Speerspitze des Helfersyndroms entgegengehalten. Frauen gewinnen aus der Schwäche ihrer »Schützlinge« ihre Überlegenheit und Dominanz.

Benard und Schlaffer schildern den Besuch in einem Frauenhaus in Cheswig, gegründet von Erin Pizzey, die als »antifeministisch, wohltätig, eine dynamische Einzelgängerin« charakterisiert wird. In einem Frauenhaus finden, wie wir wissen, Frauen vor Gewalt Zuflucht, Frauen, die Opfer männlicher Gewalt geworden sind.

Wie Sie zum folgenden stehen werden, weiß ich nicht; mich hat die Hilfe, die dort umtriebig geleistet wird, eher erschreckt: »Sweet one« und »darling« werden die Frauen von der Hausmutter Cynthia, ihrer Gönnerin, angeredet. Es wird über anwesende Frauen in der dritten Person gesprochen, als seien sie gar nicht vorhanden. Suggestivfragen geben die Antwort vor, lassen den Frauen keine Möglichkeit, die eigene Meinung zu sagen. »Aber es tut dir doch leid, nicht wahr, Carrie, uns zu verlassen?«

Was, bitte schön, soll Carrie antworten!?

Es ist furchtbar, lächerlich, grotesk. Die hilfesuchenden Frauen werden wie Kinder in Abhängigkeit gehalten und entmündigt. Worüber die sweete Anrede nicht hinwegtäuschen kann, sind die Gewaltmechanismen, die hier wirksam werden und im gegenseitigen Bespitzeln und Denunzieren gipfeln. »Das System ist sehr günstig«, erklärt Cynthia uns zufrieden, »wenn eine der Muttis sich nicht richtig benimmt, weiß ich es sofort – eine der anderen Frauen ruft mich an und erzählt es mir.« Da braucht sie bei ihren wöchentlichen Inspektionsreisen nur noch einzugreifen.

Da sitzt ein Todeskandidat in einem amerikanischen Gefängnis. Eine irische Frau beginnt einen Briefwechsel mit ihm, verläßt seinetwegen ihren Mann und ihre Kinder. Sie heiratet den Gefangenen; sie sagt: »Ich habe ihn ganz für mich allein.«

Das ist eine Geschichte, die das Leben schrieb. Erinnern Sie sich an den Film *Misery*? Jene obskure Geschichte eines Autors, der einen Unfall hat und in die fürsorglichen Fänge eines Fans gerät und ans Bett gefesselt ihre Fürsorge durchstehen muß? Haben Sie Ingrid Nolls *Der Hahn ist tot* gelesen, in dem eine Frau mordet, um einen Mann zu gewinnen, und ihn, verblödet im Rollstuhl sitzend, schließlich auch bekommt? Oder Ulla Hahns Roman *Ein Mann im Haus*, in dem eine Frau den geliebten Mann in ihre Gewalt bringt, ihn schließlich ans Bett kettet und ihm sogar Nahrung verweigert?

Auch das sind Phantasien über Macht und Gewalt von Frauen.

Performance: Dornen im Fleisch

Zeigen Sie schaudernd mit dem Finger auf Lady Macbeth? Wenden Sie sich von der ehrgeizigen Frau, die sogar über Kinderleichen aufsteigt, entsetzt ab? Halt, das ist noch zu früh! Da ist noch eine Steigerung möglich, wenn die titanische Grenzüberschreiterin auf die Frau mit unausgelebten Machtphantasien trifft.

Treiben wir es auf die Spitze!

Achtzehn, zwanzig Jahre ist es her, da inszenierte die jugoslawische Künstlerin Marina Abramovic in Neapel eine Performance.

In ihrer Kunst geht es – wie im Leben der Thai-Boxerin Lucia Rijker oder der Torera Maria Sara Bourseiller – um Grenzsituationen. Doch nicht jene Zaunritte der Hexen sind gemeint, die die Frau in der realen wie der metaphysischen Welt ansiedeln. Es geht um die Grenzen des eigenen Selbst, die erfahrbar werden sollen, es geht um Gestaltungswillen, um schöpferische Potenz, die nicht nur im Bauch, sondern auch im Kopf ihren Platz hat. Dafür müssen Frauen bis an die Schmerzgrenze gehen oder den Tod besiegen. Das ist eine Erfahrung, die der Mann ihnen voraus hat und die zu machen der Mann ihnen lange genug als unnötig abgesprochen hat. Er hat es ihnen sogar verwehrt, indem er die Frau nur in ihrer biologischen Funktion, nicht aber ihre geistige Potenz anerkannte. »Die schöpferischen Kräfte, die in dem Menschen schlummern, können nur durch extreme Situationen geweckt werden«, sagte Marina Abramovic in einem Interview mit *Brigitte*.

In extremen Situationen brechen sich dann auch die bis dahin verdrängte und über den Mann abgeleitete Aggression und Gewalt von Damen Bahn. »In Neapel inszenierte sie eine Performance, die zum Horrortrip wurde und einen Pressesturm der Entrüstung entfachte. Tatort war eine renommierte Kunstgalerie. Die geladenen Gäste gehörten zur italienischen Schickeria. Sie sollten mitwirken. Auf einem Tisch lagen Requisiten für sie bereit: Blumen, Schokolade, Farben, Messer, Nadeln, Ketten, auch eine geladene Pistole. Marina Abramovic unterwies das erlesene Publikum: »Sechs Stunden lang können Sie mit mir machen, was Sie wollen. Ich werde die Augen schließen und alles mit mir geschehen lassen.«

Anfangs wahrten die Gäste noch den kultivierten Schein. Sie streichelten die Künstlerin und steckten ihr Blumen ins Haar. Doch dann verloren sie allmählich ihre Hemmungen. Nach zwei Stunden begann der Horror: Die feinen Herren rissen ihr das Kleid vom Leib, schlugen sie, stachen den nackten Körper mit Nadeln, ritzten mit Messern ins Fleisch. Die feinen, mit Schmuck bestückten Damen hielten sich zurück; aber sie trieben die Männer immer wieder mit neuen Foltervorschlägen an.«

Soweit die Performance, wie sie in der *Brigitte* geschildert wird.

Als schließlich einer der Gäste auf die Idee kommt, den Zeigefinger der Künstlerin an den Abzug der geladenen Pistole und diese an die Schläfe zu setzen, greift keine Frau ein. Marina Abramovic sagt lapidar zu ihrem Interviewer: »Ich habe mich nicht gewehrt. Wenn nicht im letzten Augenblick ein anderer Gast eingegriffen hätte, wäre ich erschossen worden.«

Was der *Brigitte*-Report verschweigt, erzählt mir Marina Abramovic am Telefon.

Details sind wichtig. Sie stand in dem Raum, normal angezogen, sie faßte einen imaginierten Punkt im Raum ins Auge. Das Publikum, Männer wie Frauen, bewegte sich um sie herum. Sechs Stunden lang ließ die Künstlerin mit sich machen, was die Besucher der Galerie wollten. »So machten sie alles mit mir, was sie machen wollten, und ich war absolut wie ein Objekt. Sie nahmen meine Hände hoch – ich stand mit meinen Händen hoch.«

Die Blumen waren Rosen. Und Rosen haben Dornen: »Röslein sprach: Ich steche dich!« Der erste Gewaltakt geschah dann – nach zwei Stunden – im Zusammenhang mit dieser Blume. Derselbe Mann, der ihr zuvor die Rose gegeben und gesagt hatte: »Halte die Rose!«, öffnete nun ihr Kleid und stach ihr die Dornen in den Leib. »Immediately«, sagt Marina Abramovic, »unmittelbar«.

Die Angststadien folgen eines dem anderen. Gewalt ist einfallsreich: Sie schneiden mit Rasierklingen in den Hals der Künstlerin, sie bringen ihr Brandwunden bei, sie legen ihre Beine auf einen Tisch und stechen ein Messer »in between«.

Marina Abramovic zieht Vergleiche zu einer Kunstbewegung der siebziger Jahre, der sogenannten Body-Art, bei der die Künstler ihren eigenen Körper zur Kommunikation benutzten und die bald heftig wegen ihres masochistischen Einschlags, der Gewalt, die sich gegen den eigenen Körper richtet, kritisiert wurde. Gemeinsam ist dieser Body-Art und ihrer Performance, daß »der Künstler vollständig offen für die Situation ist«.

»Alle diese Aktionen sind von Männern gemacht worden« (*All of these actions had been done by men*).

Und die Frauen, die Damen der feinen Gesellschaft? Sie waren ein Stimmengewisper im Hintergrund. Sie schlugen vor: »Tu dies!«, »Tu das!«

Sie stoppten weder die Künstlerin noch die Männer. (»*They never stopped me nor the men.*«) Sie nahmen niemals aktiv teil mit Ausnahme einer Frau. Diese zieht – als Marina Abramovic weint, als ihr Tränen aus den Augen laufen – ein Taschentuch hervor und wischt diese Tränen ab. (»*I cried, larmes came out of my eyes and she took a handkerchief and took it away – the four or three larmes.*«)

Warum verschweigen, was Sache ist? Mit Schmuck behängte Damen waren die treibende Kraft, als es darum ging, ihr die Pistole an die Schläfe zu setzen. Frauen forderten ihren Tod, nutzten das Gewaltpotential der Männer aus und agierten die eigenen Aggressionen und die eigene Gewaltlust über die Männer ab.

Die Reaktion der Galeriebesucher verblüfft, ist vielleicht mit Scham und Angst vor der eigenen Brutalität zu erklären. »In dem Augenblick, als ich wieder aktiv war, nach sechs Stunden, und ich zu ihnen sprach, rannten sie unmittelbar davon« (*The moment I've been active, after six hours and I talked to them, they immediately run away*).

Ende der Veranstaltung!

Wie verkraftet man ein solches Erlebnis, als Zuschauer, als Künstlerin? Der schwierigste Moment, sagt Marina Abramovic, sei für sie gewesen, daß nicht einmal Trost für sie möglich gewesen sei. Die Gäste hatten die Galerie verlassen. Sie war allein. »So ging ich zum Hotel – es war vier Uhr früh – und ich blickte auf mich selbst im Spiegel, und ich hatte eine Strähne weißes Haar, absolut weißes Haar.« Zwei Dinge realisiert sie in diesem Moment: daß sie in dem Raum bei diesem Stück hätte getötet werden können, (»*the possibility of being killed in that space on this piece*«) und daß die öffentliche Menge töten kann (»*and I knew the public can kill*«).

Sie hätte es wissen, zumindest aber ahnen können, daß eine solche Performance lebensgefährlich sein kann. Marina Abramovic gibt zu, daß sie Angst davor hatte, wie die Leute reagieren könnten. Jedesmal, wenn sie eine neue Idee hat, gibt es diesen ersten

Moment der panischen Angst. Trotzdem gestaltet sie ihre Kunstwerke. Warum?

»Aber ich denke immer, wenn du Dinge machst, die du liebst, wirst du keine Fortschritte machen, wirst du niemals etwas lernen. Nur die Dinge, die du nicht liebst, vor denen du Angst hast – dort ist eine Möglichkeit einen Schritt zu machen. Denn wenn du die Furcht überwindest, kommst du auf die andere Seite des Geistes.«

Künstlerisches Titanentum deutet sich an. Wie im Sport oder Kampf ist Grenzüberschreitung in diesem Bereich kein männliches, sondern ein menschliches Bedürfnis, Frauen gleichfalls eigen. Doch auch hier müssen wir die Frage nach dem alternativen Weltentwurf stellen. Anders als bei der Thai-Boxerin Lucia oder der Kämpferin Jeanne d'Arc wird er geliefert.

Eine extreme Situation konfrontiert Frauen extremer Haltung miteinander. Auf der einen Seite stehen jene Frauen, die als Trabantinnen das patriarchale und hierarchische Gewaltsystem akzeptieren und stützen. Auf der anderen Seite steht die Künstlerin, die für eine gewaltfreie Welt plädiert, indem sie durch ihre Performance die Gewaltstrukturen des bestehenden Systems bloßlegt, sie uns bewußtmacht. Dafür nimmt sie die Todesgefahr auf sich.

Von der Performance Marina Abramovics führt die Linie zurück ins Elisabethanische Zeitalter, das – laut Hans Mayr – die künstlerische Existenz als Grenzüberschreitung entdeckt. Nicht die bildende Kunst nimmt sich da des Themas an, sondern die Dichtung. Im Zeitalter Shakespeares wird eine »Performance« von einem Dichter inszeniert. Sie ist bis heute so faszinierend, daß die amerikanische Krimi-Autorin Martha Grimes sie in *Inspektor Jury küßt die Muse* zum tragenden Handlungselement macht; Christopher Marlowe arrangiert seine eigene Ermordung. Doch anders als bei Marina Abramovic steckt keine heroische Haltung, sondern eine herostratische Absicht dahinter: Christopher Marlowe ging es nicht um Bewußtmachung, er wollte nur berühmt werden.

Obwohl bedenklich in der Absolutheit, mit der Heide Göttner-Abendroth matriarchale Religionen mit matriarchalen Gesellschaftsformen gleichsetzt, formuliert sie in ihrem Buch *Die Göttin und ihr Heros* deutlich, daß zu einer »ganzen« Frau auch jene Züge gehören, die man gemeinhin als »männlich« bezeichnet – eine Definition, die – sofern sie nicht hierarchisierend und damit männlich besser bewertend als weiblich ist – gelten kann.

»Und zur Ganzheit unserer eigenen Person gehört auch die Wiederentdeckung dessen, was Männlichkeit ohne die patriarchalen Verzerrungen gewesen ist. Denn es geht auch um das männliche Prinzip in uns, das »Heroische« in jeder Frau, wenn wir nicht dem trügerischen Spiel der Konstruktion von Gegensätzen verfallen wollen, das für die patriarchale Geisteshaltung so typisch ist.«

Wer das Heroische nicht ausleben kann, zeigt Mordgelüste und plädiert für Totschlag – auch Frauen.

Kranzwinderinnen der Neo-Nazis

Nicht nur die Damen der feinen Gesellschaft in Neapel appellieren an die Gewaltbereitschaft des Mannes. Das tun alle Frauen, die ihre Aggressionen über den Mann ableiten, mehr oder minder offen. Es gibt viele – frauliche – Möglichkeiten, zur Mittäterin zu werden. Das fängt, wie wir gesehen haben, im Kindergarten mit Mädchenpipikram an und damit, daß Mütter sagen: »Du bist doch ein Junge.« Das Muster finden wir bei Mädchen auf Berliner Schulhöfen, die bei einer Jungen-Prügelei zusehen und den Jungen besonders heftig anfeuern, wenn dessen Gegner schon am Boden liegt.

Der studierende Sohn als Mitglied einer schlagenden Verbindung schlägt anderen jungen Männern mit dem Säbel auf die Kopfhaut, bringt ihnen möglicherweise entstellende Narben bei. Er stellt sein martialisches Mann-Sein zur Schau, seine Hemmungen in Sachen Gewalt werden ihm systematisch aberzogen, bis er, ohne mit der Wimper zu zucken, zuschlagen kann. Und die Mutter, Freundin, Schwester hinter der Absperrung – als Frau von diesem männlichen Tun ausgeschlossen – wirft sich stolz in die Brust: »Ich bin froh, daß er dabei ist.«

Hoyerswerder – Düsseldorf – Rostock – Ringenberg bei Wesel – Prenzlau – Engelnburg/Oberbayern – Eisenhüttenstadt... Städtenamen in den neuen wie alten Bundesländern stehen für eine beschämende Gewaltwelle, die zur Zeit unser Land überrollt. Zielscheibe dieser Gewalt des Hasses wie der Rohrbomben, der Molotowcocktails und der Brandsätze sind immer dieselben: die anderen, die Fremden, die Außenseiter – Asylbewerber.

Immer dieselben Bilder: vorwiegend junge Männer schwingen die Waffen, die Fäuste. Die Medien sprechen von Gewalttouristen. Das deutet auf organisierte Gewalt, auf Gewaltmenschen im Hintergrund, die die Fäden ziehen und die Macht haben, die Puppen tanzen zu lassen. Wie überall, wo Gewalt ausgeübt wird, finden wir sie wieder, die Puppe, die Marionette, den Automaten – und die »falschen Marien« in ihrer Begleitung. Nicht alle kommen blond, blauäugig und harmlos daher.

Ein liebliches Frauenbild wird uns da geboten: Sie flechten und weben nicht; dafür sticken sie Fahnen für die männlichen Heroen und winden seinen Siegesfeiern und ihrer Fruchtbarkeit Kränze aus gelben Blüten – einer Farbe, die Goethe in seinem Farbrad immerhin noch der Vernunft zuordnete. Nach Lüschers Farb-Funktionspsychologie gibt Gelb darüber Auskunft, »was ich jetzt für die Zukunft erwarte«. Die Bevorzugung von Gelb deutet demnach nicht notwendigerweise auf Fruchtbarkeit, sondern auf »Befreiung« hin: Der Mensch »möchte sich von bedrückenden Behinderungen oder Belastungen befreien. Erwartet in Zukunft neue, bessere Möglichkeiten«, meint Lüscher und weist auf Problemflucht hin.

Diese Kranzwinderinnen unterwerfen sich ganz dem in rechtsradikalen Kreisen gewünschten Frauenbild, gehen ihrer von den Reps proklamierten Berufung als Hausfrau und Mutter nach, schaffen »durch Wärme und Hingabe ein Klima der Geborgenheit« und sind stolz auf die höchste »weibliche Tugend«, die Fruchtbarkeit. Sie verzichten darauf, Person zu sein, unterwerfen sich ganz und gar dem Mann – dem deutschen Mann, versteht sich. Und das bis zur Selbstaufgabe: »Ich bekenne mich absolut dazu, daß ich abhängig bin, daß ich ohne Stefan nichts bin. Eine Frau braucht einen starken Mann an ihrer Seite. Wenn kein Mann da ist, woran soll sich die Frau orientieren?« Auch die neun Jahre jüngere Freundin des Nachfolgers von Michael Kühnen tönt: »Jetzt weiß ich wirklich, wo ich hingehöre: an die Seite eines starken Mannes.«

Sie sind stolz darauf, von einem starken Mann als »schützenswertes Gut« beschützt zu werden, ein Ausdruck, der – laut *Brigitte*-Bericht – oft gebraucht wird. Birgit Rommelspacher stellt in *Frauen und Rechtsextremismus* fest: »Das Verharren im Privaten ist der weiblichen Rolle adäquat und bringt – als Freundin dieser Männer – ihre Zustimmung zum Geschlechterarrangement zum Ausdruck.«

Ein liebliches Frauenbild – doch Gewalt macht sich breit, wohin man blickt. Fruchtbarkeit – als höchste aller weiblichen Tugenden, als höchste weibliche Kreativität, Potenz und als Machtinstrument benutzen diese Frauen Fruchtbarkeit wie eine Waffe; trotz ihrer friedlichen häuslichen Umgebung ist ihre Gewaltbereitschaft groß. Gebärfähigkeit und Mütterlichkeit gehen hier keineswegs Hand in Hand mit Friedfertigkeit oder sozialem Engagement. Diese fraulichsten aller Frauen, die Reps-Frauen oder Frauen der Nationalen Front und anderer rechtsradikaler Vereinigungen schüren ein gefährliches Feuer.

Eine verschwindende Minderheit? Da muß ich Ihnen widersprechen. Wie sieht es mit der schweigenden Mehrheit aus? Daß Frauen nur ein Drittel aller Wähler bei den rechtsradikalen Gruppierungen ausmachen, ist kein Grund, uns an die weibliche Brust zu schlagen. Daß die Frauen eine belanglose Anzahl unter den Parteimitgliedern bilden, darf uns nicht aufatmen lassen. Es ist schlimm genug. In zwei Artikeln im Abstand von zwei Jahren stellt die Frauenzeitschrift *Brigitte* diese Reps-Frauen und Frauen der extremen Rechten vor. Was ist ihnen gemeinsam?

»Was ich allerdings schwer erträglich fand, war die Wut, die mir in den Gesprächen entgegenklatschte. Eine angestaute Mischung aus Alltagsfrust, wahllos über die Jahre aufgelesenem Gekränktsein und einem dumpfen sozialen Aufbegehren«, stellt Florentine Hoffmann fest. »Was mich unvorbereitet traf, war die Ohnmacht der Frauen gegenüber der Wucht ihrer negativen Gefühle.« Gewaltbereitschaft wird hier deutlich, nur mühsam unterdrückt, kaschiert von der Fassade kleinbürgerlicher Ordnung, sauber gewaschenen Gardinen und Anständigkeit. Doch reichen die Erklärungen, die uns dafür gegeben werden? Sind die Gründe dafür allein in Arbeitslosigkeit, dem Gefühl der Unterpriviligierung zu suchen?

Männer – wie der Göttinger Politikwissenschaftler Claus Leggewie und andere – erklären gern mit Defizitthesen (keine Arbeit oder Wohnung, keine soziale Bindung, Angst vor der Zukunft) die rechtsradikale Erscheinung im politischen Spektrum. Doch schauen wir genauer hin, stoßen wir auf einen Widerspruch, der eben gerade diese These widerlegt. Birgit Rommelspacher weist zu Recht daraufhin, daß die empirischen Erhebungen das nicht belegen, Wohnungs- und Hausbesitz »sogar etwas überrepräsentiert« sei. Auch die angebliche soziale Bindungslosigkeit läßt sich nicht verifizieren.

Wer der Statistik nicht glauben mag, den überzeugt der Augenschein. Die Fotos in dem Bericht geben den Blick in das nicht immer kleinbürgerliche Wohnzimmer frei, hier die rote Couch-Garnitur, dort das Ikea-Blümchensofa, Bücherwand und Jungmädchenschreibtisch oder der vermutlich nicht vom Sperrgut geholte Baby-Hochstuhl. Desgleichen bestätigen Aufmachung und Kleidung: Das sind keine Frauen, die nichts zu verlieren haben, sondern welche, die das, was sie haben, nicht verlieren, sondern behalten wollen.

Natürlich soll nicht geleugnet werden, daß unter den Frauen der rechtsradikalen Szene Arbeitslose sind oder Frauen, die unter der momentan erheblichen Wohnungsnot leiden. Doch es sind nicht nur solche Frauen. Ich behaupte, es sind zuerst einmal Frauen mit einem gehörigen Aggressionspotential, Gestaltungswillen, Machtphantasien, die sie nicht ausleben konnten, die unterdrückt wurden. Aussagen wie, da fühle man sich »degradiert«, »wie ein Mensch zweiter Klasse« oder »wir gelten überhaupt nichts mehr« fallen auf. Die jungen Mütter mit abgebrochener Schulbildung werden vorgestellt, die Realschülerin mit dem unerfüllbaren Berufswunsch Busfahrerin oder dem geplatzten Traum von einer Eislaufkarriere. Wohl alle sind von dem Wunsch beseelt, »anders zu sein als alle anderen«, wie die Realschülerin zugibt.

Anders als andere sind sie. Schon im äußeren Erscheinungsbild haben sie etwas von der erschreckenden Sauberkeit der »deutschen Frau« des Dritten Reichs. Bei ihnen kann man vom Boden essen. Sie haben das uns täglich durch die Medien-Werbung eingehämmerte Bild von Ordnung und Sauberkeit verinnerlicht. Sie sind wie die Frauen, die uns das Werbefernsehen tagtäglich vorführt: Ein Streifen an den Badezimmerkacheln, ein Schmutzfleck auf dem Fußboden, ein Fleck auf der weißen Bluse bringt ihr Weltbild ins Wanken und ist zugleich ein Angriff auf ihre Identität. Die vorgestellten rechtsextremistischen Frauen erheben Ordnung und Sauberkeit zum zentralen ethischen Kriterium. »Denn die deutsche Frau muß wieder Ordnung lernen, Ordnung und Sauberkeit«, sagt die 1934 geborene Ursel Müller, Beispiel für gelungene und anhaltende Indoktrinierung von Kindern durch die Nazis und heute Führerin der Deutschen Frauenfront im Mainz. »Die ohnedies pingelig ordentlichen Wohnungen waren für den Besuch extra zurechtgerückt worden, die Tischdecke frisch aufgedeckt und der Kaffee frisch gebrüht«, schildert die Redakteurin ihren Eindruck.

Sauberkeit und Ordnung, die Angst macht! Dieser Schmutz und Dreck in den Straßen, in den Vorgärten, im gemeinsamen Hausflur ist erst da – seit die Fremden, die Ausländer, Gastarbeiter, Asylbewerber oder Aussiedler dort wohnen. Ordnung – heilige Himmelsmacht!

Na bitte schön, und weil man bei ihnen vom Fußboden essen kann, ist es nur rechtens, daß die anderen Frauen ihren Fußboden ebenso sauber halten! Sie verlangen von anderen Frauen, zumal von den Fremden, denen mit Kopftuch oder dunkler Hautfarbe die Unterordnung unter dasselbe Ideal; sie lassen keine andere Ordnung gelten und würden die eigene mit fraulicher Gewalt durchsetzen. – So sieht es aus, so hört es sich an!

Denn Ordnung muß sein! Nicht nur weil das äußere geordnete und saubere Erscheinungsbild von Mensch und Wohnung das Durcheinander, die Unordnung, das Dunkle von Seele und Geist, verdeckt. Sondern vor allem weil die hier proklamierten Sauberkeits- und Ordnungskriterien zu ideologisch-rassischen Kriterien werden, die sich gegen Ausländer richten. Das Germanische hat uns wieder eingeholt. Die Frauen des rechten Spektrums glauben, daß »die deutsche Frau in ihren rassischen Merkmalen von sich aus schön ist«. Oder wie die Mitglieder der Wiking-Jugend, eine der Hitlerjugend nachempfundenen Organisation, an den »rassereinen, germanischen« Menschen. Sie unternehmen gewaltige Anstrengungen, auszugrenzen: Diese perfide Gewalt wird durch den Slogan »Ausländer raus« deutlich gemacht. Da gibt es die Frauenschaften in München, in der Frauen ihre Kinder hüten und vor ausländischen Kindern behüten, die ihnen im üblichen Kindergarten begegnen könnten.

Nebenbei: Gibt es nicht in anderen politischen Umfeldern auch Frauen, die mit aller Gewalt versuchen, ihren Kindern die Grundschule mit dem hohen Ausländeranteil zu ersparen oder den Wohncontainer für Asylbewerber wie in Hamburg?

Da gibt es Eheanbahnungsinstitute wie »Nornenglück«, die gleichgesinnte Partnerinnen und Partner vermittelt. Und Ausländer sind in diesem Fall nicht nur die Fremden aus Sri Lanka oder Mali, die »Schwarzen«, »Juden«, nein, das geht bis zu Polen und deutschen Aussiedlern. Ihnen gegenüber fühlen sich diese Frauen, die die Ungleichwertigkeit der Geschlechter akzeptieren, überlegen; dem Ausländer gegenüber haben sie jene Überlegenheit, die ihnen Männern gegenüber abgesprochen und ausgetrieben wurde.

Sie gehören zu jenen Frauen, die sich von Natur aus für friedfertiger halten und damit für die von Natur aus besseren Menschen. Es ist eine wichtige Erkenntnis, daß solche Frauen die unfriedlichen Zustände im herrschenden System nicht wahrhaben wollen und sich nicht verantwortlich dafür fühlen. Sie setzen sich nicht für einen menschlicheren Umgang mit anderen ein. Im Gegenteil – in ihrer vermeintlich moralischen Überlegenheit übersehen sie die rassistische Gewalt, die sie oft genug über Frauen ethnischer Minderheiten ausüben. Wären sie tatsächlich friedfertiger, müßten sie alles daransetzen, zu einem menschlicheren Umgang mit anderen zu finden.

Die Frauen des rechten Spektrums müssen auf Reinheit der Rasse bestehen; denn Rassenmischung gefährdet dieses ihr Besser-als-andere-Sein. Außerdem können sie nur damit dem Ziel ihrer Partei dienen: Gebärfähigkeit wird zum Machtpotential. Die Angst vor dem »Kessel Buntes« ist groß. Schwedin und Indianer – das geht eben so wenig zusammen wie Schäferhund und Dackel oder französischer und deutscher Wein, wie mir ein Essener Arzt aus der arisch-grünen Ecke erklärte. Diese Frauen denken eben in Waschkategorien; um Assimilierung zu verhindern, steht ein Waschmittel wie Persil Color mit Colorschutz, das farbrein sauber fast wie sortiert wäscht, noch aus.

Wer nur in Hausfrauenkategorien denkt und einmal beim Wäschesortieren ist – nimmt den Widerspruch in Denk-, Gefühls- und Handlungsmustern nicht mehr wahr.

»Neugeborenes, nicht Lebenstüchtiges sollte man gleich . . .« findet Marlene Raeke, die Haare germanisch wasserstoffblond gefärbt. Abtreibung kommt nicht in Frage. Gebärfähigkeit wird als Kraft verstanden, die Frauen zu Herrinnen über Leben und Tod prädestiniert. Doch ist das Ergebnis anders als erwartet, heißt es: Weg damit. Von »Zwangssterilisation« ist da die Rede, was die Aussage einer Frau in einer Fernsehsendung über den Ersten Bundeskongreß der Deutschen Frauenfront, bestätigt: »Selbst Behinderte, Spastiker werden in der Gesellschaft abgestoßen, und das ist normal so.« Oder: »Wenn man also einen Krüppel, so ein Wesen zur Welt bringt, und man hat vorher die Entscheidung, ob man es wegmachen darf oder nicht, muß man auch hinterher die Entscheidung haben dürfen, ob man das Lebewesen, das dann auf der Welt ist, dieses ›Etwas‹, überhaupt leben lassen will.«

Sie unternehmen gewaltige Anstrengungen, um ihre Angst zu übertragen: »Man kann ja nachts nicht mehr auf die Straße gehen«, sagen sie. Oder: »Wenn man die Wohnungstür aufmacht, wird man überfallen.« Da gibt es eine junge 23jährige Frau, die nie allein aus dem Haus gehen darf, nicht einmal zum Einkaufen, weil sie beschützt werden muß. Die Angst vor dem Mann, der sich an der Frau vergreifen könnte, wird hier zur greifbaren Gefahr durch den Ausländer hochstilisiert – von den Frauen, wobei ihnen die Männer der rechten Gewaltszene kräftig helfen, weil diese Übertragung sie selbst entlastet. Die starken Männer verwandeln sich von möglichen Vergewaltigern in Beschützer, was Michaela Haas, die Journalistin, so kommentiert: »Diese deutsche Partnerschaft erinnert manchmal eher an Schutzhaft denn an Liebe.«

Auch diese Übertragunsgewalt ist perfide! Diese Frauen neigen dazu, die latente Angst vor den Männern der eigenen Rasse auf Ausländer zu übertragen. »Der realen Bedrohung von Frauen durch Männer in allen patriarchalen Kulturen steht das Bedürfnis von Frauen entgegen, Männer der eigenen ethnischen Gruppe nicht als potentielle und manifeste Vergewaltiger wahrnehmen zu müssen.« Birgit Rommelspacher weist daraufhin, daß Männer in ähnlicher Weise ihre Angst vor sexueller »Potenz und dadurch bedrohlichen Konkurrenz« auf den Ausländer übertragen und so zusätzlich die Frauen bestärken.

So perfide wie die Gewalt der Stellvertretung: Sicher gibt es auch militante rechtsradikale Frauen. Sie »klatschen« auch schon einmal »einen Türken an die Wand«. In den Schulungslagern werden sie unter der Oberaufsicht von Männern nicht nur geschult, sondern gleichfalls gedrillt. Aber in der Mehrheit haben wir es mit Frauen zu tun, die nicht selbst gewalttätig werden. Sie stehen im Hintergrund, wenn Boxen und Karate trainiert werden, wenn Steine fliegen, Fahrradketten geschwungen werden oder Brandbomben in Heime von Asylbewerbern geworfen werden. Sie lassen Gewalt ausüben – wie die Mutter, die das Gewaltpotential des abwesenden Vaters ausnutzt: »Warte, bis Papi nach Hause kommt!«

Deshalb sehen sie – anders als die Journalisten, die sie interviewen – die Waffen nicht oder über sie hinweg; deshalb müssen Schlagstock oder Fahrradketten ihretwegen nicht in den Schrank geräumt werden. »Neben dem Wohnzimmersofa lehnt ein langer Schlagstock aus schwarzem Holz mit Handschlaufe, daneben liegen einige Fahrradketten, die nicht so aussehen, als würden sie fürs Radfahren gebraucht. Als Sylvies Freund Stefan unseren Blick bemerkt, räumt er die Sachen schnell in den Schrank.« Deshalb leugnen sie – an Selbstverleugnung gewöhnt – die Millionen Menschen, die in den Gaskammern Hitlers vergast wurden. Sie wollen die gewalttätigen Auswüchse des Nationalsozialismus nicht wahrhaben und hängen sich das Portrait Hitlers übers Sofa, des »menschlichsten«, »natürlichsten« und »ehrlichsten« Politikers überhaupt. »Daß unzählige Männer, Frauen und Kinder für grausame Experimente zu Tode gequält wurden, tut sie mit einer Handbewegung als Erfindung Hollywoods ab.«

Das Töten der Neugeborenen, die nicht lebenstüchtig sind, und der Krüppel und Spastiker werden diese Frauen dann den Männern der Reps-Welt überlassen – vielleicht.

Aus Mangel an Thesen: Kränze

Eine Menge Kranzwinderinnen haben wir kennengelernt: die Trabantin, die sich in der gesellschaftlichen Stellung des Ehemannes sonnt; die Kostgängerin, die den Mann in den Job puscht, die über die Leistung des Ehemannes, Freundes, Sohnes und manchmal der Tochter zu Ansehen gelangen will und Helden schafft, auch die gewalttätigen Helden; die Ballonfahrerin, die sich aufbläht, wenn andere schwach sind, die ihren Größenphantasien als Helferin frönt.

Frauen können Gewalt Vorschub leisten, indem sie Gewaltbereitschaft leugnen oder übersehen oder einfach auf andere übertragen. Sie sind Mittäterinnen. Im extremen Fall begünstigen sie Gewaltideologien wie die Neo-Nazifrauen. Es wäre so schön, wenn es eine Erklärung dafür gäbe. Es wäre schön, wenn wir sie jetzt aus dem Ärmel zaubern könnten, die Defizitthese, die die Ansiedlung dieser

Frauen in der rechten Ecke erklärte und uns – alle anderen Frauen – entlastete. Wie wäre es mit dieser?

Da Frauen seit Jahrhunderten in unserer patriarchalen Welt unterdrückt, herabgewürdigt, nicht als dem Mann gleichwertig empfunden werden, sind ihr Selbstvertrauen und ihre Selbstachtung zutiefst gestört. Sie fühlen sich verunsichert und unterlegen. Ihr Bedürfnis nach *aggredi* im Sinne von »vorangehen« und »die Welt gestalten« wird unterdrückt. Um so leichter verfallen sie einer Ideologie, die ihnen – den schwachen Frauen – vermeintlich Schutz in Gestalt des starken Mannes gewährt und ihnen durch bestimmte Rassevorstellungen und die Betonung der Gebärfähigkeit die Chance bietet, sich selbst aufzuwerten.

Koppeln wir nun diese Defizitthese mit Problemen wie Arbeitslosigkeit, Wohnungsnot, Bindungs- und Orientierungslosigkeit, haben wir die Frau als unschuldiges Opfer der Verhältnisse. Ein entlastendes, jedoch unbefriedigendes Vorgehen, wenn wir der Frage der Frauengewalt, die sich in Mittäterschaft äußert, Rechnung tragen wollen. Versuchen wir lieber – die Geschlechterkategorie im Auge behaltend – eine andere Erklärung zu finden.

In dem Gegensatz schwache Frau – starker Mann wird ein wichtiges Grundelement der rechtsradikalen Ideologie sichtbar: die Ungleichheit im Sinn von Ungleichwertigkeit. Das bezieht sich nicht nur auf Geschlechter, sondern auch auf Rassen. Ein anderes Grundelement besteht darin, daß Gewalt akzeptiert wird, wenn es darum geht, ideologischen Vorstellungen Geltung zu verschaffen.

Doch Ungleichwertigkeit und Gewaltakzeptanz sind auch Grundelemente der patriarchalen Kultur, wie wir nicht nur an Klischees und Mythen, sondern auch an der Realität erkennen können. Ungleichwertigkeit und Gewaltakzeptanz aber prägen auch das Geschlechterverhältnis.

Es ist richtig, was kluge Männer theoretisch herausgefunden haben und wir nun an einem Beispiel verdeutlichen wollen.

Stellen Sie sich vor, Sie fahren mit einer Reisegruppe nach Thailand. Obwohl Sie Mitreisende wie den dicken Herrn Bender, der so dämliche Witze reißen muß, unausstehlich finden, stellen Sie Vergleiche an: Keiner im Bus, auch Bender nicht, ist klein und gelbhäutig wie die Thailänder. Sie finden beim Frühstück einen Lippenstiftabdruck an Ihrer Tasse und registrieren: Die Deutschen sind nicht so schmutzig wie die Thailänder. Sie sehen, wie die männlichen Mitreisenden nachts mit jungen Thailänderinnen verschwinden und sind überzeugt: Die deutschen Frauen prostituieren sich nicht so. Mit gestärktem Selbstgefühl gehen Sie aus all diesen Vergleichen hervor, wenn Ihnen bewußt wird, was Sie nicht sind: Sie sind nicht klein und gelbhäutig; Sie sind nicht schmutzig; Sie prostituieren sich nicht.

Auf welche Art und Weise Sie die Unterschiede wahrnehmen, die zwischen Ihnen und Thailändern bestehen, das haben Sie schon als Kind gelernt, als Sie den Unterschied zwischen Jungen und Mädchen, Männern und Frauen begreifen lernten.

Birgit Rommelspacher sieht folgerichtig einen Zusammenhang zwischen unserer patriarchalen Kultur und Rassismus. Grundlegend für unseren Umgang mit anderen, den Fremden ist die Art, wie wir im Laufe unserer Kindheit durch Sozialisation gelernt haben, mit dem anderen umzugehen und Konflikte zu bewältigen.

Der Umgang mit Andersartigem als etwas zu Unterwerfendem hat einen elementaren Ursprung im herrschenden Umgang mit dem Geschlechtsunterschied. Die Sozialisation weist die Jungen von früh auf an, ihre Männlichkeit in Form von Selbstbehauptung und Abwertung alles Weiblichen zu beweisen. Mädchen hingegen müssen ihre Weiblichkeit im Rückzug, im Fürsorgeverhalten und in der Selbstentwertung entwickeln. So lernen beide mit einem Unterschied qua Hierarchisierung umzugehen, qua Dominanz resp. Unterwerfung. Die Hierarchisierung der Geschlechter in allen gesellschaftlichen Bereichen bestätigt diese Grundmuster immer wieder aufs neue.

Als kleine Mädchen stellten wir fest, daß wir keinen Penis, die kleinen Jungen, daß sie keinen Busen haben. Schritt für Schritt vermittelt uns dann die Sozialisation die Unterschiede, macht uns klar, was wir nicht haben, nicht können, nicht sind, wies uns unsere Rolle zu.

Sie sehen schon, Mädchenpipikram und Turtle-Fieber holen uns an einer Stelle ein, wo Sie es vielleicht nicht erwartet haben. Mütterlicher Stolz »Du bist doch ein richtiger Junge« und die mütterliche Weigerung, dem kleinen Mädchen ein Fahrrad zu kaufen, sind Teil dieser Sozialisation. Der hier geübte Mechanismus der Abwertung des Weiblichen und der Aufwertung des Männlichen wird auch zukünftig seine Wirkung zeigen. Wenn das kleine Mädchen im Jungen oder der kleine Junge im Mädchen zum erstenmal den anderen erkennt, ist die Reaktion darauf grundlegend und maßgebend für spätere Begegnungen mit anderen, Fremden. So wie bei dieser ersten Begegnung provoziert das Fremde, fordert heraus, die eigene Identität zu überprüfen. »Es konfrontiert mit nicht gelebten Lebensmöglichkeiten und mit verdrängten Seiten des Selbst. Es zeigt immer die Alternative: So könnte man/frau auch leben.«

Angst ist die Folge, Verunsicherung, im besten Fall Neugier. Unsere kulturelle Identität, die wir bis dahin als normal und selbstverständlich und als die einzig wahre und richtige angesehen haben, kann Kratzer bekommen, unser So-Sein – unsere Sauberkeit oder Ordnung und nicht nur die – in Frage stellen und uns dort treffen, wo der Mensch am empfindlichsten ist, in seinem Ich-Sein. Erkennen, daß ein anderer anders lebt, anders ist, kann kränken. So wird der Frohsinn des Südländers als Leichtlebigkeit, seine anders strukturierte Arbeitszeit als Faulheit interpretiert. Geprägt von dem Mechanismus Dominanz und Unterwerfung, den wir bei der Geschlechterdifferenzierung verinnerlicht haben, können wir gar nicht anders, als uns für besser halten, unsere Lebensweise als die normale und gesunde ansehen.

Dominanz und Unterwerfung lassen sich nicht nur einem Geschlecht zuordnen. Je nach Umfeld und Gruppenidentität können Frauen und Männer sowohl herrschen wie auch unterwürfig sein. Als Frau dem Mann unterworfen, kann sie als Frau der Oberschicht, als »Frau Direktor« etwa, als Weiße oder Katholikin oder als Frau mit dem superordentlichen Haushalt dominieren.

Wenn Frauen dominieren, dann glauben sie wie Männer, sie entsprächen der Normalität; dann fühlen sie sich überlegen; dann sind sie selbstgerecht.

7. KAPITEL

Mit den Waffen einer Frau

Weiberkram – Weiberlaune

Nachdem wir die Frauen mit den Männerwaffen kennengelernt und jene betrachtet haben, die zwar mit diesen Männerwaffen selbst nicht kämpfen, dafür aber kämpfen lassen, ist es an der Zeit, die gewaltigen Frauen unter die Lupe zu nehmen, die Weiblichkeit auf ihr Banner geschrieben haben. Männerwaffen sind ihnen ein Greuel. Sie leiten ihre Aggressionen auch nicht über Männer ab. Sie versuchen es auf die sanfte Tour. Kommen wir endlich zu den sprichwörtlich gewordenen Waffen der Frau.

Für alles in dieser Welt liefern Männer den ideologischen Überbau, also auch für Hausfrauendasein und Mutterglück. Denn »die Frau macht das Haus des Mannes zum Himmel oder zur Hölle«, sagt nun ein kroatisches Sprichwort.

Da wir Engel für gewaltfrei erklären, lassen wir für die nächsten Seiten den Hausdrachen, der brütet, aber andere Rauch und Feuer speien läßt, einmal beseite! Wir befassen uns mit der Teuflin, der Höllenfrau. Und damit ist beileibe nicht nur die Hausfrau gemeint.

Dieses feuerspeiende garstige Ungeheuer wird mit diversen, seit Jahrhunderten gleichen Eigenschaften charakterisiert. Diese geben dem Mann Vorwand, sich in Kneipe, Sportverein oder Männerbund zurückzuziehen; sie legitimieren ihn, vom häuslichen Herd zu fliehen, dem heimischen Feuer und seiner Hüterin wann immer möglich fernzubleiben:

Verschwenderisch ist sie. »Die Frau kann mit der Schürze mehr aus dem Haus tragen, als der Mann mit dem Erntewagen einfährt«, weiß ein altes Sprichwort. Wofür gibt sie es aus, seit Jahrtausenden? Für safrangelbe Schals und Bänderschuh, Schminke und Salben. Und vermutlich werden die Kosten für Schönheit im Zeitalter der eisernen Jungfrau steigen.

Arthur Schopenhauer philosophiert scharfsinnig: »Die Weiber denken in ihrem Herzen, die Bestimmung der Männer sei Geld zu verdienen, die ihrige hingegen, es durchzubringen.«

Hinterhältig und **falsch**. Ein altvenetianisches Sprichwort sagt: »Vor dem Ochsen vorn, vor dem Maultier hinten und vor der Frau von allen Seiten muß man sich hüten« oder »Erst schmeicheln, dann kratzen, das schickt sich für Katzen«.

Keine Gelegenheit hat der Philosoph ausgelassen, um seine geistige Größe über Frauen zu demonstrieren: »Demgemäß wird man als den Grundfehler des weiblichen Charakters *Ungerechtigkeit* finden. Er entsteht zunächst aus dem dargelegten Mangel an Vernünftigkeit und Überlegung, wird zudem aber noch dadurch unterstützt, daß sie als die schwächeren von der Natur nicht auf die Kraft, sondern auf die List angewiesen sind: daher ihre instinktartige Verschlagenheit und ihr untilgbarer Hang zum Lügen.« (Hervorhebung von ihm!)

Ach, Arthur!

Sie ist **geschwätzig**. Davon wissen alte Balladen – ob *Der Tulipan* oder *Die Sonne bringt es an den Tag* – ein Lied zu singen: »Der Frauen Zungen ja nimmer ruhn.« In beiden vertraut der Mörder seiner Frau die Untat an und wird prompt bestraft, weil sie es weitererzählt: Der arme Kerl! Nicht sein Verbrechen, sondern ihre schwatzhafte Zunge wird hier gebrandmarkt.

Was die Löwin mit abgeschnittener Zunge schon andeutete: Weltweit und durch alle Zeiten, so scheint es, haben Männer unter der Schwatzhaftigkeit zu leiden. So gibt ein jüdisches Sprichwort den Rat: »Vertrau der Frau ein Geheimnis – aber schneid ihr die Zunge ab!« Und Shakespeare klagt: »Wie fällt doch ein Geheimnis Weibern schwer!«

Richtig, sie ist ein Tratschweib!

Und **neugierig**. Fleht Lohengrin nicht Elsa von Brabant an: »Nie sollst du mich befragen!« Und was tut Elsa in Sage und Oper gleichermaßen? Sie wagt es, nach dem Namen des Mannes, der Bett und Macht mit ihr teilt, zu fragen. Unerhört!

Gar Neugier gepaart mit Geschwätzigkeit – da kann nichts Gutes dabei herauskommen!

Eitel ist sie.

»Spieglein, Spieglein, an der Wand, wer ist die Schönste im ganzen Land?« ist die Urfrage für Frauen überhaupt.

Sie ist an ihrem Äußeren, nicht an inneren und schon gar nicht an geistigen Werten interessiert. Nicht umsonst klagt Professor Higgins in *My Fair Lady*: »Und im Theater siehst du gar nichts, weil du den Handschuh suchst von ihr.«

Launisch. Wer das nicht glaubt, höre Karl J. Weber zu: »Die Mode ist weiblichen Geschlechts, hat folglich ihre Launen.«

Eben, man weiß bei ihr nie, woran man ist. Der Mann lädt sie in ein Feinschmeckerlokal ein, da will sie plötzlich ländlich-sittlich hinaus ins Grüne zum Picknick. Was als Kaprice im 19. Jahrhundert bewundert wurde, noch bei der launischen Diva Nachsicht findet, wird bei Ihnen, der durchschnittlichen Ehefrau und Mutter seiner Kinder, moniert.

Hysterisch. O ja, davon können Männer ein Lied singen. Frauen sind oft nicht anders ruhig zu stellen, als durch Medikamente. Im *Deutschen Ärzteblatt* steht es 1992 schwarz auf weiß: Vor allem bei Psychopharmaka aus der Gruppe der Tranquilizer, die bei Schlafstörungen, Angst- und Spannungszuständen verschrieben werden und abhängig machen können, gehen die Verschreibungen meist in Langzeitverordnungen über, ohne daß die Diagnose Hinweise auf psychische Störungen enthielt oder ausführliche Beratungsgespräche stattfanden. Bei Frauen werden Psychopharmaka besonders häufig auf lange Zeit verschrieben. Spricht das nicht alles dafür, daß ihre Launenhaftigkeit nur allzu oft hysterische Züge annimmt? Offensichtlich muß man Frauen – mit welchen Mitteln auch immer – zunächst einmal ruhig stellen: Sie sind eben hysterische Ziegen.

Und **ungehorsam**. Dabei kann der Mann von seinen Kindern,

dem Personal, den Hunden und Frauen schließlich Gehorsam erwarten. Wie singt doch der liebe George in dem Musical *Mary Poppins*: »Ich führe meine Untergebenen, Diener, Kinder, Frau, mit leichter, aber milder Hand.«

Gehorsam aber verweigert die Frau. Ja, sie ist geradezu störrisch, so daß sich wiederum ein Vergleich aus der Tierwelt anbietet, wie in dem spanischen Sprichwort: »Frauen und Maultiere gehorchen besser, wenn man sie streichelt, als wenn man sie peitscht.«

Nietzsche fordert dagegen: »Wenn du zum Weibe gehst, vergiß die Peitsche nicht.« Wie man sich den schuldigen Gehorsam verschafft, da scheinen die armen, von Autoritätsverlust bedrohten Männer sich nicht ganz einig.

Alles in allem läßt sich feststellen: **garstig** ist sie, ein Drachen eben. Und wir können eigentlich nur mit dem finnischen Sprichwort fragen: »Gute Mädchen, artige Töchter, wo kommen denn die garstigen Weiber her?«

Halt, Moment! Vergessen wir nicht: **sittsam** ist sie.

Mit Argusaugen wacht sie über die Tugenden anderer; denn »Nach Freiheit strebt der Mann, das Weib nach Sitte.« Und weil ihr guter Ruf ihr über alles geht, scheut sie nicht davor zurück, an andere Frauen denselben Maßstab – manchmal das Schwert wie Jeanne d'Arc – anzulegen.

Früher stand Sittsamkeit an erster Stelle. Schon La Rochefoucauld erkannte, daß die Sittsamkeit der Frauen häufig ihre Ursache darin hatte, daß die eigenen Wünsche und das eigene sexuelle Begehren unterdrückt wurden. »Es gibt wenig sittsame Frauen, die ihres Geschäftes nicht müde wären.«

»Die meisten sittsamen Frauen sind verborgene Schätze, die nur in Sicherheit sind, weil man nicht nach ihnen sucht.« Was La Rochefoucauld noch ironisierte, wandelten wir als Schülerinnen der fünfziger Jahre gnadenlos um in: »Tugend ist, wo keiner kommt.«

Zitate und Sprichwörter – ich sehe, wie Sie milde lächeln. Vergangene Zeiten, Schnee von gestern, das nimmt heute niemand mehr ernst, schon gar nicht die moderne Hausfrau und Mutter. Ich meinerseits wiege bedenklich den Kopf.

Immerhin geistert die Frau als Xanthippe und Putzteufel, als hysterische Ziege, als launisches Wesen oder Tratsche durch den männlichen Blickwinkel. Mit Zeitgemäßerem kann ich ebenfalls dienen. Was halten Sie davon, wenn wir zusammen einen kurzen Blick in Ingmar Bergmanns berühmtem Film *Wilde Erdbeeren* werfen? Er liefert hervorragende Hinweise für die Aufstockung unseres weiblichen Waffenarsenals. Gleich zu Beginn weist der alte Dr. Borg seine **nörgelnde** Haushälterin zurecht: »Ich bin nicht mit Ihnen verheiratet.«

Im Auto unterwegs mit seiner Schwiegertochter, wird er von ihr gefragt: »Und welches Laster würdest du Frauen zubilligen?« Er antwortet: »Das Weinen, Kinderkriegen und über die Nachbarn herziehen.«

Die beiden entgehen mit knapper Not einem bösen Unfall und nehmen das Ehepaar mit, das diesen Beinahe-Zusammenstoß verursacht hat, weil die Frau ihrem Mann gerade eine Ohrfeige geben wollte. Der Mann entschuldigt das mit den Worten: »Meine Birgit ist immer hysterisch.« – Das kennen wir schon.

Als sie weint, kommentiert er das Geschehen mit den Worten: »Rühre ja nicht an die Tränen einer Frau; sie sind heilig.«

Der Mann imaginiert Weibliches, sagt Nietzsche, und lastet die Schuld, daß die Wirklichkeit anders ist, den Frauen an. Da kann ich nur sagen: Hoffentlich brechen wir, die Frauen, unter der Last nicht zusammen. Denn deutet nicht alles, was der Mann uns zubilligt, auf eins: die Waffen der Frau?

Still im Aug' erglänzt die Träne

Na endlich! Wurde ja auch Zeit! Die weiblichen Waffen – typisch! Sie, der Leser, lehnen sich erleichtert und ein bißchen enttäuscht zurück. Erleichtert, weil ich die Weiberwaffen doch nenne, enttäuscht, weil Sie mich nicht bei jener Voreingenommenheit ertappen, die man bei einer Autorin von Frauengewalt erwarten durfte.

Neugier, Eitelkeit, Launen, Ungehorsam und Hysterie, wenn Sie, liebe Leserin, sich gar nicht mehr zu helfen wissen. Tränen, Nörgeln, Klatschen, Kinderkriegen, doch auch das. Wie steht es mit der vielgerühmten weiblichen Schwäche, die, wie bei meiner Drachen-Großmutter im richtigen Moment eingesetzt, Wunder wirkt? Für den Anfang finde ich das Waffenarsenal, das uns zur Verfügung steht, nicht schlecht, selbst wenn diese Waffen negativ bewertet werden.

Denn halt! Deuten Launen oder Ungehorsam zum Beispiel nicht auf eigenen Willen, eigene Vorstellungskraft, und ist das bei Männern und weiblichen Kriegern, wie wir gesehen haben, nicht positiv? Deuten andrerseits Tränen nicht auf Empfindsamkeit und Gefühl? Steht nicht beides Menschen gut an? Kann nicht Neugier als Interesse an Menschen und Beziehungen verstanden werden oder Geschwätzigkeit als ausgeprägte verbale Kommunikationsfähigkeit? Weisen demnach die Waffen der Frau nicht auch ihre Stärke aus? Ist die Bewertung dieser Frauenwaffen vielleicht nur eine Frage der Perspektive, des Standpunkts?

Auf jeden Fall stehen uns darüber hinaus andere zu Gebote und sind Synonyme für Frauengewalt: Schimpfen und Schimpfwörter und und und ... Höchste Zeit, daß wir uns näher damit beschäftigen! Fangen wir mit einer Anekdote an:

»Warum haben Sie nie geheiratet?« fragte man den Minister Schumann.

»Das ist eine alte Geschichte. Ich bin einmal als junger Mensch in einer überfüllten Metro einer Frau auf den Fuß getreten. »Kannst du nicht achtgeben, du Trottel?« hat sie geschrien. Ich wollte ihr antworten, doch da drehte sie sich um und sagte: »Oh, verzeihen Sie, ich glaubte, es wäre mein Mann.« Und darum bin ich ledig geblieben.«

Im Witz wird sie uns vorgeführt, die Frau mit der Nudelrolle in der erhobenen Hand, die den nachts von einer Sauftour heimkehrenden Mann hinter der Tür empfängt. In Wirklichkeit schlagen Frauen selten zu. Jedenfalls ist – anders als bei Frauen – nicht körperliche Gewalt der Grund, warum Männer die Männerberatung aufsuchen. »Ganz, ganz selten«, lautet die Auskunft in Düsseldorf. Der Männerberater in Remscheid kennt Fälle, wo sie zugeschlagen hat, die Gewalt aber zuerst von ihm ausging. Nur an einen Fall kann er sich erinnern, wo die Frau als erste körperliche Gewalt ausübte.

Wir hätten es uns denken können! Alle Redensarten und Sprichwörter nehmen die psychische Frauengewalt aufs Korn. Nicht Nudelrolle, Pantoffel oder Bratpfanne sind die Waffen der Frau. Bevorzugt setzt sie jene Waffen ein, die nicht greifbar, oft nicht sichtbar, allerdings meist nicht lautlos sind. Gefragt nach psychischer Gewalt, nennen Männerberater etliche Waffen, die Frauen benutzen: Sie schimpfen beständig; sie reden auf den Mann ein; sie kehren die intellektuelle Überlegenheit heraus, oder sie nutzen die Schwäche des anderen aus. Sie ziehen sich zurück oder zu Hause aus; sie drohen und verweigern sich. »Wer sind die Männer, die Großes vollbringen? Männer von Xanthippen und von trunksüchtigen Weibern, die Männer mit dem Dorn im Fleisch« (Bernard Shaw).

Unmöglich alle zu beschreiben – es würde Bände füllen, die Tricks und Schliche, Kniffe und Praktiken zu beschreiben. Greifen wir ein paar heraus!

Still im Aug erglänzt die Träne! Und schon wird er weich, besucht der Geliebte sie und vernachlässigt er seine Familie öfter, gibt der Eheliebste nach und ihr mehr Haushaltsgeld; er gibt ihr recht, daß seine Mutter sie wirklich gekränkt hat oder die Nachbarin das Treppenhaus schlampig putzt. Selbst Johanna benutzte diese weibliche Waffe. Sie »weinte nicht selten, ja, sie floß über von Tränen«, weiß Herbert Nette zu berichten.

Tränen stehen einer Frau gut zu Gesicht, sind Ausdruck für Schwäche, Hilflosigkeit, adäquat dem Frauenbild, das uns mit Sätzen wie »Ein Junge weint nicht« anerzogen wurde: Sind deshalb vielleicht die Tränen der Frau heilig? Weil Frauen sich weinend in jenes Bild mit dem engen Rahmen fügen: eine richtige Frau eben?

Tränen sind möglicherweise heilig, aber nur begrenzt einsetzbar: Wenn Tränen ihn, den Freund, den Ehemann wütend machen, sind sie das falsche Mittel; denn seine Wut wird Ihre Tränen reicher fließen lassen.

Zudem gehören Tränen zu den Waffen, die beim Benutzer selber Blessuren hinterlassen. Gerötet und geschwollen sind die Lidränder, die Nasenflügel aufgebläht, die Lippen wund. Sie schauen in den Spiegel und wissen, er schaut Sie wieder an! Am nächsten Morgen – stehen Tränen einer Frau schlecht zu Gesicht.

Von wegen Schwatzhaftigkeit! Der natürliche Ausfluß unserer Erziehung, die uns mehr zur Sprache als zur Tat ermuntert, ist die gewaltige Sprachkompetenz der Frauen. Wir benutzen den Redefluß nicht nur öfter als Männer zur Bewältigung von Konflikten.

Wir benutzen ihn auch, um ihm morgens beim Frühstück aus der Zeitung vorzulesen, was uns interessiert und er nicht hören will. Oder wir kommentieren an der spannendsten Stelle des Fernsehkrimis, was wir auf dem Bildschirm sehen – aus Liebe, damit die Familie nichts verpaßt. Überhaupt – wir reden und reden, wenn er ein Nickerchen machen möchte, die Sportschau sieht, sich auf sein Skatblatt konzentrieren oder schon schmusen will, die Freunde der Kinder kommen.

Herr im Himmel, sie will alles wissen! Wenn er lacht, will sie wissen, warum, wenn er die Stirn runzelt, fragt sie nach dem Grund, wenn er still ist, heißt es prompt: Was hast du? Wir quälen ihn mit unserer Neugier und quälenden Fragen nach seinem Tagesablauf in der Firma, seinem Chef, seiner neuen Kollegin, dem Betriebsfest, seiner Frau. Wir geben keine Ruhe, bis wir alles wissen, zu Recht. »Interessieren Sie sich für das, was Ihr Mann, Ihr Freund tut!« raten uns Frauenzeitschriften, auf deren Wort und Rat wir viel geben. Notfalls geben wir Neugier vor. Und immer wieder stellen wir die Fragen: Wie fühlst du dich? Liebst du mich? – Wie oft soll er das noch beantworten!?

Die Kinder unterwerfen wir einer Inquisition: Wo warst du? Mit wem? Was hast du gemacht? Wie war's in der Schule? Was hat deine Englischlehrerin gesagt?

Und eine spitze Zunge hat die Frau auch. Niemand ist vor ihr sicher, ob die Freundin oder die Kollegenfrau, ob der Babysitter oder die Nachbarin. An dem langmähnigen Wesen, das die Tochter ins Haus schleppt, läßt sie kein gutes Haar, bei dem Wesen mit kurzem Punkerschnitt, das der Sohn anbringt, findet sie alle möglichen Haare in der Suppe.

Sie kritisiert – und wer sollte ihr das Recht dazu bestreiten? Sie darf doch noch ihre Meinung sagen, wenn ihre Schwester Garbriele ihre Tochter allein erzieht und das auch noch schlecht: »Kinder brauchen ein geregeltes Leben.«

Zumindest eine versteckte Anspielung ist wohl erlaubt über diese aufgedonnerte Pute, die ihr den Freund abspenstig machen will. Eine kleine Spitze wenigstens zu der Kollegin, die gleich nach dem Mutterschaftsurlaub wieder arbeiten will. »Also, ich habe mich drei Jahre beurlauben lassen, bloß bis Jürgen aus dem Gröbsten heraus war.« Wupp – da hat sie es geschafft! Das Klischee Mustermutter/Rabenmutter wirkt wie Salzsäure. Die andere, die Kollegin hat ein schlechtes Gewissen.

Und sie triezt die ganze Familie mit ihrem Ordnungssinn. Sie klappt den Klodeckel herunter, den er offengelassen hat. Sie räumt seinen Schreibtisch auf und wirft seine Fachzeitschrift weg. Sie fährt nach jedem Händewaschen mit dem Putzlappen über das Becken oder den Boden, wenn die Kinder vom Spielen hereinkommen. Sie bringt Ordnung in den Schrank des Sohnes und ranzt die Tochter an, endlich ihren aufzumisten. Sie wischt täglich zweimal Staub und kehrt mit eisernem Besen. Sie rückt nicht nur Platzdeckchen zurecht, sondern auch Köpfe; sie macht reinen Tisch.

Herr im Haus ist sie. Mit diesen Waffen errichtet sie ihr Reich und herrscht über ihre Untertanen. Obwohl sie vom Geld des Mannes und damit wirtschaftlich abhängig ist, bestimmt sie einfach alles: wohin die Urlaubsreise geht, was für Schuhe der Ehemann anziehen muß, ob der Sohn eine Freundin haben darf, wie sich die erwachsene Tochter ihre eigene Wohnung einrichtet oder worüber gesprochen wird »Davon will ich nichts hören«. »Natürlich haben wir verweigert«, sagt sie und meint eigentlich den Sohn. Sie macht sich unentbehrlich. Sie bemuttert, klammert und hält alle an der kurzen Leine der Liebe fest, bis ihnen der Atem ausgeht. Kritik kann sie – wie alle Herrscher – schwer vertragen.

Familienfeier – auch für Sie, meine Leserinnen und Leser, kein unbekanntes Fest! Vater, Mutter, Onkel, Tanten und Kinder sitzen in fröhlicher Runde; die dreißigjährige Tochter feiert die Einweihung ihrer ersten Wohnung.

»Da habe ich ihr gesagt, dort in der Ecke bringen wir noch ein Regal an«, tönt Mutter lauthals. »Und in der Küche . . .«

Was die jüngere Schwägerin Karla prompt in den falschen Hals kriegt; nachdenklich sieht sie ihre Nichte an, eine junge Frau, stolz auf diese Wohnung, zum erstenmal selbständig – sollte man meinen. Karla sucht nach Worten und findet die falschen: »Halt dich da raus, Mutter!«

Der Familienkrach ist da – er wird Jahre dauern.

Keine Frau wird leugnen, daß wir solche weiblichen Waffen einsetzen; häufig genug versuchen wir sie als weibliche Schwächen zu entschuldigen. Deutlich geworden sein sollte jedoch, daß die Bewertung dieser Schwächen vom Standpunkt des Betrachters abhängt. Was aus der Perspektive des Mannes nach kaum zu stoppendem Redefluß aussieht, muß nicht unbedingt negativ sein. Doch wir haben oft, aufgrund unserer Sozialisation, all der Klischees und Mythen, diesen männlichen Blickwinkel verinnerlicht. Der Redefluß kann aus anderer Perspektive der Versuch sein, über Sprache zu kommunizieren. Perfide dabei ist, daß weibliche Stärken – Frauen sind beziehungsorientierter, wortgewaltiger und gefühlsorientierter – abgewertet und ihre Stärken zu Schwächen umgemünzt werden.

Sex im Baum – ein Frauentraum

Liebe, so heißt es, sei eine Himmelsmacht. Doch wir sprechen jetzt nicht über die Liebe, die aufopferungsvoll und berechnend ist, weil sie vom Mann, dem Freund, Geliebten, den Kindern Dank erwartet und mit Gegenliebe oder Unterordnung belohnt werden soll und Abhängigkeit provoziert nach dem Motto: »Ich habe dir alles geopfert«. Wir sprechen auch nicht von der Liebe der Hilflosigkeit, wo Frauen auf Weibchen taktieren oder Kindchen spielen, ein Übermaß an Schwäche und Schutzbedürftigkeit vortäuschen, um den anderen an sich zu binden, ihm ein schlechtes Gewissen zu machen und eine freie Entscheidung unmöglich, indem sie sagen: »Ohne dich kann ich nicht leben.« Jetzt sprechen wir von Sex.

Die Sexualität als Frauengewalt ist höllisch, so sagt man: abgründig, verschlingend, unersättlich, vernichtend, männermordend. Mit Sexualität haben Frauen die Politik von Königen zum Guten oder Schlechten beeinflußt, Staatsmänner zur Vernunft oder um den Verstand und Künstler zu Höchstleistungen oder um ihre nicht nur künstlerische Potenz gebracht. Doch nicht nur auf höchster Ebene erreichen Frauen mit dieser Gewalt viel, fast alles.

Sexualität hat etwas mit Trieb zu tun, mit Geschlechtlichkeit, mit Natur, existiert in einem Umfeld, das von männlichen wie weiblichen Sexphantasien durchdrungen ist, aber auch von moralischen Vorstellungen, von positiven und negativen Einstellungen zum Körper, von Lust und Scham.

Was man uns Frauen noch in den siebziger Jahren abgesprochen hat, dürfen wir heute offen bekennen: unsere gewaltigen sexuellen Phantasien. Denkt die Frau an einen anderen, wenn sie mit ihm schläft? Kommt sie nur zum Orgasmus, wenn sie sich den Priester, Showmaster, den Nachbarn oder Mafiaboß vorstellt? Frauen träumen von Sex im Beichtstuhl oder in der Opernloge, auf dem Marktplatz oder der Bühne; sie träumen von Sex an allen möglichen und unmöglichen Orten. Frauen masturbieren. Voyeuristisch und exhibitionistisch stellen sie sich Sex unter den Augen einer Zuschauermenge vor, öffentliche Kopulation. Sie wünschen sich Sex in der

Gruppe, mit vielen Männern gleichzeitig oder mit Frauen oder mit ihrem Lieblingstier, dem Pferd, dem Hund oder dem goldenen Esel des Apuleius, werden zur leidenschaftlichen und zärtlichen Sodomitin – in ihrer Phantasie.

Frauen träumen nicht nur ihre gewaltigen und gewalttätigen Sexphantasien; sie identifizieren sich auch mit neuen Sexsymbolen, den »falschen Marien«, wenn wir Nancy Friday glauben dürfen: »Madonna ist keine männliche Masturbationsphantasie. Sie ist Sexsymbol und Vorbild für andere Frauen.« Madonna steht für alle, die Frau schlechthin, die berufstätige Frau, die Mutter oder Lesbierin. Als Sängerin, die ihre weibliche Sexualität, die sexuelle Gewalt von Frauen, zur Schau stellt, kommt sie exhibitionistischen Wünschen entgegen.

Sexualität in engerem Sinn ist eine Gewalt, die mehr von unserem Körper als von unserem Verstand oder unserer Psyche ausgeht. Deshalb wird der Körper ins Spiel gebracht. Frauen setzen ihr Aussehen ein – Augen, Mund, Busen, Hüften, Po und Beine; sie spielen die Verruchte mit Wimpernschlag und Hüftschwung oder die Lolita mit Schmollmund; sie spielen ihre Sexualität aus. Das machen alle Frauen, die Ehefrau, Freundin oder Geliebte wie die Hetäre, das Partygirl, die Prostituierte oder Sexbombe. Das machen die weiblichen Krieger wie die weiblichsten aller Frauen, die Weibchen – in mehr oder minder abgeschwächter Form.

»Sei die Hetäre ein Traum des Mannes. Aber die Wirklichkeit soll sie ihm zur Hörigen – Hausfrau oder Mätresse – machen, weil das soziale Ehebedürfnis ihm über den Traum geht«, sagt Karl Kraus.

Da hören Sie es aus berufenem Männermund. Eigentlich möchte der Mann nicht das süße Doofchen, sondern beides: den gebildeten Geist in einem bildschönen Körper. Hetären eben! Er läuft diesem Traumbild nach und läuft Gefahr: Denn Hand in Hand mit Geist und Schönheit gehen Selbstbewußtsein und Unabhängigkeit. Da bleibt er lieber auf dem Boden der Realität, bei Muttern oder der Geliebten. Doch sein Traumbild und seine sexuellen Wünsche füllen das frauliche Waffenarsenal.

Was bei Lysistrate noch einem höheren Ziel diente, dient Frauen dieser Waffengattung zu rein egoistischen Zielen. Sie vermarkten ihren Körper, um Wünsche durchzusetzen oder Einfluß zu nehmen. In dem Spiel von Anmache und Verweigerung wollen sie gewinnen, Siegerin sein: »Mann, ärger dich nicht!«

Partygirls wie Prostituierte, wie ihr Name sagt: die nicht aus dem Haus gehen, geben keine Geheimnisse preis, wenn sie im *Playboy* plaudern. Patsy sagt: »Ich habe rasch kapiert, daß es viel mehr Geld zu verdienen gab, wenn man sich auszog . . .« Über ein anderes Partygirl heißt es da: »Paula lernte, ihren Körper als Tauschobjekt mit Wert zu begreifen – eine Tatsache, die in unserer Kultur unterschwellig immer vorhanden ist und in Hollywood ganz offen.«

Karriere übers Bett? Oder Bankkredit nicht mit Konto-, sondern mit Buseneröffnung? Warum nicht, wenn die geistigen Waffen nicht reichen und die Argumente nicht überzeugen? Die Waffen der Frau kann man einsetzen, um Berufsziele zu erreichen. Schlafen Sie sich doch einmal, wie es in einer Talk-Show so nett hieß, einen Konkurrenten aus dem Weg!

Müssen wir ernsthaft bleiben? Es klingt doch ohnehin schon ernüchternd, geradezu schnöde, wenn es heißt, Frauen kommerzialisieren ihr Leben und können dabei zwischen zwei Möglichkeiten wählen: als Ehefrau oder als Hure. Das zu akzeptieren, fällt vielen Frauen schwer: Ich sehe, einige unter Ihnen, meinen Leserinnen, sind jetzt entrüstet. Entwaffnet wäre besser!

Empörung, Prüderie und Moralisieren halten schwer dagegen. Vielleicht liegt in der Tatsache, daß uns sexuelle Gewalt gemeinsam ist, der Grund, daß Frauen manchmal geradezu entsetzt sind über die »sittlichen« Verstöße anderer Frauen und wie Johanna das Schwert heben. Sie gönnen der Tochter den Freund nicht, sie regen sich über wechselnde Liebhaber der besten Freundin auf. Sie regen sich über die Nachbarin auf, die den Gärtner zu einem Schnäpschen eingeladen hat. Sie entrüsten sich über Madonnen dieser und jener Art, über Songs, Filme oder Fernsehsendungen, in denen mit Sex freizügig umgegangen wird. So wird Petra zur Paula!

Nach Brief und Siegel erfüllen viele Ehefrauen ihre ehelichen Pflichten, nachts, wenn er will und sie nicht gerade Kopfschmerzen hat. Zu diesen ehelichen Pflichten sind sie von Rechts wegen verpflichtet; sie dürfen nicht, sie müssen. Das ist nicht immer lustfördernd, aber staatlich sanktionierte Lust und deshalb besser, wertvoller – von moralischer Warte aus betrachtet.

Doch heiter sei die Liebe! Gewaltig! Wir leben in einer Zeit der sexuellen Befreiung, die uns mit der *Befreiung zur Lust*, wie Nancy Friday beweist, gewalttätigere Sexphantasien eingibt und erlaubt.

Das englische Familienmagazin *Wedding & Home* befragte 3000 Engländerinnen, wo sie Liebe machen. Hier das Ergebnis mit meinem Kurz-Kommentar:

»Auf dem Garagendach« – Denken Sie an die Leiter!
»Auf dem Kühlschrank« – Für unterkühlten Sex!
»Im Taxi« – Rückspiegelfechtereien!
»Im Tresorraum einer Bank« – Schatzsuche!
»Auf dem Billardtisch« – Rhythmisch: klick-klack!
»Im Kofferraum« – Ein Luftloch lassen!
»Auf dem Behandlungsstuhl eines Zahnarztes« – Kein Kommentar!
»Auf Astgabeln von Bäumen« – Wohl ein Mißverständnis – ich dachte, sie will mit dem Kind hinaufklettern!

Wie wir uns betten, so liegen wir. Selbst eingebettet in das traditionelle Familienmuster, erleben wir nur scheinbar Sicherheit, Ordnung und Harmonie. Widersprüchliches stört unsere Ruhe. Wenn er auf Dienstreise fährt, atmen Sie auf und machen es sich schön. »Endlich allein!« Er ruft zur Kontrolle zweimal täglich an, um sich zu vergewissern, ob Sie eine sind, die aus dem Haus geht. Die Telefonnummer von seinem Hotel hat er Ihnen nicht gegeben. »Wenn ich von der Tagung komme, will ich nur noch schlafen.« – Ja, nicken Sie und fragen sich, mit wem.

Sexbomben mit Fehlzündungen

Sie ist einfach scharf und törnt an. Sie will Männer scharfmachen, und das mit voller Absicht. Sie lebt ihre Macht- und Größenphantasien aus, indem sie als wandelnde sexuelle Gefahr für das andere Geschlecht herumläuft: als Sexbombe.

Schmachtender Blick, wollüstige leicht geöffnete Lippen, die spitzen Brüste so formgerecht präsentiert wie die üppig gerundeten Hüften, dazu die Waden und die schlanken Fesseln – sie ist eine wandelnde Gefahr. Und sie legt es darauf an, betont durch jedes Kleidungsstück die ohnehin schon aufregenden Körperformen. Hauteng sind die Hosen, der Pullover, minimale Länge hat der Minirock, durchsichtig ist die Bluse oder so aufgeknöpft, daß man fast den Bauchnabel sieht. Ihr Schmuck, ihr Make-up, ihre Frisur, ihr wiegender Gang, einfach alles ist darauf angelegt, Männer in ihren Bann zu ziehen, zu fesseln, besinnungslos zu machen. Eine Sexbombe? Nein, eine Sexrakete; denn sie feuert pausenlos Sex-Signale ab.

Wenn er sie sieht, sieht er rot. In Max Lüschers Farbfunktionspsychologie entspricht die Farbe Rot dem sexuellen Körperreiz. Keine entspricht wie sie dem Bild, das der Mann von der sexuellen Frauengewalt hat, keine kommt seinen Sexphantasien so entgegen. Es bedarf nicht einmal des Körperkontaktes. Es bedarf keiner Berührung der Haut, der erogenen Zonen. Er braucht sie nur anzusehen, und schon ist er erregt. Ihre Reize reizen ihn, bringen sein Blut in Wallung.

Sie hat ihn – bildlich gesprochen – in der Hand. Sie kann mit ihm machen, was sie will. Und sie will Macht, Dominanz, das Gefühl haben, überlegen zu sein: Ich oben – du unten.

Oft hält sie nicht, was sie, was ihr Körper verspricht. Sie hat sich bewußt auf das Weiblich-Geschlechtliche und seine Merkmale reduziert und hat nun nur das zu bieten, oft nicht einmal das. Ihr erregender Körper ist eine Verheißung, die sich im Bett nicht unbedingt erfüllt: nicht göttliche Lust erwartet ihn, sondern durchaus irdisches Vergnügen, Hausmannskost. Die absichtlich abgeschossenen Sex-Signale vertuschen, daß Sexualität ihr wenig bedeutet. Sie kann zwar scharfmachen, aber nicht explodieren.

»Wer also eine Sexbombe entschärfen will, macht die wundersame Entdeckung, daß bei dieser Bombe nichts tickt und nichts platzt«, sagt Max Lüscher in *Signale der Persönlichkeit.*

Aber Max Lüscher, möchten Sie jetzt sicher einwenden, wenn sie gar nicht will, warum tut sie so was? Warum spielt sie Vamp, wenn sie die entsprechenden Spielregeln nicht einhält? Warum gibt sie sich als Sexbombe, wenn sie gar nicht entschärft werden will?

Die Antwort ist so schwer nicht. Gehen wir davon aus, daß die Sexbombe nicht der Männer wegen, sondern sich selbst zuliebe als Gefahr herumläuft. Sie braucht das, das Gefühl, andere beherrschen zu können, in ihre Gewalt bringen zu können. Sie braucht das zur Selbstbestätigung. Da sie auf anderen Gebieten keine Bestätigung bekommt, fehlt ihr etwas. Wer unter einem Mangel an Selbstbestätigung leidet, versucht diesen zu kompensieren, auszugleichen, wenigstens auf einem Gebiet zur Herrschaft zu gelangen. Die Sexbombe lebt ihre Machtbedürfnisse mit ihrer Sexualität aus, mit ihr allein kann sie andere beherrschen.

Unerheblich, ob Sie meinen Gang durch das Lustlabyrinth begleiten konnten oder ob Sie die letzten Seiten nur wütend durchgeblättert haben – allen diesen weiblichen Waffenträgerinnen sind mit dem Schönheitsmythos Grenzen gesetzt. Lassen wir Patsy das letzte Wort: »Ich mußte mir die Nase richten lassen, die Zähne ein bißchen korrigieren, ein paar Collagenspritzen hier und da, und ich wollte was für mein Dekolleté tun.« – Und das verschlang Unsummen!

Hausfrauen: Blauäugig und schlüsselgewaltig

Kraft ihres Amtes und staatlich sanktioniert haben Ehefrauen die Schlüsselgewalt. Halten Sie sich zurück! Das ist kein Grund zur

Freude, kein Zeichen, daß Sie den männlichen Sphären doch näher sind.

»Ich werde dir die Schlüssel des Himmelreichs geben«, sagt Jesus zwar (*Matthäus 16,19*), aber er sagt das zu einem Mann, Petrus, dem damit – nach dem Verständnis der Kirche – die Kirchengewalt übertragen wird. »Was immer du auf Erden binden wirst, das wird auch im Himmel gebunden sein, was immer du auf Erden lösen wirst, das wird auch in den Himmeln gelöst sein.« Sie sehen, es geht um die Vollmacht, zu binden und zu lösen. Deshalb nutzen die Anrufe der katholischen Gläubigen beim Bischof nichts, die sich darüber beschweren, daß der Papst die erste Ehe Carolines von Monaco für nichtig und damit für gelöst auf Erden und im Himmel erklärt hat. Das ist ein Rechtsakt, und er darf das – aus katholischer Sicht; der Schlüssel ist hierfür ein Symbol.

Eine Beobachtung aus einem großen Schulsystem – hundertfünfzig Lehrerinnen und Lehrer – wird mir von einem Mann berichtet: Da laufen viele Männer mit gewichtigen Schlüsseln, gebündelt durch Karabinerhaken, am Gürtel herum. Nein, nicht die Schulleitungsmitglieder, sondern eher Lehrer der mittleren Charge. Sie haben für alle wichtigen Räume, Schränke und Kästchen einen Schlüssel oder ein Schlüsselchen, und das müssen sie zeigen – Potenzgehabe, sagt der Mann.

Die Schlüssel, die die Ehefrau im Rahmen der Schlüsselgewalt früher bekam, waren konkreter: Es waren die Schlüssel zu den Vorratskellern des Hauses. Diese Schlüssel zeigten, daß sie die Gewalt im Hause hatte. Sie durfte die Vorratskeller nicht nur aufschließen, sondern auch den Inhalt daraus sinnvoll für den Haushalt verbrauchen. Sie durfte die Vorratskammern zudem füllen, das heißt dafür einkaufen, was wiederum heißt, daß sie – wenn auch eingeschränkt – Rechtsgeschäfte abschließen durfte.

Doch die Schlüsselgewalt hatte ihre Grenzen. Zum einen gehörten der Frau das Haus und die Vorratskammern nicht; sie waren Besitz des Mannes. Ihm gegenüber mußte sie sich verantworten. Kam es zu Auseinandersetzungen mit dem Händler, trat der Mann im sogenannten Rechtsverkehr auf.

Die den Frauen übertragene Schlüsselgewalt gab es schon im Römischen Reich. Festgeschrieben war die Schlüsselgewalt der Römerin im »vorbildlichen« römischen Recht. Es sieht eine Ausnahme vor: Nur den Schlüssel für den Weinkeller behielt der römische Mann lieber selbst in Gewahrsam. »Ein Schlückchen in Ehren darf niemand ...«

Was Recht ist, muß Recht bleiben, sagten sich die Germanen und übernahmen Grundzüge des römischen Rechts. Kaum verwunderlich also, daß die Schlüsselgewalt der Frauen auch in Deutschland festgelegt wurde: im § 1357.

Die Insignien der Macht, das Schlüsselbund, trug die Frau des Hauses – das konnte die Ehefrau, aber ebenso die erwachsene Tochter sein – mit sich herum, angesichts der Größe alter Schlüssel ein gewichtig Ding. In *Der Trompeter von Säckingen* stellt Viktor von Scheffel im 19. Jahrhundert das Urbild der schlüsselgewaltigen deutschen Hausfrau vor:

In den Saal kam leicht geschritten
Jetzt des Freiherrn holde Tochter
Margareta, ...
Mit dem schwarzen Samtgewand war
Jetzt vertauscht das weiße Festkleid,
In den blondgelockten Haaren
Schnippisch saß die schwarze Schnepphaub,
Und hausmütterlich sah drunter
In die Welt ihr blaues Aug vor.
Von dem Gürtel hing gewichtig
Schlüsselbund und ledern Täschlein.

Alles dahin! Mit der *Neuregelung der Schlüsselgewalt durch das Gleichberechtigungsgesetz* vom 18. Juni 1957, so auch der Titel einer Dissertation von Ulrich Fahr, fing es an. Durfte die Frau nach dem alten § 1357 »innerhalb ihres häuslichen Wirkungskreises die Geschäfte des Mannes für ihn besorgen und ihn vertreten«, so besorgt sie in der Neufassung diese Geschäfte »mit Wirkung für den

Mann«, erhält mehr Eigenverantwortlichkeit. Diese Eigenverantwortlichkeit, »also das grundsätzliche Alleinentscheidungsrecht«, hat – wenn man Ulrich Fahr folgt – den Männern schwer zu schaffen gemacht. War das denn überhaupt mit dem Grundgesetz zu vereinbaren? Das Bundesverfassungsgericht hatte doch im Kindschaftsrecht diese alleinige Entscheidungsbefugnis gerade abgelehnt. Die Begründung dafür lautete, vereinfacht unjuristisch: Es bestehen zwar Geschlechterunterschiede zwischen Mann und Frau. Aber das prägt die Art und Weise, wie Kinder von Vater und Mutter behandelt werden, nicht so unterschiedlich, daß das wesentlicher ist als das Gemeinsame des Elternsein. Das – so schließt Ulrich Fahr juristisch-männlich scharfsinnig – kann man beim Haushalt nicht sagen: »Die besondere Beziehung der Frau zum Haushalt ist nicht zu verkennen.«

Meint er etwa die im Wesen der Frau veranlagte Haushaltsführung? Die »natürliche« weibliche Neigung zum Unterhosen- und Windelnwaschen, Kloputzen, Schrubben und Staubsaugen, Kochen? Schmackhaft wird die bittere Pille dadurch, daß er nicht nur die »in der Regel« anzunehmende größere Sachkunde der Frauen in Haushaltsfragen heranzieht. Er verweist auf den Gesetzgeber, der sich von einer »nunmehr ins Bewußtsein weiter Kreise gedrungenen Erkenntnis leiten« ließ, »daß die Tätigkeit im Haushalt für Ehe und Familie ebenso wichtig wie die Berufsarbeit des Mannes sei und entsprechend anerkannt und gewürdigt sein müsse.«

Gut, sehen wir uns diese Würdigung an!

Das Gleichgewicht – und damit die Gleichwertigkeit – zwischen berufstätigem Mann und Nurhausfrau ist keineswegs gegeben, jedenfalls nicht durch § 1357. Der Mann darf sein Geld und sein Vermögen – sieht man vom Unterhalt für die Familie ab – frei verwenden. Selbst wenn seine Geldausgaben sich auf die Familie in irgendeiner Weise auswirken (mittelbar nennt das der Jurist), darf die Frau nicht mitbestimmen. Zwar wird die Ehe nun als Zugewinngemeinschaft betrachtet. Doch kann der Mann seine durch Berufsarbeit erworbenen Anrechte auf Geld vererben. Die Frau umgekehrt kann das mit den durch ihre Hausarbeit erworbenen Anrechten in der Zugewinngemeinschaft nicht.

Mußte nach dem alten Schlüsselgewalt-Gesetz der Mann für alle von seiner Frau getätigten Geschäfte geradestehen, das heißt, er war Dritten gegenüber verpflichtet, so sieht es nach dem neuen Gesetz nun anders aus: Auch die Frau kann verpflichtet werden. Allerdings macht Fahr klar, daß der Gesetzgeber sie weniger haften läßt. Im Zusammenhang damit beleuchtet er den Fall, was juristisch Sache ist, wenn der Mann den Haushalt führt: »Fälle, in denen der Mann den Haushalt führt, wie es sonst üblicherweise die Frau tut, sind jedoch äußerst selten. Sie mögen in ungewöhnlichen Zeiten eher vorkommen, werden aber auch dann als *unnatürlich* und als Notlösung empfunden, die möglichst bald überwunden werden soll.«

Natürlich sollen von mir die Fähigkeiten der Frauen zu waschen und zu kochen nicht geleugnet werden. Sie sind ihnen von Natur aus gegeben wie – den Männern. Ganz im Sinne der These, die Cheryl Benard und Edit Schlaffer aufstellen:

Für gesunde und erwachsene Menschen gilt – wer die biologische Fähigkeit besitzt, Schmutz zu erzeugen, der hat auch die biologische Fähigkeit, ihn zu beseitigen. Wer Hunger hat, kann auch kochen. Usf. Da hat die Natur vorgesorgt.

Es gibt Arbeiten, die jede/r selbst verrichten muß. Sie an eine Kaste zu delegieren bedeutet Zeitgewinn, Annehmlichkeit und Korruption.

Mit dem gewichtigen Schlüsselbund am Gürtel jedenfalls bannte man Frauen ins Haus. Die aus dem Haus gingen, die anderen, waren Prostituierte.

Mutterhände: Für Zucht und Moral

Neben Schlüsselgewalt ist das Züchtigungsrecht staatlich sanktionierte Gewalt, die Frauen verliehen wird.

Ein Klaps auf den Hintern? Eine Ohrfeige? Warum nicht? Ihnen rutscht ab und zu die Hand aus? Macht nichts, das tut der Liebe keinen Abbruch, finden Sie. Der Staat gleichfalls, denn Sie haben das Recht zu körperlicher Züchtigung, angemessener wohlbemerkt.

Die Geschichte der körperlichen Züchtigung ist so alt wie die Erziehung; ihr Für und Wider wurde immer wieder diskutiert. Behalten wir dabei im Auge: Erzogen wurde und wird nicht nur in der Familie, sondern auch in der Schule und in jedem Lehrverhältnis. Streichtage und Rutenfeste feierte man in den mittelalterlichen Klöstern, was sado-masochistische Züge belegt, die Lust am Schlagen und am Geschlagen-Werden. Salzmanns *Krebsbüchlein* stellt im 18. Jahrhundert die Eltern schon als Unterdrücker hin. Sexualpsychologie kündigt sich mit Rousseau an: Der frauenfeindliche Rousseau, seines Zeichens Aufklärer, erzählt von sexuellen Lusterlebnissen, die er bei Schlägen auf seinen entblößten Hintern gehabt habe; Schlagen hat etwas mit der Libido zu tun. (Im Zusammenhang mit der Madonna, die das Jesuskind verdrischt, werden Sie davon noch etwas hören.) Von da bis zu Freud, der in *Ein Kind wird geschlagen* den Liebesverlust durch Schläge diskutiert, vergehen noch Jahrhunderte.

Was ist schon dabei, wenn einem die Hand ausrutscht! Das sagt man so. Selbst wenn ich da anderer Meinung bin, wie Sie dazu stehen, weiß ich nicht. Vielleicht gehören Sie zu denen, die sagen: Stimmt! Sie können sich auf Autoritäten berufen. Die Personensorge des Bürgerlichen Gesetzbuches, dieses schreckliche Wort für die nicht nur als Wort noch schrecklichere Erziehungsgewalt, erlaubte Eltern bis 1979 »angemessene Zuchtmittel« zu verwenden, zu denen nicht nur Taschengeldentzug, sondern auch »maßvolle« körperliche Züchtigung gehört – Haue eben. Und die hat doch noch niemandem geschadet.

Na bitte, und als Autorität der Praxis mag Ihnen der ehemalige Präsident des Deutschen Bundestages gelten. Seine Tochter Cornelia bekam Haue, wenn sie ungehorsam war und gegen die von den Eltern gesetzte Regeln verstieß. Ob von Vater oder Mutter Gerstenmeier bleibt leider offen. Die kleine Grenzüberschreiterin, nunmehr erwachsen, bekennt jedenfalls in *Frauen in Bonn*, »er habe ihr jene Wertmaßstäbe und moralisch-ethische Sensibilität mitgegeben, die sie so wachsam gegenüber jeder Form von Menschenrechtsverletzung gemacht habe«.

Moralisch-ethische Werte sind wichtig. Und eingebimst mit Rohrstock, Reitpeitsche, Hundepeitsche, dem Neunschwänzigen oder Siebensträhnigen, mit dem Kleiderbügel, dem Pantoffel oder dem Ledergürtel machen sie nachhaltigen Eindruck.

Wenn die alte Frau Weber ihren kranken Bruder schlägt, die Pflegerin oder die Bettnachbarin, wird schnell ein Entschuldigungsgrund gefunden: Ach, das ist die Alzheimer Krankheit; sie kann nichts dafür.

Irrtum! Und ob sie etwas dafür kann. Sie hat schon immer geschlagen, ihre Kinder, besonders die beiden Mädchen, hart und gnadenlos. Und aus »nichtigem« Anlaß, weil sie zum Beispiel in den Ecken nicht richtig aufgewischt hatten. Damals benutzte sie die Hundepeitsche.

Kommen Sie mir jetzt nicht damit, daß Frau Weber die Töchter ja schließlich zu Ordnung und Sauberkeit erziehen, ordentliche Frauen aus ihnen machen mußte. Das klingt so verteufelt deutsch-ordentlich. In einem Zeitalter, wo Umweltminister sich für mehr Dreck auf der Haut und gegen das tägliche Duschen aussprechen, sie auch Front gegen das tägliche Wechseln und Waschen der Unterhosen machen – der Umwelt zuliebe –, müssen wir neue Begriffe von Sauberkeit entwickeln.

Trotzdem glauben viele Menschen, daß man mit Schlägen etwas bewirkt. Von Dankbarkeit der Kinder ist da viel die Rede, wenn man Äußerungen in der *Neuen Gerichtszeitung* betrachtet. Das erwachsene Glaubensbekenntnis der geschlagenen Kinder sieht dann so aus: Weil ich geschlagen worden bin, bin ich ein ganzer Mensch geworden, bin ich ein anständiger Mensch geworden, bin ich ein aufrechter Mensch geworden. Eigentlich seltsam, wenn man sich oft hat bücken müssen, jene Haltung freiwilliger Unterwerfung eingenommen hat!

Weil es sehr weh tut, streckt manches Kind die Waffen und sucht sich beizeiten einen gewaltigen Verbündeten, den, der schlägt, die Angreiferin. Es übernimmt schnellstens Mutters Ansichten, Werturteile, Moral. Das Überlebenstraining für Kinder umfaßt eben mehr, als Regenwürmer zu schlucken. Anna Freud nennt das »Identifizierung mit dem Angreifer«.

Obwohl 1964 noch 68% aller Eltern ihre Kinder durch körperliche Züchtigung moralisch ertüchtigten, wurde es Mitte der sechziger Jahre schwieriger, einen Rohrstock im Korbwarenhandel zu erwerben. Mit großem Bedauern hat das ein Professor in Hamburg festgestellt, der 1966 noch das geschlagene Kind als zu Sitte und Norm gehörig bezeichnete. Als 1979 der § 1626 zur elterlichen Sorge neu geregelt wurde, dürfte das wohl das Ende für die Ware Rohrstock bedeutet haben. Da heißt es nämlich: »Bei der Pflege und Erziehung berücksichtigen die Eltern die wachsende Fähigkeit und das wachsende Bedürfnis des Kindes zu selbständigem verantwortungsbewußtem Handeln. Sie besprechen mit dem Kind, soweit es nach dessen Entwicklungsstand angezeigt ist, Fragen der elterlichen Sorge und streben Einvernehmen an.«

Also Schluß mit der Gewalt: der mütterlichen Ohrfeige, dem Klaps, dem Hosen-Strammziehen. Oder gehören Sie etwa zu denen, die noch Hand anlegen?

Von wegen – wer nach Einvernehmen strebt, bedarf der Sprache. Und nicht nur Männer werden, wie Kingkong-Autor Glogger behauptet, immer sprachloser. Massenmedien wie Fernsehen und Zeitschriften tendieren zu Bildern und allenfalls Sprachhäppchen. Da ist der Manipulation Auge und Ohr geöffnet, auch der Gewaltmanipulation, der Kinder begegnen und die sie nicht sprachlich, sondern gestisch verarbeiten: Bevölkerten noch vor ein paar Jahren kleine Kungfus die Kindergärten und Schulhöfe, so sind es jetzt die Ninjaturtles.

Von wegen – die geschlagenen Kinder von 1964 sind heute junge Mütter mit einem von der Mutter eingebleuten Erziehungsrezept und moralischen Werten. Der Weg dahin ist nicht nur mit guten Vorsätzen gepflastert: »Was du nicht willst, daß man dir tu ...« heißt es zwar. Aber wer als Kind die Hosen strammgezogen kriegte, wird seinerseits strammziehen. Erinnern Sie sich! Schon Freud sagte: »Was man passiv erlebt, ist man bestrebt, aktiv auszuleben.« – Gut, vielleicht liegt der Rohrstock nicht mehr im Kinderzimmer griffbereit, als verlängerter Arm und ständige Drohung. Die Waffen im täglichen Erziehungskampf sind möglicherweise andere geworden – deswegen nicht weniger perfide: Hiebe reimt sich auf Mutterliebe.

Kaum etwas ist so wirkungsvoll und pädagogisch und – noch wichtiger – gefürchtet. Nein, das ist nicht meine Meinung, das stellt mir eine Mutter stolz vor Augen. Brennende Haut, blaurote Striemen, stundenlanges Nicht-sitzen-Können, verbunden mit Scham, besonders wenn Geschwister oder Freunde zusehen dürfen, prägt sich unauslöschlich ein. Oder doch nicht?

Gewiß, es gibt Frauen wie Sie eine sind, die sich geschworen haben: Wenn ich Kinder habe, dann gibt's keins hinter die Ohren. Sie haben vielleicht Ihre Lehre gezogen aus Scham und Erniedrigung. Viele andere tun es nicht. Gabriele erinnert sich: »›Was haltet ihr euren Hinter hin?‹ pflegte mein Vater-Großvater zu sagen. Er hatte gut reden. ›Kriecht doch unters Bett; da kann sie euch nicht erwischen.‹ Wieso sind mir seine Worte in Erinnerung geblieben? Die dazugehörigen Taten nicht? Nur einmal, daran erinnere ich mich, aber da trafen die Schläge meine Schwester. Ich dachte, sie schlägt sie tot. Aber sie hatte auch gelogen. Und der Siebensträhnige machte jeden Umzug in unserem Beamtenhaushalt mit.«

Verdrängung! Sie haben das Wort schneller bei der Hand als ich. Sicher, darum könnte es sich bei Gabriele handeln. Es ist unwahrscheinlich, daß die Mutter nur bei der Schwester zugeschlagen hat. Bei den dankbaren Opfern mütterlicher Hiebe haben wir es mit Verdrängung zu tun. Unangenehmes verdrängt der Mensch gern; warum nicht auch seinen schmerzenden Kinderpopo.

Schauen Sie sich bloß einmal die Gewalt verschleiernde Sprache an: Hosen strammziehen, den Allerwertesten versohlen, eins hinter die Ohren!

Als Gegnerin nicht nur schlagender Verbindungen muß ich resignieren und mich geschlagen geben. Kindliche Gewaltopfer wachsen heran, betonen, wie gut ihnen diese Art von Erziehung getan hat. Was kann man dagegen noch anführen, wenn die Gewaltopfer so dankbar sind? Gewalttätig, wie wir Menschen sind, sind wir um Ausreden nicht verlegen: die strukturelle Gewalt bietet sich an. Richtig, davon haben wir alle schon gehört: Es gibt gesellschaftliche Strukturen, die per se gewaltsam sind; Familienstruktur gehört dazu. Bevor Sie jetzt aufatmen und sich entlastet fühlen, gebe ich eins zu bedenken: Hinter allen Strukturen, die unser Leben beherrschen, stecken Menschen, die diese Strukturen geschaffen haben und erhalten wollen.

Hier spätestens ist eine ernstzunehmende Anmerkung vonnöten. Der Gleichberechtigung wegen – damit Sie, liebe Leserin, nicht erst empört darauf hinweisen müssen, daß vor allem viele Väter ihre Kinder schlagen. Damit Sie als Mann und Leser sich nicht die Hände reiben, weil Sie bei dieser Sache außen vor sind: Alles, was zu »angemessenen Zuchtmitteln« gesagt wird, gilt gleichermaßen für Frau und Mann.

Vergiß die Peitsche nicht

Gewalt wird akzeptiert, von Staats wegen. Das zeigt das Frauen verliehene Züchtigungsrecht nicht nur, weil es körperliche Züchtigung überhaupt erlaubt. Oder weil es die Entscheidung, wie hart Sie zuschlagen dürfen, in gewissem Sinn zu Ihrer Privatsache erklärt und damit Gewalt zwar öffentlich verbietet, aber in der Familie duldet.

Wir sagten es bereits: Ungleichheit und Gewaltakzeptanz sind zwei Merkmale, die bei der Sozialisation durch Klischees und Mythen, aber auch in der Erziehung zum Tragen kommen. Und eine wesentliche Funktion ist Frauen in diesem System zugewiesen: Sie sind Mütter der Kinder und leisten die Haupterziehungsarbeit. Sie geraten in eine ganz schöne Zwickmühle.

Wir haben bisher viel über Sozialisation gesprochen, die Mädchen zu richtigen Frauen macht, nach dem Motto *Wir werden nicht als Mädchen geboren – Wir werden dazu gemacht*, des gleichnamigen Buches von Ursula Scheu.

Was haben Erziehung und Sozialisation gemeinsam? Richtig, sie sind gemein, weil sie zielstrebig auf Unterwerfung, oft nur unter die eigenen moralischen Vorstellungen ausgerichtet sind.

Liegt die Erziehung – nicht nur wegen der Millionen alleinerziehender Mütter – in zarter Frauenhand, können wir annehmen, daß die Frau, ein schwaches Weib, wie immer betont wird, vielleicht weniger heftig zuschlägt. Doch selbst die Madonna legt das Jesuskind übers Knie – jedenfalls Max Ernst in *Jungfrau züchtigt das Jesuskind*. Er malt diese falsche Maria, wie das *Funkkolleg Kunst* sie nennt, anläßlich einer antireligiösen Kampagne 1926. Das Bild hat sogar ein antikes Vorbild: Frau Venus haut dem kleinen Amor den Popo voll. Der Mann, der diese interessante Funkkollegstunde vorbereitet hat, findet: »Dem Betrachter drängt sich zwangsläufig die Frage auf, was die sanftmütige Maria so in Wut gesetzt haben könnte.«

Wahrscheinlich ist die Antwort aus mütterlicher Sicht ganz einfach. Er hat Widerworte gegeben. Der Knabe Jesus war wie alle Kinder ziemlich renitent. Der Zwölfjährige rückt bei einer Pilgerreise seinen Eltern aus, so steht es bei dem Evangelisten Markus. Drei Tage lang suchen die Eltern Jesus, bis sie ihn im Tempel von Jerusalem wiederfinden, wo sich der altkluge Bengel in das Gespräch der Schriftgelehrten einmischt. Ein schöner Sohn! Als kaum Erwachsener ist er geradezu impertinent seiner Mutter gegenüber. Auf eine vergleichsweise harmlose Bemerkung Marias in der Art »Sie haben keinen Wein«, fährt er sie an: »Was habe ich mit dir zu schaffen, Weib?« Es ist schon bewundernswert, daß ihr da nicht zum zweitenmal die Hand ausrutscht.

Doch Kunstbetrachtung mit Vorurteil – die Frau sei sanftmütig – und als Ergebnis von Sozialisation sieht diese konkrete Erziehungssituation natürlich nicht. Sie versucht sich in Schuldzuweisung.

Aus der Sicht der Sexualpsychologie können durch Schläge libidinöse Regungen geweckt werden, so daß Maria durch ihre unbedachte Tat ihren Sohn selbst in einen Bereich einführt, der von der Kirche immer mit besonderen Tabus belegt war. Da sie selbst zwangsläufig das erste Ziel der so hervorgerufenen Gefühle werden muß, kündigt sich zugleich die klassische Situation des in der Lehre Freunds zentralen Ödipuskomplexes an.

Wir erinnern uns an Rousseaus nackten Hintern und wissen nun endlich, wer Schuld am Ödipuskomplex hat: die Frau durch »ihre unbedachte Tat«. – Das ist nicht einmal Loriots »Ödipussi« eingefallen.

Ziehen Sie nun die Verbindungslinie zu den sechziger Jahren: Das war die Zeit, als durch Übergangsregelungen die Gleichberechtigung von Frau und Mann im Bürgerlichen Gesetzbuch vorangetrieben werden sollte und heftig diskutiert wurde: »Im Zeitalter der Gleichberechtigung ist auch für die Hinterteile beider Geschlechter gleiches Recht zu fordern.«

Richtig, was dem einen recht ist, soll auch dem anderen weh tun. Wir Frauen können nicht nur die positiven Seiten der Gleichberechtigung für uns beanspruchen.

Ein Leser der *Neuen Gerichtszeitung* dagegen spricht sich gegen die körperliche Züchtigung von Jungen aus, mit Grund:

Auch dürfen nachteilige Auswirkungen auf den schon frühzeitig einsetzenden männlichen Stolz, der eine wichtige Triebfeder im späteren beruflichen Fortkommen darstellt, vermieden werden. Gerade von diesem Standpunkt her halte ich körperliche Strafen bei jungen Mädchen für das einzig Richtige und Mögliche. Was ich bei den Jungen Stolz nenne, ist bei ihnen störrisch, eigensinnig, unbotmäßig, schamlos ... Wie viele Ehen zerbrechen letztlich an diesen Gleichberechtigungsallüren der jungen Ehefrauen, die ihnen ganz ungewollt anhaften und vor denen sie mit Erfolg nur durch jene altmodische, strenge und gerade deshalb liebevolle Form der Erziehung bewahrt werden können.

Bevor Sie das prägnante Ende hören, gebe ich Ihnen, liebe Leserin, einen Augenblick Zeit, um Ihrer Empörung Luft zu machen. Gehen Sie ruhig an die Decke!

Wenn Ihnen das nicht zu denken gibt, folgen Sie einfach dem Vorschlag, den ich den männlichen Lesern – so Sie mehr Mensch als Mann sind – machen möchte: Malen Sie sich die katastrophalen Folgen solcher patriarchalen Kulturlügen aus, indem Sie sich einfach in die Lage von Frauen versetzen, die in solchen Zeiten heranwachsen.

So – es geht weiter! Der Leser in der *Neuen Gerichtszeitung* hat sein Schlußwort: »Es ist ganz verkehrt zu sagen: Der Rohrstock auch für Mädchen. Es muß heißen: Der Rohrstock nur für Mädchen!«

Wie wär's jetzt mit befreiendem Gelächter?!

Jenseits aller Psychologie: Gewalt

Es gibt Formen der Gewalt, die zu beschreiben oder zu analysieren und in diesem Buch vorzuführen, sich die Feder sträubte und erneut sträubt.

Wenn zwei dasselbe tun, ist es noch lange nicht dasselbe. Ob es sich um politische, wissenschaftliche, künstlerische Großtaten oder ob es sich um Gewalttaten handelt, es gibt gravierende Unterschiede – jedenfalls, wenn Männer sie bewerten. Das gilt auch für die Kindesmißhandlung, und das muß von vornherein klargestellt werden. Die Klarstellung von vornherein gelingt dem Psychiater und Psychoanalytiker Günter Ammon in seinem Buch *Kindesmißhandlung* vortrefflich: »Jenseits aller Psychologie sind die Autoren schlechthin ergriffen von der Tatsache, daß – wie in diesem Band beschrieben – ein sieben Jahre altes Mädchen von der eigenen Mutter nachts aus dem Fenster gestoßen wird.«

Was heißt hier »ergriffen«? Bei solchen Sätzen ergreift mich kalte Wut, so ernstzunehmend das Thema ist. Damit wir uns recht verstehen: Nichts liegt mir als Mutter von drei Kindern ferner, als Kindesmißhandlung in Abrede zu stellen. Ich will sie nicht verniedlichen oder entschuldigen. Ich habe nicht einmal eine Erklärung dafür.

Seine statistischen Zahlen sprechen dafür keine deutliche Sprache: 20 000 Kinder wurden durch Eltern schwer mißhandelt, sieben- bis neunhundert getötet. Aufgeschlüsselt nach Frauen und Männern sind diese Zahlen nicht.

Gewalt, die anderen angetan wird, hat mit Aggressionen zu tun, selbst im normalen Sprachgebrauch. »Aggressiv« ist jemand, der etwas lauter als die anderen spricht, sich aufregt, vehement seine Meinung äußert. Frauen sind schneller aggressiv als Männer, finden Männer. Ein Mann, der als sprachliche Äußerungsform nur Löwengebrüll kennt, ist nicht aggressiv, zumal wenn er nach dem mütterlichen Frauenbusen zum Ausruhen brüllt. Er scheint nicht einmal das Gefühl zu haben, er gebe sich der Lächerlichkeit preis. Eine Frau, die mit Löwinnengebrüll im Fernsehen ihre Meinung verträte . . .? Undenkbar! Wenn sie nur ein wenig die liebliche Frauenstimme erhebt, ist sie aggressiv.

Wir wollen sie nicht in Abrede stellen. Es gibt sie, die zerstörerische Aggression, die vernichtet, auslöscht, gewalttätig ist. Kindesmißhandlung ist Ausfluß solch einer zerstörerischen Aggression. Wer kann die Grenze ziehen? Sagen, wo »erlaubte Züchtigung« aufhört und Kindesmißhandlung anfängt? Was tut die Mutter, die von ihrer Tochter verlangt, sie möge sich übers Bett legen, ihr dünnes Unterhöschen ausziehen, damit sie – die Mutter – ihr mit der Reitpeitsche das Fell gerben kann? Züchtigt sie noch nach deutscher Sitte oder mißhandelt sie ihre Tochter? Wer sein Kind grün und blau schlägt, ihm mit der Zigarette ein Loch in die Haut brennt oder es döppt, bis ihm unter Wasser fast die Luft wegbleibt, ist der gewalttätiger als diejenige, die nach bewährter alter Sitte ihr Kind verdrischt?

Gewalttätige Kindesmißhandlung ist Grenzüberschreitung, ob man nun auf das Kind einschlägt oder es zu Tode prügelt. Ob sie Täterin ist oder Mittäterin, die das Kind nicht rechtzeitig zum Arzt bringt, dem Arzt etwas Falsches sagt (»Sie ist die Treppe runtergefallen«) oder stereoptyp wiederholt, was der Mann ihr eingebleut hat. Es ist unerheblich, ob Kindesmißhandlung aus blinder Wut geschieht oder ob man passiv zuschaut, wenn der Vater, der Freund sich das Kind vornimmt, oder ob man selbst gar nicht wahrnimmt, daß man aggressiv vorgeht – für Kinder geht es hier um Leib und Leben.

Viele Psychologen haben sich darüber den Kopf zerbrochen, je nach Bedarf und gesellschaftlichem Comment die Grenzen gezogen. Fachausdrücke sind schnell gefunden und hören sich gut an: Gewalt als Phänomen der Triebentwicklung, gestörte Mutter-Kind-Symbiose, defizitäre Ich-Strukturen, narzißtische Kränkung oder Borderline-Syndrom. Schuldzuweisungen sind einfach: Die sozialen Bedingungen, beengte Wohnverhältnisse, knappes Einkommen, Trennungsängste, Überlastung der Frauen durch Ein-Eltern-Familien, das Fernsehen ist schuld. Die Berufstätigkeit der Frauen ist schuld. Mütter überhaupt sind schuld.

Es sind Defizitthesen, die man sucht und findet. Daß man mit der Abwertung des Weiblichen in unserer Gesellschaft, mit dem Instrument »Ich-oben-du-unten«, uns von Kindesbeinen an einen Stempel aufdrückt, das gerät seltsamerweise nicht ins Blickfeld der Sozialwissenschaften und der Psychologie. Wie bei der Erforschung des Friedens übersehen die Forscher bei der Kindesmißhandlung die unsere Gesellschaft prägende hierarchische Gewaltkomponente. Allenfalls wird sie angedeutet: »Hier wiederholt sich auf institutioneller Ebene die latent passiv-aggressive Kollaboration des Staates mit dem Kindesmißhandler.«

Machen wir uns nichts vor: Das ist Gewalt. Sie kommt vor. Sie wird von Frauen ausgeübt. Was Frauen schwerfällt, gerade als Feministinnen oder engagierten Frauen, ist dieses Eingeständnis. Die Frau als Opfer männlicher Gewalt macht sich gut und bietet für fast alles Entschuldigungsgründe. Ja, Opfersein kann zum Machtmittel mißbraucht werden, wenn etwa bei Ehescheidungen mit der Gewalt in der Ehe bis hin zur Vergewaltigung Mißbrauch getrieben wird. Oder wenn Frauen sich mißliebige Väter vom Hals schaffen, indem sie sexuellen Kindesmißbrauch ins Feld führen, das »Ausspielen der sexuellen-Mißbrauchs-Karte«, wie die Gerichtsgutachterin und Psychologin Marie-Luise Kluck das nennt. Wir sollten dem Mißbrauch des Mißbrauchs ein Ende setzen.

Auf entsprechenden Fachtagungen wird diskutiert, kriegen sich gerade Frauen, die für Frauen Partei nehmen, darüber in die Wolle. In Fachzeitungen oder Büchern bleibt das Thema meist außen vor; ist es doch heikel. Niemand möchte in den Geruch kommen, er begünstige Sexualtäter. Die Praxis zeigt: Frauen haben ein immenses gewalttätiges Potential. Das wird nicht nur im erzieherischen Alltag deutlich, wo Frauen oft Kinder mißhandeln – »wider alle Erwartung«, wie mir ein Fachmann sagt.

Wieso eigentlich »wider alle Erwartung«? Weil der Mann sich immer dasselbe Frauenbild macht und hinterher überrascht ist, daß Frauen den enggesteckten Rahmen sprengen? Weil die gewalttätige Seite der Frau nur zu gern von der friedfertigen überdeckt wird?

Sehen wir den Tatsachen doch ins Auge!

Sehen Sie da oben auf dem Balkon das sechsjährige Mädchen im kurzen Rock, das sich mit beiden Armen über das Geländer hängt? Es winkt Ihnen zu. Der Onkel – oder ist es nur ein guter Freund der Familie? – kommt dazu und tätschelt ihr zärtlich den Po. Die Mutter ist entsetzt, und zur Strafe setzt es Hiebe. Aber nicht für den Onkel oder Freund, nein, das kleine Mädchen wird bestraft, das seinen Po so »herausfordernd« gezeigt hat.

In einem *Spiegel*-Interview stellt ein Vater auf die Frage, wie seine Frau darauf reagiert habe, daß er die Tochter zu miesen sexuellen Fotos mißbraucht habe, fest: »Sie war am Boden zerstört und hat furchtbar geweint. Ich habe ihr alles gebeichtet. Glücklicherweise hat sie zu mir gestanden und mich nicht verlassen.« – Das Jugendamt hat die Tochter abgeholt.

Wieso kommt mir gerade jetzt die Elefantenherde in den Sinn, die »graue Masse aus Zorn und Ärger«? Weil ich weibliche Solidarität erwartet habe? Weil die Mutter zur Tochter hätte stehen müssen? Vielleicht.

Und jetzt kommen wir nicht mehr umhin! Brechen wir das nächste Tabu!

Auch Frauen treiben sexuellen Mißbrauch mit Kindern. Dieser

Mißbrauch muß erwähnt werden. Gewalt und Sexualität verbinden sich auch bei Frauen zu gewaltsamen sexuellen Handlungen, sexueller Kindermißhandlung. Es gibt ja nicht nur die fünf Frauen, die dem Mann in den Penis stechen. Es gibt auch die Mütter, die Töchter sexuell manipulieren und ihre Söhne zum Beischlaf zwingen, immer dann, wenn sie menstruieren.

Doch, ich sehe sogar die Gefahr, daß man sich auf diese Thesen stürzen wird, um Männergewalt zu entlasten: Ätsch, seht ihr, Frauen sind genauso schlimm.

Aber gerade, damit das nicht passiert, rede ich davon. Wir müssen diese Frauengewalt, diese Gewalttätigkeit beim Namen nennen und in unsere Betrachtungen einbeziehen. Wir sollten es wagen, ein mutiges Beispiel geben. Sich selbst in Frage zu stellen, ist zwar von den großen Philosophen und Moralisten, Predigern und Kirchenmännern nie als hohe Tugend gehandelt worden – wenn die von Wahrheit sprachen, meinten sie immer etwas anderes. Doch Mut zur Wahrheit, auch der Wahrheit über sich selbst, scheint mir in unseren gewalttätigen Zeiten das einzig Richtige.

Ein Häppchen für Mami, ein Häppchen für ...

»Iß den Teller leer!«
»Räume die Bauklötze weg!«
»Mach zuerst deine Schularbeiten!«
»Mach den Fernseher aus!«
»Heb die Füße hoch!«

Der grammatische Umgang mit Kindern scheint bei Müttern begrenzt: Sie kennen nur Befehlssätze. Befehle aber verlangen Gehorsam, das ist im Kinderzimmer nicht anders als beim Militär.

Dieser Vergleich kränkt Sie. Ich sehe direkt, wie jetzt Tausende von Mütteraugen empört aufblitzen. Muttersein ist etwas Gutes und Schönes, wird in Gedichten, Gebeten und Liedern besungen: »Mütterlein, Mütterlein, könnt es nicht noch mal wie früher sein?«

Muttersein bedeutet, Liebe schenken, Sorge tragen, Tränen trocknen, trösten, aufopferungsvoll sich abrackern für die Brut und die eigenen Bedürfnisse zurückstellen. Zum Dank sagt Ihr Sohn später: »Es gibt zwei Frauen in meinem Leben, meine Frau und meine Mutter.« Oder wie Jerry Cotton in *Dynamit in grüner Seide*: »Nur eine hat bisher Angst um mich gehabt – meine Mutti.« Eine Glorifizierung, die den Sohn nicht hindert, den Besuch im Altenheim zu vergessen. Nur eine Steigerung gibt es noch. Die Madonna stellt uns die himmlischste Glorifizierung der Mutter vor Augen, das höchste, was eine Frau je erreicht hat: Mutter Gottes zu sein.

Werfen Sie mir Kaltschnäuzigkeit vor? Halten Sie mir entgegen: »Aber alles, was über Mütter gesagt wird, stimmt doch. Daraus ziehe ich meine Kraft. Das hilft mir, die tägliche Plackerei zu ertragen?« Diese Kraftquelle will ich Ihnen sicher nicht nehmen. Vielleicht können Sie mich trotzdem für ein paar Minuten auf einem Gedankenbummel begleiten – unvoreingenommen.

Machen wir den ersten Schritt: Wenn eine Frau ein Baby bekommt, fängt auch ein Gewaltverhältnis an. Da ist ein kleines Wesen, hilflos, nicht fähig, im Sinne von *aggredior* sich vorwärts zu bewegen und für sich allein zu sorgen. Babys sind schlechter dran als zum Beispiel junge Enten, die sofort laufen können, wenn sie aus dem Ei schlüpfen.

Nun kommen Sie als Mutter ins Spiel: Alles, was das Baby braucht, Nahrung, Kleidung, Sauberkeit und Liebe können Sie ihm geben. Sie sind größer, mächtiger, fähiger, wissen und können mehr – mit anderen Worten, Sie sind dominant, das Kind ist Ihnen unterworfen. Und das wird noch eine ganze Weile so bleiben.

Dagegen ist nichts einzuwenden? Gut, dann auf zum zweiten Schritt: Wenn Ihr Kind das erstemal »Ich« oder »Nein« sagt, sollten Sie sich freuen; sein eigener Wille beginnt sich zu entwickeln. Doch des Lebens ungemischte Freude wird auch Ihnen als Mutter nicht zuteil. Denn von diesem Moment an steht sein Wille gegen Ihren: In den nächsten Jahren geht es um die Frage, wessen Wille die Oberhand behält, Ihrer, der bisher unumstößlich gegolten hat, oder der sich zunehmend stärker entwickelnde Wille des Kindes. Der Erziehungskampf beginnt: ihre Machtphantasien gegen die des Kindes. Ja, Sie nicken. Das ist alles nichts Neues. Das liegt eigentlich auf der Hand. Nur gegen das Wort »Erziehungskampf« möchten Sie energisch protestieren? Gut, da komme ich Ihnen entgegen. Lassen wir vorläufig diesen Begriff weg. Betrachten wir eine konkrete Situation:

Sie sagen zu dem im Gemüse stochernden Sohnemann: »Iß den Teller leer!« Er sagt: »Nein.« Sie fordern das kleine Tochterherz, pardon die Tochterfrau auf: »Räum endlich die Bauklötze auf!« Sie sagt: »Nein.«

Was dann? Sie streben – ganz im Sinne des § 1626 – Einvernehmen an und versuchen es mit Argumenten: »Sieh mal, Gemüse ist gesund, und du willst doch groß und stark werden.« Oder: »Wenn du deine Bauklötze nicht aufräumst, wirst du morgen keinen schönen Turm bauen können.« Sohn und Tochter sind weniger auf Einvernehmen ausgerichtet; sie kennen § 1626 nicht. Sie bleiben bei ihrem »Nein«.

Und nun? Sie sind und bleiben bei Ihrer Meinung, daß der Teller leergegessen werden muß, daß die Bauklötze aufgeräumt werden müssen. Und es wäre ja noch schöner, wenn es da nicht Mittel und Wege gäbe... Ein angemessenes Zuchtmittel muß her, aber Sie schlagen Ihre Kinder aus Prinzip nicht. Gut so!

Was tun Sie? Gehören Sie zu jenen Frauen, die Strafen androhen: »Wenn du jetzt nicht aufißt, darfst du die *Die Sendung mit der Maus* nicht sehen.« Oder »Wenn du nicht aufräumst, gehen wir morgen nicht zur Kirmes!«

Vielleicht sind Sie mit der Strafe schnell bei der Hand und setzen dem Sohn das Gemüse nachmittags und abends noch einmal vor, bis er es aufgegessen hat. Oder Sie sperren die Tochter in der dunklen Speisekammer ein, bis sie vor lauter Angst die Bauklötze freiwillig einräumt.

Sie schütteln den Kopf? Das geht Ihnen schon zu weit? Sie versuchen es mit Liebe.

Also fordern Sie den Sohnemann auf: »Komm, iß noch ein Häppchen, der Mama zuliebe.« Und zur Tochter sagen Sie:

»Wenn du die Bauklötze einfach liegen läßt, ist die Mama ganz traurig.« Und vielleicht fügen Sie sogar – Nachdenklichkeit im Blick – hinzu: »Und dann hat die Mama dich nicht mehr lieb.«

An diesem Punkt unseres Gedankenbummels müssen wir die Sache auf den Begriff und den Begriff wieder ins Spiel bringen: Das ist Gewalt, psychische Gewalt, die manchmal noch tiefere Wunden fürs Leben schlägt als körperliche. Manche Kinder haben ihr Leben lang daran zu knacken.

Psychologie: Mütter sind an allem schuld

Aber ich will doch nur sein Bestes! Sie meinen das Kind. Dieser Aufschrei hat übrigens – abgewandelt: *Ich will ja nur dein Bestes* – einen guten Titel für ein Buch über *Fehlentwicklung durch Mutteregoismus* abgegeben. Darin geht es vorwiegend um Söhne; aber Töchter und Ehemann sind ebenso betroffen.

Psychische Gewalttätigkeit ist ein Phänomen bei Frauen und Männern. Diese Gewalttätigkeit ist auch ein Phänomen jeder Erziehung. Erziehung ist vor allem Frauensache. Sie stecken in einem schönen Dilemma – als Hausfrau und Mutter!

Psychologen sagen, Sie leiden unter dem Wendy-Syndrom, bemuttern den Mann, statt ihm echte Gefährtin zu sein. Andere halten Ihnen Ihren ungesunden Hang zur Perfektion und zur Selbstdarstellung vor. Söhne werden befragt und bekennen: Sie ist furchtbar, ich hasse sie, aber ich komme nicht los von ihr. Töchter werden interviewt und geben zu: Sie ist furchtbar, ich hasse sie, aber ich komme nicht los von ihr.

Sie, die Mutter und Ehefrau, sind schuld,

- daß es Muttersöhne gibt und ihre Gewalttaten,
- daß Ihr Sohn Kind bleibt, auch wenn er ein Mann wird,
- daß Ihr Mann nicht erwachsen wird, obwohl er ein Mann ist,
- daß Ihre Tochter die Frage »Muß Mutti das Vorbild sein?« mit Ja beantwortet,

– daß Ihre Tochter nicht erwachsen wird und Kind bleibt.
Kurz – Sie sind einfach an allem schuld.

In der traditionellen Erziehungssituation, sei es im Elternhaus oder in der Schule, hat das Kind keine oder nur geringe Möglichkeiten, aggressive Regungen gegen den Urheber aktiv auszuleben. Das bedeutet, daß diese Aggressionen dem Bewußtsein entzogen und verdrängt werden müssen. Verdrängte Aggressionsenergien bleiben im Unbewußten bestehen. Sie wirken sich irrational und destruktiv aus.

Was die Diplompsychologin und Psychotherapeutin Ursel Keller hier über das Kind sagt, gilt für die Frau gleichermaßen. Frauen, die dem von Männern gewünschten Frauenbild entsprechen wollen, leben in einem ständigen Widerstreit mit den eigenen Bedürfnissen: Sie sollen ruhig sein, wo sie laut schreien möchten. Sie sollen sanft sein, wo sie aus der Haut fahren möchten. Sie sollen passiv zuschauen, wo sie zupacken möchten. Sie sollen bescheiden sein, wo sie ihre Ansprüche geltend machen möchten. Sie sollen schmückendes Beiwerk sein, wo sie wesentlicher Bestandteil sein möchten. Wer im Widerstreit lebt, erfährt Liebesverlust und bekommt ein angeknackstes Selbstwertgefühl, das sich in Angst- und Ohnmachtsgefühlen niederschlägt. Jeder Mensch möchte geliebt werden; das ist legitim. Wenn er nun die Erfahrung macht, daß die Liebeszuwendung an sein Wohlverhalten geknüpft ist, das sich nicht an eigenen, sondern an den Maßstäben des anderen ausrichten muß, ist sein Ich-Gefühl bedroht. Der Widerstreit hat begonnen.

Da Frauen ihre Aggressionen oft nicht aktiv ausleben können, werden diese notgedrungen ins Unterbewußtsein verdrängt und wirken als zerstörerische Aggressionsenergien, irrational und destruktiv, weiter.

Was bringt sie bloß hervor, heute am Ende des zwanzigsten Jahrhunderts, die angepaßte Superfrau, die trotz Wahlrecht, trotz wenigstens auf dem Papier bestehender Gleichberechtigung, trotz

Frauenbewegung sich der von Männern imaginierten Weiblichkeit unterwirft?

Frauen, die die Marmelade dem Blut vorziehen, ob Hausdrachen oder Weibchen, gibt es viele. Sicher hat Sozialisation, die auf hierarchischen und gewaltsamen Elementen basiert, sie geschaffen und auf eine Rolle hin erzogen. Dieses Rollenbild hat die Frauen so funktionalisiert, daß sie zu eben diesem patriarchalen System beitragen. Dazu hat es sie mit entsprechender Gewalt ausgestattet wie etwa der Schlüsselgewalt oder dem Züchtigungsrecht. Das Rollenbild hat den Frauen darüber hinaus einen Raum zugewiesen, in dem sie vergleichsweise selbständig und risikolos handeln können. Doch dieser private Raum hat nicht dieselbe Bedeutung wie der öffentliche. Er wird niedriger eingestuft, parallel dazu aber mythisch aufgewertet, um das zu kaschieren.

Stärker jedoch wirken die Klischees und Mythen, die nicht nur bei der Entwicklung vom Kind zur Frau eingesetzt werden, sondern auch das Leben der erwachsenen Frau lenken. Als Bilder wirken sie wie Rituale auf tiefere seelische Schichten, wodurch wir uns ihnen schlecht entziehen können. Sie täuschen uns Nimbus vor. Sie lenken die weiblichen Größenphantasien auf den Muttermythos mit seiner höchsten Inkarnation der Mutter Gottes. Wer durch Sozialisation permanent unterworfen und abgewertet wird, findet hier die Möglichkeit, Angst und Ohnmachtsgefühle zu mildern. Daß das nicht immer gelingt, belegen die hohen Zahlen in der Psychiatrie, der hohe Gebrauch von Psychopharmaka, Alkoholismus und Drogenabhängigkeit.

Zwiespalt zeigt sich allenthalben. Frauen werden mit der Aufgabe der Erziehung betraut, was einerseits glorifiziert wird, ihnen andrerseits aber die Schuld zuweist, wenn die Erziehung nicht klappt. Und sie kann nicht klappen, weil diese Frauen auf den öffentlichen Raum hin erziehen sollen, von dem sie keine Ahnung haben, dessen Regeln sie nicht kennen und spielen. Die Erziehungsmacht in ihrer Hand, genießen sie ihre Gewalt und wehren sich nicht dagegen, daß Männer sich aus der Erziehung und damit aus der Verantwortung stehlen.

Kommen wir zum Ende!

Sie, die Leserinnen und Leser, haben es längst gemerkt. Dieses Buch ist kein Plädoyer gegen die Gewalt. Es geht nicht um die Frage, Gewalt ja oder nein. Gewalt ist notwendig für das Gestalten der Welt, unseres Lebens. Schrecklich ist sie nur, wenn sie ausartet, in ihren deformierten Erscheinungen.

In einem langen Weg haben wir Frauengewalt unter die Lupe genommen, ihre Charakteristika untersucht und ihre Grenzen abgesteckt. So nahmen wir uns zu Beginn jene Klischees und Frauenmythen vor, in denen Frauengewalt gegenwärtig wird und sich in der Realität niederschlägt. Dabei konnten wir Klischee und Mythos als Mittel entlarven, das Männer benutzen, um das patriarchale System zu installieren und dauerhaft zu erhalten.

Im nächsten Schritt untersuchten wir neben dem Schönheitsmythos andere Regeln und Mechanismen, die dem Betätigungsdrang und Gestaltungswillen von Frauen entgegenwirken. Dabei stellten wir fest, daß auch diese dem Patriarchat dienen, indem sie Frauen einschränken, Männer aber begünstigen.

Dann haben wir die Gewaltmittel genauer betrachtet, mit denen Frauen umgehen, wobei wir Männerwaffen und Frauenwaffen unterschieden haben. Das verblüffende Ergebnis ist, daß die sogenannten Männerwaffen wie Klischees, Mythen und Regeln auf Stärke und Gewalt schließen lassen. Diese Männerwaffen aber, Eigenschaften und Handlungsmuster, so stellten wir fest, sind solche, die systemimmanent gewünscht und gebraucht werden. Dagegen stehen die weiblichen Waffen, die aus männlichem Blickwinkel und in einem patriarchalen System negativ sind, abgewertet und dann zur Mythenbildung und der Ausformung der Klischees verwendet werden.

Fassen wir zusammen: Die Karrierefrau lebt ihre Gewalt und ihre aggressiven Machtgelüste und Größenphantasien offen aus. Sie kann ihren Ehrgeiz und ihren Gestaltungswillen befriedigen – ob als Titanin oder Herrscherin.

Dagegen bleiben der Frau, die das nicht kann, zwei Wege offen, ihrem Gestaltungswillen Geltung zu verschaffen: Sie kann als Trabantin, Kostgängerin oder Ballonfahrerin ihre Gewalt und Aggressionen über andere – Mann, Kinder oder schwache Menschen – ableiten. Oder sie wirkt als »Hausdrachen«, der mit sublimierten Formen seinen Gestaltungswillen auslebt und sich andere – Mann, Kinder – untertan macht.

Diese versteckte, sublime Art von Gewalt und Psychoterror, ausgeübt durch die nicht emanzipierte Frau, richtet seit Jahrhunderten viel Unheil an, bedingt durch Unterdrückung. Wäre es denkbar, wenn Frauen mehr Möglichkeiten bekommen, ihr Bedürfnis nach Gestaltung, Ansehen, Macht und Gewalt zu befriedigen, daß das Ausmaß versteckter Gewalt abnimmt? Es wäre den Versuch wert; deshalb muß man Frauen emanzipieren. Denn wenn die Frau ihre Aggressionen selbst ausleben, ihrem Gestaltungswillen selbst genügen kann, nur dann erkennt sie ihre Grenzen. Wenn sie diesen Wunsch nach Gestaltung aber auf andere richten muß, den Mann, den Sohn, die Tochter, überschreitet sie unter Umständen das Maß dessen, was der andere leisten kann und mag und provoziert dessen aggressive Gewalt.

Wenn sich eines Tages das Gewaltpotential aller Frauen auf Weltgestaltung ausrichtet, auf starke Frauen mit eigenständigen Zielvorstellungen, Menschen mit Größe, bekommen wir vielleicht die destruktive Seite der Gewalt besser in den Griff. Vielleicht haben wir dann endlich die Möglichkeit, nicht nur als Komödien-Lysistrate Nein zu sagen, sondern dieses Nein auch durchzusetzen.

Wir sind zu dem Ergebnis gekommen, daß alle Menschen von denselben Aggressionen getrieben werden, das Bedürfnis haben, etwas zu gestalten, Gewalt auszuüben, Macht- und Größenphantasien haben. Sichtbar geworden sein sollte, daß dem Bedürfnis der Frau, an der Gestaltung der Welt teilzuhaben, nicht Rechnung getragen wird. Klischees und Mythen, sowie die Zwangsjacke Schönheit und andere Mechanismen sind darauf angelegt, dieses weibliche Bedürfnis nach Weltgestaltung, wenn nicht auszumerzen, so auf den häuslichen Bereich zu reduzieren. Dort soll die Frau die Rolle, die ihr vom Patriarchat zugewiesen wird, spielen: die Rolle der schwachen Frau im privaten Bereich.

Ohne zu berücksichtigen, daß die Welt sich wandelt, beharren die Klischees und Mythen darauf, daß die Frau nur Madonna und Hure sein, und nur die mütterliche und sexuelle Gewalt haben darf. Deshalb wird das Bild der starken Frau ausschließlich als negatives Beispiel entworfen und entsprechend verurteilt. Doch daß sich die Welt ändert, kann nur verzögert, nicht verhindert werden.

Den Widerspruch von Mythen und Realität offenbart die Tatsache, daß es heute Frauen gibt, die im öffentlichen Bereich Gewalt ausüben – als Politikerin, Sportlerin oder Künstlerin.

Wir haben entdeckt, daß Gewalt mit unterschiedlichen Waffen ausgeübt wird und daß Männer und Frauen unterschiedliche Waffen haben. Doch hier, an dieser Stelle wollen wir die Waffen noch einmal schärfer ins Auge fassen.

Was wir der Einfachheit halber als männliche Waffen deklariert haben, konnten wir auch bei den Frauen im öffentlichen Bereich finden: Können, Mut, Risikobereitschaft, Durchsetzungskraft. Doch wir müssen festhalten, daß diese Eigenschaften systemimmanent, dem patriarchalen System dienlich sind und vor allem deshalb positiv bewertet werden.

Unsere Welt ist auf den Mann ausgerichtet und wird von zwei Grundelementen bestimmt: Unsere Ordnung geht von der Ungleichheit der Geschlechter aus und begünstigt Gewalt als Gestaltungs- und Ordnungsmittel. Hierarchie im Geschlechterverhältnis und Gewalt im Umgang miteinander und mit anderen Völkern legen das offen.

Doch daß wir in einem derartigen System leben, ist nicht Schicksal, naturbedingt oder aus Notwendigkeit so. Wir dürfen nicht vergessen, daß Frauen Eigenschaften besitzen, die hierarchisches Denken und Handeln außer Kraft setzen und überflüssig machen. Frauen orientieren sich stärker auf Beziehungen hin, möglicherweise durch ihre Mütterlichkeit. Frauen können integrieren. Anders als Männer polarisieren sie die Geschlechter nicht, so wenig wie sie Körper und Geist polarisieren. Insgesamt sind sie mehr auf Ganzheit, die den

Menschen als eine Einheit von Körper, Geist und Psyche versteht, und damit auf Lebendigkeit bedacht. Frauen bringen mehr Gefühl auf, auch darum sind sie einheitlicher, lebendiger und auf Leben bedacht. Starren Regeln und Ordnungsprinzipien nicht so ergeben, bevorzugen sie als Lebenssystem das deterministische Chaos.

Alle diese Eigenschaften, Denk- und Gefühlsmuster stehen der Hierarchie entgegen, könnten dazu beitragen, daß dieser gewaltsame Mechanismus des Ich-oben-du-unten durch andere gewaltfreiere und friedlichere Regeln abgelöst wird. Daß Frauen die nötige Stärke besitzen, andere Regeln zu fordern und endlich den ihnen und ihren so ausgerichteten Eigenschaften gemäßen Beitrag bei der Gestaltung dieser Welt zu liefern, dürfen Frauen nicht vergessen. Sie sollten sich dagegen wehren, daß gerade diese positiven weiblichen Fähigkeiten, ihre Stärken, abgewertet und als negativ denunziert werden. Dadurch erhalten diese Eigenschaften nicht die Geltung, die ihnen für eine friedliche Welt und ein friedliches Miteinander zukommen. Schlimmer noch ist, daß diese Eigenschaften, ins Negative verkehrt, für jene Klischees und Mythen herhalten müssen, die das bestehende patriarchale Gewaltverhältnis legitimieren und stabilisieren sollen. Auch gegen diesen Umgang mit ihren Stärken sollten Frauen sich verwahren.

Ja, »eine Frau ist es müde geworden, das Ideal des Mannes zu sein, der zur Idealisierung nicht mehr die rechte Kraft hat, und hat es übernommen, sich als ihr eigenes Wunschbild auszudenken«. Halten wir es also mit Robert Musil!

Nicht nur eine Befreiung zur Lust ist für Frauen nötig. Es wird Zeit, sich von jenen einschnürenden Klischees und Mythen frei zu machen, die uns Frauen jede Lebendigkeit verbieten. Wir müssen uns als unser eigenes Wunschbild ausdenken. Vielleicht sollten wir eigene Mythen dagegensetzen und uns den öffentlichen Raum dafür erobern, damit sie im Alltag wirksam werden können. Doch Vorsicht mit Mythen! Wir haben herausgefunden, sie können tödlich sein. Vielleicht sollten wir deshalb nur solche Mythen schaffen, die allen Menschen, Männern und Frauen, gestatten, wandlungsfähig und lebendig zu sein.

Gretchenfrage: Wie halten Sie's mit der Gewalt?

»Ich bin eine friedliche Frau«, sagen Sie vielleicht. »Ich kann keiner Fliege was zuleide tun.«

Doch wenn Sie sich dann Bestätigung heischend an Ihren Mann, Ihren Freund, den Papa oder Bruder wenden, stimmen die keineswegs so spontan zu wie Sie, liebe Leserin, es erwarten: »Stimmt, Liebes, du krümmst niemandem ein Haar.«

Versuchen Sie es doch einmal!

Er kratzt sich am Hinterkopf, er lacht verlegen, er meint ausweichend. »Ja, doch, Liebes, du bist die Sanftmut in Person. Aber manchmal kannst du auch ganz schön ...«

Sehen Sie! Uneindeutig sind die Antworten; seine Verlegenheit spricht deutlicher als seine Worte: Sie sind eine Frau, die Gewalt, im günstigsten Fall sanfte Gewalt ausübt.

Es ist ein Dilemma, daß Frauen offenbar gewalttätiger sind, als sie glauben: Selbsterkenntnis tut not. Sie, die Leserinnen und Leser, haben das letzte Wort.

Machen Sie einen Schritt zur Selbsterkenntnis mit dem Test, den ich für Sie entworfen habe. Sie werden erkennen: Auch Sie üben Gewalt aus – wie jede Frau. Aber nicht nur das, Sie werden erfahren, welches Ihre bevorzugten Mittel der Gewalt sind.

Auch Ihnen, den Lesern, will ich die Chance zu einem vorletzten Wort geben. Wollen Sie wissen, welcher Gewalttyp Ihre Frau, Freundin, Ihre Mutter oder Schwester ist? Dann kreuzen Sie die Lösungen an, die Ihrer Meinung nach bei ihr zutreffen. Das letzte Wort hat dann sie.

1

Redefreiheit für jeden gilt in Speaker's Corner im Londoner Hydepark. Als Sie dort vorbeikommen, redet eine Frau über Frauenemanzipation. Wie verhalten Sie sich?

A Sie steigen auf die nächste Bank und halten selbst eine flammende Rede mit weitergehenden Forderungen.
F Sie bleiben stehen und hören zu.
C Sie gehen schnell weiter, weil Sie mit diesen Emanzen nicht in einen Topf geworfen werden wollen.
D Sie fordern Ihre Freundin auf: »Mensch, Claudia, sag du doch mal was!«
G Sie fangen einen Augenflirt mit einem Zuhörer an.
E Sie nehmen ein Kind auf den Arm, damit es besser sehen kann.
B Sie erinnern sich, daß Sie den Leserbrief abschicken müssen, in dem Sie mehr Teilzeitplätze fordern.

2

Eine Abendgesellschaft beim Chef Ihres Mannes – man kommt auf ein Thema zu sprechen, in dem Sie sich auskennen. Wie verhalten Sie sich?

D Sie geben Ihrem Mann Stichworte, damit er glänzen kann.
G Sie begleiten Ihre besseren Argumente mit einem Augenaufschlag – für alle Fälle.
C Sie schweigen lieber, um Ihrem Mann nicht zu schaden.
F Auf der Heimfahrt erklären Sie Ihrem Mann, was für Unsinn geredet worden ist.
B Sie machen zwei, drei passende Bemerkungen.
E Sie reißen das Thema an sich.
A Sie versuchen die Gesellschaft auf ein neues interessantes Thema zu bringen.

3 Sie besuchen ein Wochenendseminar des Pantomimen Nemo. Er fordert Sie auf, das Tier darzustellen, das Sie gern sein möchten.

F Löwin
C Pferd
A Lerche
B Delphin
G Katze
D Elefant
E Hund

4 Es gibt viele Aussagen über die Gewalt. Welcher können Sie am leichtesten zustimmen?

F Die Kraft verleiht Gewalt, die Liebe Macht (Marie von Ebner-Eschenbach).
B Alle Gewalt geht vom Volk aus – auch wir Frauen sind das Volk.
G Sex ist eine Gewalt, die Männer zu Sklaven macht.
D Männer sind nun einmal von Natur aus stärker.
A Von der Gewalt, die alle Wesen bindet, befreit der Mensch sich, der sich überwindet (Goethe).
E Man muß die Erde retten, notfalls mit Gewalt.
C Ich liebe dich, mich reizt deine schöne Gewalt.

5 Sie sind zu schnell gefahren. Ein Polizist winkt Sie mit der Kelle an den Straßenrand. Wie reagieren Sie?

G Sie knöpfen den obersten Blusenknopf auf und lächeln ihn an.
F Sie überlegen, wie Sie das Ihrem Mann verheimlichen können.

C Sie weisen darauf hin, daß Ihr Mann der Bezirksvorsitzende ist.
E Sie stellen sich ahnungs- und hilflos.
B Sie bleiben gelassen und zücken das Portemonnaie.
A Sie versuchen mit einer flotten Bemerkung die Situation zu entschärfen.
D Sie reden sich damit heraus, daß Sie es eilig haben.

6

Ihre ersten Worte zu dem Polizisten sind:

B Ich bin genau 54 Stundenkilometer gefahren.
C O Gott, wie konnte mir das bloß passieren!
G Aber lieber Herr Wachtmeister, so schnell bin ich nicht.
A Okay, wieviel?
F Leider war ich zu schnell, aber ich bezahle auch sofort.
D Aber die Kinder warten doch im Kindergarten.
E Was wird mein Mann bloß dazu sagen!

7

Sie lassen sich für den Sommer ein T-Shirt bedrucken. Welches Motiv wählen Sie?

C Ferrari-Sportwagen
D Rettet die Wale!
E Batman
F Schachbrettmuster
A Boxhandschuh
B Blumenstrauß
G Kußmund

8 Eine gute Fee ermöglicht Ihnen, für einen Tag in die Haut einer anderen zu schlüpfen. Sie werden:

F Inge Meysel
A Jodie Forster
G Iris Berben
C Hannelore Kohl
B Elke Heidenreich
E Mutter Theresa
D Hillary Clinton

9 *Man ist nie so lächerlich durch die Eigenschaften, die man besitzt, wie durch jene, die man zu haben vorgibt* (La Rochefoucauld). Trotzdem – welche Eigenschaften haben Sie? Kreuzen Sie an, was bei Ihnen am ehesten zutrifft:

B risikofreudig und rücksichtslos
D fürsorglich und ehrgeizig
E hilfsbereit und beredsam
C damenhaft und ordnungsliebend
A wagemutig und leichtsinnig
G sinnlich und träge
F aufopferungsvoll und neugierig

10 Eine neue schwierige Aufgabe steht Ihnen bevor. Was denken Sie?

A Faszinierend!
B Wird schon schiefgehen.
D Notfalls frage ich Peter.
G Ach du meine Güte!
F Zuerst mache ich einen Plan.

E Das überlasse ich am besten Peter.
C Denen werde ich es zeigen.

11

Jeder denkt gern an seine Kindheit zurück. Stellen Sie sich vor, dies wären Ihre Erinnerungen. Woran erinnern Sie sich am liebsten?

B Sie haben mit Ihrem Bruder gestritten, und er liegt am Boden.
G Ihr Vater bringt Ihnen von der Reise ein Kettchen mit.
C Sie dürfen mit, als Ihr Vater das Bundesverdienstkreuz erhält.
E Sie dürfen den Haushalt versorgen, als Ihre Mutter im Krankenhaus liegt.
D Bei der Rechenarbeit läßt Ihre beste Freundin Sie abschreiben.
F Sie passen auf Ihre kleinen Geschwister auf und dürfen dafür das Fernsehprogramm auswählen.
A Sie gewinnen die Wette, daß Sie übers Brückengeländer balancieren.

12

Sie haben in einem Schaufenster ein tolles, aber etwas teures Kleid entdeckt. Welche Überlegung stellen Sie an?

B Das kann ich mir leisten.
A Egal, es wird mir fabelhaft stehen.
E Ich sollte das Geld wirklich für wichtigere Dinge ausgeben.
G Wenn ich heute nacht ganz lieb zu Gerhard bin . . .
C Immerhin hat uns ja Pauls Chef eingeladen.
F Dann muß die neue Spülmaschine eben warten.
D Wenn Gerhard nur eine Überstunde macht . . .

13

Sie haben hunderttausend Mark im Lotto gewonnen. Was machen Sie mit dem Geld?

E Sie gründen eine Stiftung, deren Vorsitzende Sie werden.
D Sie geben das Geld Ihrem Mann, damit er es in der Firma investiert.
C Sie drängen darauf, daß Sie nun in eine bessere Wohngegend ziehen.
B Sie erfüllen sich einen Wunsch und legen den Rest an.
G Sie kaufen sich eine Diamantenkette mit Halsband und – trotz schlechten Gewissens – einen teuren Pelzmantel.
F Sie kaufen ein Haus mit großem Garten für die Kinder.
A Sie kaufen ein Flugticket für eine Reise um die Welt.

14

Ein bekannter Regisseur will ein Remake drehen und bietet Ihnen eine Filmrolle an. Welche möchten Sie spielen?

A FBI-Agentin Starling in *Das Schweigen der Lämmer*
G Thelma in *Thelma und Louise*
D die Mutter in *Das Wunderkind Tate*
B Scarlet in *Vom Winde verweht*
E Melanie in *Vom Winde verweht*
G Lola im *Blauen Engel*
C Angélique in *Angélique und der König*

15

Ihr Sohn hat eine Sechs in der Mathearbeit geschrieben. Seine Versetzung ist gefährdet. Die Lehrerin bittet um ein Gespräch.

B Sie lassen sich von ihr beraten, wie man ihm am besten helfen kann.

G Sie schicken Ihren Mann, weil er etwas von Frauen versteht.

A Sie denken, wer so musikalisch ist, braucht kein Mathegenie zu sein und telefonieren nur kurz.

D Sie schicken Ihren Mann und instruieren ihn, was er sagen muß.

E Sie versprechen der Lehrerin, jetzt jeden Tag selbst mit ihm zu üben.

F Sie bitten für Ihren Sohn und drücken sogar ein bißchen auf die Tränendrüsen.

C Sie sind überzeugt, daß Ihr Sohn so begabt wie sein Vater ist, und bitten die Lehrerin, ihre Methode zu überdenken.

16 Zum Endspurt eine Frage zur Partnerbeziehung. Welche Beurteilung gefällt Ihnen am besten?

F Beide tragen ihren Teil dazu bei, jeder in seinem Bereich.

B Partnerschaftlich, egal, ob beide berufstätig sind oder er nur Hausmann

A Leidenschaftlich mit Höhen und Tiefen alles auskosten

C Ich habe keine Probleme damit, mich unterzuordnen.

G Hauptsache, im Bett stimmt's!

D Eigentlich bin ich die treibende Kraft bei allem.

E In Notlagen kann er sich auf mich hundertprozentig verlassen.

Testauswertung:

Zählen Sie einfach zusammen, wie oft Sie A, B, C, D, E, F oder G angekreuzt haben. Was für ein Gewalttyp Sie sind, liebe Leserin, oder die Frau Ihres Herzens ist, lieber Leser, finden Sie unter dem Buchstaben, den Sie am häufigsten gewählt haben. Haben Sie mehrere Buchstaben in etwa gleich oft angekreuzt, sind Sie, ist sie wohl ein Mischtyp. Auch dem Menschen ist mit starren Regeln nicht beizukommen; er ist ein deterministisches Chaos.

Gewaltige Frauentypen:

A – *Sie sind eine Titanin*: Ihr großes Thema heißt Grenzüberschreitung. Sie wollen nicht nur die eigenen Grenzen ausloten, Sie wollen sich darüber hinaus als Mensch und Person weiterentwickeln. Ihr Mut, Ihre Risikobereitschaft sind groß. Sie gehören zu denen, die den Tod nicht fürchten. Sie loten Ihre Körperkräfte aus. Oder Sie sind jemand, der »die andere Seite des Geistes« zeigen will und muß. Der Künstlerin Marina Abramovic, dem Hooligan Jenny oder der Torera fühlen Sie sich verschwestert.

B – *Sie sind eine Herrscherin*: Sie sind die geborene Herrscherin. Sie wollen etwas bewegen, die Welt gestalten, Einfluß nehmen in Politik, Wirtschaft, Medien, Kunst oder Wissenschaft. Dafür setzen Sie all Ihr Können und Ihre Kraft, Ihr Wissen und Ihre Energie ein. Begabt mit Sinn für die Realität, nutzen Sie in Ihrem Bereich die Chancen und benutzen Sie Ellbogen. Sind Sie solidarisch, setzen Sie sich für andere Frauen ein, sind Sie Vorbild und Mutmacherin. Neben Jeanne d'Arc, Madame Curie oder Politikerinnen können Sie sich einreihen.

C – *Sie sind Trabantin*: Sie schätzen die öffentliche Anerkennung, die Ihrem Mann zukommt, und Sie schätzen Geselligkeit. Als Trabantin sonnen Sie sich im Erfolg Ihrer Lieben und genießen die

Rolle in der Öffentlichkeit, die Sie in deren Umlaufbahn spielen. Mann, Sohn oder Tochter sind die Sonne, deren Abglanz Sie trifft. Sie haben es gern, wenn andere registrieren, daß Sie etwas Besseres sind. Um Ihre Ziele zu erreichen, greifen Sie ins Arsenal für psychologische Waffen. Lady Di, die »Frau Direktor« und alle »verehrten Damen« stehen Ihnen in nichts nach.

D – *Sie sind eine Kostgängerin*: Unermüdlich sind Sie im Einsatz für die Karriere von Mann oder Sohn. Damit erfüllen Sie sich Ihren Traum von Macht und Größe, als Kostgängerin, die das Risiko scheut und ihm den Herzinfarkt überläßt. Indem Sie seinen Ehrgeiz anstacheln, schaffen Sie Helden. Sie erreichen Ihr Ziel auf Kosten anderer und gebrauchen in erster Linie psychologische Waffen. Sie sind Trittbrettfahrerinnen auf seinem Erfolgsbus. Notfalls gehen Sie dabei über Leichen – wie Lady Macbeth oder Heldenmütter oder Neo-Nazi-Frauen.

E – *Sie sind Ballonfahrerin*: Sie sind die Hilfsbereitschaft in Person. Jeder findet bei Ihnen Rat und Hilfe. Ja, wenn anderen die Luft ausgeht, blasen Sie sich auf wie ein Ballon. Dann zeigen Sie, was in Ihnen steckt: eine Ballonfahrerin nämlich. Sie sind ein weiblicher Siegfried, die zur Drachentöterin wird, wenn Drache bereits am Boden liegt. Ihr Machtwille tobt sich auf dem weiten Feld der Wohltätigkeit aus. Und Sie sind eine Meisterin der sublimen verbalen Kriegsführung. An Ihrer Seite finden sich lauter hilfsbereite Menschen.

F – *Sie sind ein Hausdrachen*: Geradezu vorbildlich sorgen Sie für Mann und Kind. Da Sie die Welt nicht erobern können oder wollen, haben Sie sich in die sichere Höhle zurückgezogen. Dort leben Sie Ihre Machtgelüste aus. Als Hausdrachen speien Sie Feuer, dessen giftiger Hauch die Familie trifft. Sie wollen Ihren Willen durchsetzen und sind eine Meisterin psychologischer Kriegsführung. Verlassen Sie die Höhle und machen Sie sich die Welt untertan! Sie gewinnen Ihre menschliche Gestalt zurück.

G – *Sie sind ein Weibchen*: Sie kommen bei Männern gut an, und über einen Mangel an Verehrern brauchen Sie nicht zu klagen. Sie sind ein Vollweib, sagt man. Der Schein trügt. Aufs Weibchen reduziert, verzichten Sie auf Ihre bessere Hälfte. Wo andere für Macht- und Größenphantasien ihren Geist ausreizen, hüllen Sie Ihren Körper in Reizwäsche. Sie kennen den Kniff, um den jeder Banker Sie beneidet: wie man mit halbem Einsatz das größte Kapital herausschlägt. Sie stimmen in den Chor der Undinen, Blauen Engel und falschen Madonnen ein.

Sie ist . . . . Ich bin . . . .

Die Deutsche Bibliothek – CIP-Einheitsaufnahme

Müller-Mees, Elke:
Die aggressive Frau: von Mannweibern, Sexbomben und Hausdrachen/Elke Müller
Mees. – Stuttgart; Wien:
Weitbrecht, 1993
ISBN 3-522-71350-8

Umschlaggestaltung: Atelier Zero, München unter Verwendung einer Illustration von
Bill Hall, The Image Bank, München.
Reproduktion des Schutzumschlages: Repro Dreher, Stuttgart.
Satz: KCS GmbH, Buchholz.
Druck und Bindung: Franz Spiegel Buch, Ulm.
Printed in Germany.
5 4 3 2 1